时代新人培育若干问题研究

SHIDAIXINREN PEIYU RUOGAN WENTI YANJIU

董一兵　付静伟
陈　琳　王政浩
著

上海辞书出版社

目 录

前　言

培育担当民族复兴大任的时代新人是关系中华民族前途命运的关键工作，亦是中国特色社会主义教育强国战略任务的核心指向。抓好时代新人培育，在引领当代中国青年人生走向、塑造良好社会风尚、培育社会主义建设者和接班人等方面具有十分重要的现实意义。一代人有一代人的长征，一代人有一代人的担当，在中华民族伟大复兴战略全局和世界百年未有之大变局的新时代背景下全面建设社会主义现代化国家，需要始终坚持为党育才、为国育才的宗旨和原则，牢牢把握“培养什么人、怎样培养人、为谁培养人”这一教育的根本问题，以时代新人培育为着力点，源源不断地为党和国家培养在社会主义现代化建设中可堪大用、能担重任的栋梁之材，确保党的事业和社会主义现代化强国建设后继有人，为实现中华民族伟大复兴奠定坚实的教育基础、提供强大的人才支撑。

当下，时代新人培育研究成为学界关注的热点、焦点问题。一方面，学界敏锐捕捉到社会发展实践的需求，并对党中央“培养担当民族复兴大任的时代新人”这一理论命题做出回应、积极进行阐释工作；另一方面，社会实践的发展对学界如何参与到时代新人培育工作中提出新的要求。人民有信仰，国家有力量，民族有希望，如何系统性总结中国共产党新人培育工作的优良传统和重要经验，如何锤炼时代新人的核心素养，如何在各种视域、维度考察和提升时代新人培育质量，如何将时代新人培育质量转化为社会发展动力等问题，既是学界理论工作者需要予以回应和阐释的重点论题，也是当代中国社会实践亟须理论引领的现实问题。

时代新人是符合社会发展要求的社会主体力量，是推动社会事业发展的主力军。本书立足于全面建设社会主义现代化国家的时代背景，聚焦时代新人培育的若干问题，从梳理时代新人培育的思想理论资源出发，深入分析了大学生和“大工匠”等时代新人培育重点问题，探讨了时代新人的数字化思维、历史主动精神、国际视野塑造等前沿问题，整体上依照基础、重点与前沿问题的编排逻辑，较为全面地呈现时代新人培育全貌，在一定程度上回答了“培养什么人”“怎样培养人”“为谁培养人”这一教育的根本问题，为时代新人培育相关研究提供思考和借鉴。

本书由兰州大学马克思主义学院董一兵、付静伟、陈琳和王政浩共同撰写。具体撰写分工如下：第一至二章由董一兵撰写，共计 6.7 万字；第三、七章由付静伟撰写，共计 6.8 万字；第四、五、十章由陈琳撰写，共计 7.4 万字；第六、八、九章由王政浩撰写，共计 7.1 万字。全书由董一兵、付静伟负责审校、统稿。

在撰写过程中，本书参考借鉴了一些知名学者和专家的观点及论著，在此向他们表示深深的感谢。由于水平和时间所限，本书难免存在不足之处，希望各位专家与读者可以提出宝贵意见，以待进一步修改，使之更加完善。

第一章

马克思主义经典作家新人学说及其价值意蕴

时代的发展与进步,总是依托于时代新人的努力和成就。党的十九届六中全会指出,“必须抓好后继有人这个根本大计”①。政治上的坚定源于理论上的清醒。“抓好后继有人”的工作,在根本上要坚定马克思主义的立场、观点和方法,做好理论探源工作,对马克思主义经典作家新人学说的逻辑脉络与内涵旨向具备深刻自觉的思想认知,以此为培养担当民族复兴大任的时代新人提供思想助益。因而,本章试图在思想演进的语境中来切实把握马克思、恩格斯与列宁关于新人学说的逻辑内涵,分析其建构脉络与时代价值,总结对当下的启示和意义。

第一节　马克思主义经典作家新人学说的思想背景

马克思主义经典作家新人学说是应时代所需而提出的理论体系,其萌芽的理论原点发端于对人的本质的探讨工作。恩格斯在《路德维希·费尔巴哈和德国古典哲学的终结》中明确主张,马克思与他所创立的科学是“关于现实的人及其历史

① 《中国共产党第十九届中央委员会第六次全体会议公报》,北京:人民出版社,2021 年,第 25 页。

发展的科学"①。事实上确实如此,"现实的人"超越了资产阶级话语中的"观念的人",实现了对古典唯心论和机械唯物论的超越性变革,由此阐明了人生存与发展的现实依据,成为一种指向未来的全新话语,从而构成马克思主义新人学说的逻辑起点。基于此,马克思主义经典作家才对青年群体的实存样态予以关注,促使其新人学说得以形成。

一、对资产阶级"观念的人"的批判

关于人的本质的争论,属于西方哲学思想领域的核心议题。古典时代以降,西方哲人便开始了对人的哲学理解工作,苏格拉底的"认识你自己"、柏拉图的灵魂理性说和亚里士多德的"人是天生的政治动物"皆是如此,他们都将人的本质视作重要内容,但都将其理解锁定在传统的形而上学思维框架内。在这种框架中,人的本质属性,被内在规定为脱离具体现实而存在的理念,即超现实的本体理念,这意味着人的本质的规定与实际生活之间产生巨大鸿沟。在中世纪,神权牢牢掌控着人们的精神世界,人被规定为上帝创造的产物,人性被神性掩盖和遮蔽。近现代以来,随着新兴资产阶级的现实发展,西方思想家打破神性对人性的禁锢与束缚,但又将理性规定为人的本质属性,笛卡尔的"我思故我在"命题即是鲜明印证。尤其到启蒙运动后,关于"人性"的研究一度成为显学,却依然未能摆脱传统形而上学的思维框架,仍将外在的科学观念视作人的本质所在。诚如休谟所言,任何关于人性的研究,其关键均在于人的科学。② 平心而论,西方启蒙思想家在学理上论证个性的存在,契合于当时资产阶级勃兴的时代主潮,进而论证了资产阶级在政治上的合法性与正当性,对人类历史发展起到一定程度的积极作用。但是,西方思想界关于人的本质的论说,一直未能突破传统的二元对立思维模式。无论是笛卡尔、洛克,还是休谟、康德,这些思想家在对人的本质的论述上,都只是将人从上帝的奴隶变为抽象、理性的奴隶,依旧深陷在主观主义的窠臼之中,其人学思想的发展也依旧面临着主、客体相互对立的学理窘境。

---

① 《马克思恩格斯文集》第4卷,北京:人民出版社,2009年,第295页。
② [英]休谟著,关文运译:《人性论》,北京:商务印书馆,2016年,第2页。

不仅如此，除学理上的窘境外，人们在实际生活中也面临着身份上的困境。在资产阶级革命与民族国家建立的历史背景下，人们逐渐从宗教中解放出来，但仅仅是获得思想解放，使得人们对天国的膜拜转变为对世俗世界的热望，这反而加剧人们身份上的撕裂感，进而把整体的人割裂为分离的人。对此，马克思敏锐地意识到这一悖论，认为实际上“人分为公人和私人”①。在这里，所谓“公人”即是现代法权意义上的公民；所谓“私人”特指市民社会中的市民。换言之，整体的人在资产阶级革命后被分割为政治领域的公民与经济领域的市民，这是对现代社会分化后果的集中反映。马克思在《论犹太人问题》中将这种现象归结为“普遍利益和私人利益之间的冲突，政治国家和市民社会之间的分裂”②。从这一层面讲，人们的身份困境，根源在于实际生活中的利益冲突。

这一现象具体到马克思所生活的德国，则是进一步将关于人的学理窘境与现实困境问题纠缠在一起。作为欧洲大陆保守与落后的代表，德国深受资产阶级革命的冲击与影响，对其自身发展方向困惑不已。其中，德国的思想家先于其他人一步，在承袭启蒙思想家理论学说的基础上，积极介入到关于德国发展的政治论辩中，并围绕如何构建合理的国家政权产生理论争鸣。具体而观，在康德看来，德国应该脱离市民社会来建立理想国家；而在黑格尔看来，德国应当超越市民社会来构建理想国家。③ 这一争论的核心之处在于如何理解国家政权与市民社会之间的关系及其对人的发展的影响。基于此，青年马克思紧紧跟随德国的思想脉搏，逐渐注意到人的本质这一问题，恰如他所言，“德国人那种置现实的人于不顾的关于现代国家的思想形象之所以可能产生，也只是因为现代国家本身置现实的人于不顾，或者只凭虚构的方式满足整个的人”④。这也就是讲，在马克思看来，康德的主张因“置现实的人于不顾”而脱离现实；而黑格尔的主张则因“只凭虚构的方式满足整个的人”止步于精神层面（绝对精神）的统一，他们对德国发展前景所供给的思想方案都存在严重不足，迫切需要进一步的理论探索。

① 《马克思恩格斯文集》第 1 卷，北京：人民出版社，2009 年，第 32 页。
② 同上书，第 31 页。
③ 张超、曹文宏：《出场、批判与超越：马克思“现实的人”内涵之逻辑演变》，《华侨大学学报（哲学社会科学版）》2022 年第 3 期。
④ 《马克思恩格斯文集》第 1 卷，北京：人民出版社，2009 年，第 11 页。

面对思想家抽象的人性论调和客观实际中政治解放的局限性，马克思开始对资产阶级语境中“观念的人”展开批判性分析，由此揭开资产阶级人学学说的虚伪性与矛盾性的真面目，从而为人类解放理论奠定学理基础。具体而言，其一，马克思借助“现实的人”这一概念，对抽象人性论调予以批判。需要提及的是，“现实的人”并非属于马克思的原创概念，它早在施蒂纳和费尔巴哈等人的著述中就已出现，但是马克思率先在社会现实的维度上运用这一概念。换言之，马克思选择正视社会中个体的实际需求，并在这一层面运用“现实的人”的概念，而这与资产阶级“观念的人”的形而上学维度相对立。其二，基于对资产阶级政治解放的批判，马克思在“现实的人”的逻辑前提下理顺了“公人”(“真正的人”)与“私人”之间的关系，实现了对黑格尔国家观的颠倒，为德国发展方向提供新方案。这一方案以市民社会为出发点，依照市民社会决定国家而非国家决定市民社会的理论逻辑，将市民改造为唯物史观的核心范畴，从而消除市民社会的分裂状态及人的身份割裂困境，达成学理与现实的统一，这进一步推动人的革命解放的彻底性。诚如马克思所言：“旧唯物主义的立脚点是市民社会，新唯物主义的立脚点则是人类社会或社会的人类。”①由是观之，马克思在不满资产阶级思想家的人学学说和当时的客观情形的基础上，开始了对人的本质的探讨与价值追问，并进行了基于物质生活的初步批判与理论建构工作，这都为后续阐明“现实的人”打下坚实基础。

二、对“现实的人”的深入阐发

马克思对“现实的人”的概念建构工作存在一个动态发展过程。如果说在旧哲学批判时期，马克思只是窥见资产阶级人学思想的诸种悖谬之处，那么在历史唯物主义创立时期则真正开始了“现实的人”的概念建构工作，并以此构筑起无产阶级唯物史观的哲学大厦。首先，马克思在对旧哲学批判的基础上，凸显“现实的人”的重要性。此前，黑格尔作为古典哲学的集大成者，其庞杂的哲学体系包含着内涵丰富的人学思想。其中，他对康德关于人的主客体相分离的观点表达强烈不满，并通

① 《马克思恩格斯文集》第1卷，北京：人民出版社，2009年，第502页。

过辩证法将人类的精神活动统一于绝对精神的自我运动之中，以使坚硬的外物（自在之物）成为人的自我创造之物。之后，作为黑格尔的学生，费尔巴哈也不赞同黑格尔的观点，批判其将人的意识与意识对象割裂开来的做法，进而把人的主客体统一于感性实体上。但是，费尔巴哈未能将宗教批判工作进行彻底，仍止步于唯心史观层面。在此基础上，马克思秉持一种批判性姿态，站在前人研究的基础上继续开展工作，他一方面赞同费尔巴哈对于人的感性的恢复，由此探寻到“现实的人”这一重要概念，明确指出“现实的人就是现代国家制度的私人”，即整体人分离后的市民形象；另一方面又借鉴黑格尔在论证绝对精神合理性时所运用的“异化”概念，进而指出现实中的无产者才是异化主体，以此强化“现实的人”的重要性。正如马克思所言：“一个种的整体特性、种的类特性就在于生命活动的性质，而自由的有意识的活动恰恰就是人的类特性。”①马克思的这一论断，实际上包含两个命题：前一个命题是关于事物本质的命题，而后一个命题则是依据前一命题所得出的关于人的本质的初步结论，即人的本质在于“自由自觉”活动。从这一角度讲，马克思凭借异化劳动将人的本质与劳动性质相关联，对基于感性的“现实的人”做了抽象的概括与升华工作。

其次，马克思沿着异化的逻辑理路来证明“现实的人”的社会性。作为马克思、恩格斯共同创立新世界观思想体系的第一个重要成果，《神圣家族》以战斗唯物主义的姿态对青年黑格尔派实施了思想清算，深刻揭露了青年黑格尔派世界观的主观唯心主义实质，初步认识到在物质生产中理解人与人之间关系的必要性。之前，青年黑格尔派把自我意识视作人的唯一存在方式，并且强调此种方式不接受任何实物世界的约束。为此，马克思和恩格斯针锋相对，指明人的本质应当放置在现实实物世界中而非意识理念中来加以理解。正如马克思和恩格斯所言：“黑格尔把人变成自我意识的人，而不是把自我意识变成人的自我意识，变成现实的、因而是生活在现实的对象世界中并受这一世界制约的人的自我意识。”②换言之，现实生活中的人而非“自我意识”中的人才是人的本质，并且受到对象世界中物质生产的制

① 《马克思恩格斯文集》第1卷，北京：人民出版社，2009年，第162页。
② 同上书，第357页。

约。不仅如此，马克思、恩格斯进一步考察了现实的人在历史发展中所形成的社会关系，这在更深层次规定着人的本质的发展样态。为更深入探究人的发展样态，马克思和恩格斯借助异化逻辑结构论述了有产阶级与无产阶级的不同境遇及使命，认为有产阶级与无产阶级是历史发展中注定的两个对立面，其中有产阶级要维持自身的存在就必须保持自己的对立面——无产阶级的存在；而无产阶级要获得幸福则需要消灭制约着自身的对立面——私有制。正是在这里，马克思和恩格斯深化了此前的观点，更为充分地诠释了社会关系中现实的人的异化逻辑，从而澄清不同人群的实际状况与发展样态。

再者，马克思超越"现实的人"的感性观，彰显了其实践性。马克思通过批判性地借鉴黑格尔的辩证法内核，将旧唯物主义（包括费尔巴哈的唯物主义）"直观"的认识方法加以修正，从而提出实践的唯物主义观点。正如马克思所言："费尔巴哈不满意抽象的思维而喜欢直观；但是他把感性不是看做实践的、人的感性的活动。"①在这里，马克思批判了费尔巴哈关于人的本质的观点，认为费尔巴哈的主张在根本上与黑格尔等人的观点如出一辙，都只是将人的本质简单归结为某个固有的抽象物。为此，马克思强调，人的感性活动即人的实践活动，其中，所谓"实践"特指主客体之间对象化关系的人的活动，即以辩证法为内核的人的自我生成活动。从这一层面讲，马克思突出人的实践属性，即与抽象性相对立的本质属性。除此之外，马克思还进一步阐发实践性，将其引申到社会关系总和的规定上。马克思在对费尔巴哈的批判中，指责其未对"现实的本质进行批判"的做法，对人的社会性认识停留在相当直观或肤浅层面，而未能从实践中的人的角度，即主客体相联系的视角来诠释人的实际发展样态。费尔巴哈之所以坚持人的本质是所谓"类"与"类本质"，究其根源在于他的唯心史观，这使得他对人的实际发展样态的把握陷入被动抽象化的境地中。值得注意的是，马克思在此时关于"现实的人"的观点，与更早时期"自由自觉"活动的规定稍显差异。早期的规定侧重于人与动物活动的区别，而此时的规定则侧重于现实社会中人与人的区别，这种差异之处恰好可以彰显马克思对人之社会性与实践性特征的重视程度。当然，马克思对人的本质规定的思想

① 《马克思恩格斯文集》第1卷，北京：人民出版社，2009年，第501页。

变化，并非一种所谓思想断裂或彻底变动，而是秉持一贯总体性态度的产物。从发生学的角度看，“自由自觉”活动属于劳动，而劳动既创造了社会关系，又受到社会关系的制约，因而“自由自觉”的规定与社会实践的规定具有一致性。所以，只有把人的社会关系的总和与人的社会实践活动相结合，才是理解与掌握人的本质真谛的不二法门。

最后，马克思在成熟的唯物史观基础上对“现实的人”进行了更加充分的论证。马克思、恩格斯随着见识增长，其思想愈发成熟。其间，费尔巴哈与鲍威尔、施蒂纳等人在《维干德季刊》发生激烈论战，双方口诛笔伐，论争异常激烈。在此背景下，马克思和恩格斯继《神圣家族》之后，写就了又一部论战性质的著作——《德意志意识形态》，其以犀利的言辞对论战双方——费尔巴哈人本主义哲学与青年黑格尔派的意识哲学进行了系统的清算，第一次完整呈现出马克思主义的唯物史观。至此，马克思和恩格斯在此前思想基础上，发展出系统完备的“现实的人”的哲学概念。恰如他们指出的，唯物史观的考察方法有其前提，“它从现实的前提出发，它一刻也离不开这种前提。它的前提是人，但不是处在某种虚幻的离群索居和固定不变状态中的人，而是处在现实的、可以通过经验观察到的、在一定条件下进行的发展过程中的人”①。在这里，马克思、恩格斯深入到“现实的人”这一概念的内在结构中，探寻人的异化根源和人的发展条件，这具体呈现在人的存在、人的本质与人的解放等方面。就人的存在而言，马克思、恩格斯在《德意志意识形态》中沿袭黑格尔“需要及其满足的方式（劳动）”的解释传统，提及三个基本生存条件。第一个条件是从个体经验性的需要角度出发，谈及吃喝住穿等最为基本的物质资料生产。第二个条件是从个体社会性的需要角度出发，着眼于个体在满足前一条件后产生的新需要，进而将特殊性的个体需要转化为普遍性的社会劳动。第三个条件是从个体自然性的需要角度出发，在立足人口生产即繁殖的基础上，将此条件视作前两个条件的前提所在。将这三个条件合在一起，构成对“现实的人”在历史发展进程中的集中阐述，实现人的能动性与受动性、人的自然性与社会性、人的现实性与历史性这几对范畴的统一。就人的本质而言，马克思、恩格斯在《德意志意识形态》中对“现

① 《马克思恩格斯文集》第1卷，北京：人民出版社，2009年，第525页。

实的人”的发展样态进行科学诠释，提出人的全面发展的思想命题，从而实现了从解释人到发展人的思想转轨。值得注意的是，人的全面发展命题的内涵十分丰富，既包含体力与智力的发展，也表现为个性与潜力的自由发展，成为马克思主义人学思想的终极价值追求。从这一角度看，“现实的人”的发展不再仅是理论问题，更上升为一个实践议题。就人的解放而言，为探求“现实的人”的发展路径，抑或实现人的本质的真正复归，迫切需要把人的解放运动提上历史议程。这里所谓“解放”，意味着束缚和桎梏的解除或自由发展的实现。在此语境中，马克思和恩格斯将解放视作一种作用于现实的社会运动，力求促成属人的物从人的对立面复归于人本身，以此真正消除人与人之间的异化状态。因此，马克思、恩格斯在唯物史观的指引下，极大充实了“现实的人”概念内涵，将其发展成体系性的人学思想根基，彰显出对人的本质问题的深刻思考与人文情怀。

综上所述，马克思和恩格斯基于对“观念的人”的不满，开启对人的本质的理论探索工作，并在“现实的人”这一概念地基上产生丰硕成果。马克思、恩格斯在不同时期和语境中，对“现实的人”进行了多角度的阐发与说明。其中，在根本上，马克思、恩格斯对“现实的人”的概念建构工作是与唯物史观发展进程相一致的，尤其通过对青年黑格尔派的“自我意识”与费尔巴哈的“类本质”的思想清算工作，实现对人的本质问题的系统科学回答。在这个意义上，“现实的人”具有特殊意义，承载着自然界中的生命类本质、社会界中的社会关系总和本质、未来社会中的解放本质等含义，贯通人的自然性、政治性、社会性等多重属性，成为研究人的本质问题的出发点与落脚点。这在哲学思想史上具有突破性意义。传统上，关于人之本质的理论界说始终是哲学领域的核心议题，古典主义者强调自然界对人的决定性，神学家用神性来界说人性，启蒙思想家则普遍从精神层面把握人的本质。与之不同，马克思和恩格斯从自己划时代的哲学革命立场出发，现实能动地把握人的生存条件与发展样态，并为其指明奋斗路径，确证了人的本质属性。要言之，“现实的人”由对“观念的人”的批判产生，并在马克思、恩格斯的共同努力下，多维度呈现出人的本质这一重要问题的理论内涵，成为科学描述人的历史活动的言说范畴。

第二节　马克思主义经典作家新人学说的出场逻辑

马克思、恩格斯在坚如磐石的信念和深入实践的恒心作用下，为达成人的解放这一宏伟蓝图，他们以极端负责的精神忘我地工作，希冀能在思想上引领无产阶级迈向改造世界的征程。为此，马克思和恩格斯从“现实的人”的概念出发，探寻到无产者及其青年群体的贫困境况，进而思索其如何实现解放的现实路径，这成为整体性建构新人学说的逻辑起点。在此基础上，马克思和恩格斯进一步清晰地界说着无产阶级及其青年群体的实存样态，提出面向未来的新人学说。这一学说以解放劳苦大众为价值旨归，呼吁将无产者群体从异化现状的境况下尽快解放出来，并把共产主义新人视作未来社会的主体力量，以此不断接近人的全面发展样态。因而，马克思主义经典作家新人学说的产生脉络，呈现事实与价值两个维度。

一、马克思主义经典作家新人学说出场的事实逻辑

无产者的持续增加在资本主义工业时代成为一种极为明显的社会现象。按照“现实的人”的类本质界说，人的发展的理想状况应是自由劳动。但是在现实中，资本主义工业化不仅没有改善广大无产者群体的生活水平，甚至还使他们的境况恶化，让他们长年累月依附于机器，从而陷入更为迷惘与窘困的境地。一方面，资本家为最大程度剥削无产者，强制延长劳动者工作时间与加强劳动强度，严重摧残着无产者群体的身心健康，这与理想的自由发展差距甚远。另一方面，无产者群体在高强度的工作下，变得更加“自我异化”，不仅未能朝多元化方向发展，反而在单向度发展中日趋干瘪。不仅如此，工人群体的贫困状况还存在代际传递现象。恩格斯根据调查所记录的一系列经验材料，曾写就《英国工人阶级状况》，在书中十分传神地描绘了当时无产者青少年的实际境遇与贫困景象。作为无产者后代，无产者子女不仅无法接受正常的学习教育，甚至面临从自由人变成工具的风险，他们或因缺乏基本生活保障而失去生命，“这些惨遭横死的可怜的孩子们完全是我们的社会混乱以及热衷于保持这种混乱状况的有产阶级

的牺牲品”①。无产者及其青少年群体在资本主义社会中非人性的遭遇都戳穿了资本主义世界的美丽神话，他们日渐丧失独立性的劳动正是对资产阶级制度的无声控诉。

为改变不利于绝大多数无产者生存的现状，马克思、恩格斯发展出共产主义新人思想，希冀引导无产者进行有力的抗争。哲学作为一种理念理论化和系统化的世界观，其实质上是一种思维方式，内在规定着人们看待事物的态度与方式。为此，马克思和恩格斯基于“现实的人”的哲学立场，着重对无产者的现实状况与斗争方式予以说明，形塑出无产者革命主体的形象，以此凝聚与巩固无产者群体间的阶级意识和团结意志。依照人的社会关系总和本质界说，人的主体性生成于主客体的实践中。从这一角度看，无产者既不能只从主体方面理解自己，也不能仅凭外在的力量约束自己。换言之，无产者在受到社会环境制约的同时，也具有改造环境的能力。基于此，在马克思与恩格斯看来，无产者群体应在自身现实基础上，通过寻找科学的斗争对策，充分释放出自身的革命性能量。如果说劳动实践是使人成为人的本质力量，那么革命实践则是使无产者挣脱异己力量的关键所在。因而，马克思与恩格斯认为，无产者群体只有凭借共产主义运动这一实践活动，才能锻造成共产主义新人，也才能使无产者复归人的本质、消除自身异化状态。正如马克思和恩格斯在《共产党宣言》中明确指出的，未来的共产主义社会“将是这样一个联合体，在那里，每个人的自由发展是一切人的自由发展的条件”②。至此，马克思和恩格斯围绕人的自由全面发展命题，提出了一种全新的新人理念，为无产者群体指明了方向，描绘出自由人的联合体的宏伟蓝图。正是在为广大无产者探寻解放道路的过程中，马克思、恩格斯发展出共产主义新人学说。

在此基础上，新人学说的提出，是为重塑无产者的主体性服务的。正所谓哲学不仅是要解释世界，更重要的是要改造世界。马克思、恩格斯在立足无产者这一“现实的人”的非人化境遇上，开辟出一条无产者革命道路，由此延伸出一种共产主义新人的形象。换言之，在实践性的视野中，马克思和恩格斯更加看重实践主体的

① 《马克思恩格斯文集》第1卷，北京：人民出版社，2009年，第422页。
② 《马克思恩格斯文集》第2卷，北京：人民出版社，2009年，第53页。

社会关系及其改造世界的过程，期望创造一个符合人的真正本质的共产主义形态社会。因而，马克思主义新人学说在根本上是一种革命性的实践学说，为改造不符合无产者利益的世界所服务。需要指出的是，在改造世界的过程中，无产者群体自身并不是一成不变的，而是随着历史条件的变化呈现出不同的发展样态，既会有一些难以维持生计的青年群体沦落为无业流氓阶层，也会有更大一部分不堪生活重压的青年群体生成革命的觉悟，进而成为革命队伍里的中坚力量。所以，马克思主义新人学说是使广大无产者群体敞开自我超越空间的学说，期望彻底激发无产者群体中的自由自觉意识，让他们在不断否定自身和超越自身中真正成长为自觉的存在，以此担负起培育和教导无产阶级革命队伍的重大职责。

二、马克思主义经典作家新人学说出场的价值逻辑

马克思和恩格斯的新人学说批判性地承载着空想社会主义思想家的价值理想。19 世纪，圣西门、傅立叶和欧文等空想社会主义思想家已对无产者群体与有产者群体之间的对立关系有所察觉，但他们的观点普遍带有明显的空想性质，即只是看到阶级对立的现实，却未能找到通向理想社会的道路。尽管如此，这些空想社会主义思想家的思想依旧为启发工人的斗争觉悟作出贡献。马克思和恩格斯在延续空想社会主义思想家的美好愿景时，找到通向“活生生的现实世界”的道路，他们生活在工业革命及其社会矛盾极具张力的时代，在根本上分析了阶级矛盾愈加无法调和的社会现实，由此主张以暴力革命的斗争形式来反对现存的社会制度与政治制度，以期实现未来理想的社会主义形态。不仅如此，马克思和恩格斯的新人学说从一开始就非单纯的象牙塔学问，而成为无产阶级革命的思想武器，是关于无产阶级和全人类解放的革命性学说，这鲜明地彰显出唯物史观之实践属性。因而，马克思与恩格斯不仅是理论家，更是革命家，他们出于对革命理念的实践自觉，积极从事国际共产主义运动，使理论家与革命家的角色实现统一。总体上看，马克思主义新人学说作为建立在“现实的人”的基础上的学说，发挥着形塑无产阶级世界观的重要作用。

在此基础上，作为资产阶级的掘墓人，无产阶级肩负着“人的解放”的神圣使命。立足无产者备受压迫的社会现实，马克思和恩格斯发出“让统治阶级在共产主

义革命面前发抖”的时代呐喊，并宣告：“无产者在这个革命中失去的只是锁链。他们获得的将是整个世界。”①在这里，无产者作为一种群主体力量，实质是“现实的人”的集合体。理想状态中，单个“现实的人”的解放是不断趋近“每一个现实的人”获得自由的过程；而无产者群体的解放则是全社会中所有“现实的人”获得自由的进程。这就意味着，无产者只有在解放全世界后才能真正解放自己。从实践性思维看，无产者群体是真正的革命派，只有先打破束缚自身的外在力量，才能给无产者群体自我发展释放时间与空间，才能彰显出其独立自主的姿态，从而达到“自由人的联合体”的价值目标。人的发展与社会的发展须臾不可分离，彼此间存在不可分割的关系。人的解放作为人的发展中的关键一环，同样与社会发展紧密相连。揆诸史实，人类社会经历一个由低级到高级阶段的发展过程，而“现实中的人”也历经从“宗教解放”到“政治解放”的演进历程，两者属于一体两面的互动关系。正是在“虚假的共同体”所编织而成的藩篱中，马克思、恩格斯所提出的新人学说，引导着无产者群体重视自身力量，其既作用在无产者身上，也作用在有产者身上。尤其是无产者既要通过政治共同体这个必不可少的中介争取政治解放，又要采取现实策略打破个人财产、教育程度和职业分工等诸多外在差异屏障，从而逐渐实现“人的解放”。因此，马克思主义新人学说最终促使无产者朝着“人的解放”的方向迈进。

为此，马克思和恩格斯在“人的解放”视域中，着重强调人的自由全面发展这一重要命题。人的解放在实质上与未来共产主义社会是同一个实践性生成过程，即在生产力发达的前提下，彻底消灭物的原则占主导地位的理想形态。恰如马克思和恩格斯所预想的，“在迫使个人奴隶般地服从分工的情形已经消失，从而脑力劳动和体力劳动的对立也随之消失之后；在劳动已经不仅仅是谋生的手段，而且本身成了生活的第一需要之后；在随着个人的全面发展，他们的生产力也增长起来，而集体财富的一切源泉都充分涌流之后，——只有在那个时候，才能完全超出资产阶级权利的狭隘眼界，社会才能在自己的旗帜上写上：各尽所能，按需分配！”②在这

① 《马克思恩格斯文集》第 2 卷，北京：人民出版社，2009 年，第 66 页。
② 《马克思恩格斯文集》第 3 卷，北京：人民出版社，2009 年，第 435—436 页。

里，人的自由全面发展成为人的解放的基本原则。对此，有学者诠释道，在马克思主义新人学说中，“未来的新社会不是物对人的统治，而是物为人的全面发展这一最高目的服务，人能获得真正的发展；不是资本占有劳动，而是劳动占有资本，劳动者能获得平等发展；不是机器支配人，而是全面发展的人驾驭机器，人能获得自由的发展；消灭了旧式分工，人能获得完整的发展。总之，不是物的原则占据主导地位，而是人的自由、平等和全面发展的原则占主导地位，后者才是共产主义社会的基本原则和本质特征”①。该学者的这一论断分析出人的自由全面发展命题的三个关键要素。具体而言，就人的自由发展而言，它与“现实的人”的类本质界说相一致，期盼将异化劳动复归为自由劳动，使个体能够在充分认识和利用客观规律的基础上自由地发挥自身能力；就人的平等发展而言，它与“现实的人”的社会关系总和本质界说相一致，强调人与人之间平等的发展权利与机会，即对马克思所言的“每个人的自由发展是一切人的自由发展的条件”的价值诠释，这亦是对资本主义社会中少数人发展的责难；就人的全面发展而言，它与“现实的人”的人的解放界说相一致，着重指人的全方位和全面发展，包含人的潜能、需要、能力和个性等方面，突出未来主人翁的主体地位。其中值得注意的是，“个性”或“自由个性”是作为主体的人获得发展和解放的产物，也是与他人相区别的标识和特征，在价值层面上具有发挥生命潜能的价值功能。因此，人的自由全面发展的命题，作为马克思和恩格斯新人学说的根本价值目标，要在人的自由发展、平等发展和全面发展的互相联系、互相影响、互相制约中，才能得到最充分的解释，也才会塑造出完整意义上的新人。

总的来讲，马克思主义经典作家之所以提出新人学说，具有事实与价值两种逻辑。一方面，马克思、恩格斯在“现实的人”的思想观照下，关注到无产者及其青年群体的悲惨境遇，希冀能为无产者群体开辟出更有利于其发展的方向路径，因而该学说自提出伊始就与无产者群体的现实状况紧密相连，发挥着教育无产者群体团结斗争的思想武器作用；另一方面，马克思、恩格斯基于唯物史观的实践性底色，凸显无产者“人的解放”的价值使命，并在勾勒未来社会理想蓝图中强调无产者群体

① 韩庆祥、亢安毅：《马克思开辟的道路——人的全面发展研究》，北京：人民出版社，2005 年，第 4 页。

解放与个体解放之间的共生关系，从而引申出践行“人的解放”的基本原则——人的自由全面发展命题，因而该学说一开始就人的发展目的优先性，逾越空想社会主义思想家的陈旧见解，开创性地阐述了共产主义社会的实践生成逻辑。总而言之，马克思主义经典作家的新人学说因无产者斗争需要而提出，成为无产者及其青年群体斗争的依据所在，并内在遵循着“人是其所是”的规范性逻辑，为全人类照亮前进的航向。

第三节　马克思主义经典作家新人学说的主要内容

马克思主义新人学说是一个不断完善与发展的理论体系。在马克思主义经典作家阵营中，马克思、恩格斯和列宁等经典作家在不同时空和不同语境下，对马克思主义新人学说的系统性发展作出了重要贡献，使其日臻完善为一个体系性（如果可以这么说的话）学说。从学说思想演进脉络看，该学说在提出后，经历了马克思、恩格斯的共产主义新人观和列宁社会主义新人观的发展过程，动态展现出清晰明朗的框架结构与轮廓体系。

一、马克思、恩格斯的共产主义新人观

马克思、恩格斯在提出新人学说后，并非停留在原地，而是经历了一个思想发展，乃至思想飞跃的过程。在唯物史观的立论根基上，马克思和恩格斯对新人学说进行了纵向考察工作，以期在具体而微的现实语境中实现进一步发展。其中，马克思通过政治经济学的批判工作，将对资本主义社会的批判深入到对人之物化根源中，筑牢新人学说的科学根基。其一，马克思依照生产关系的历史变动，将“现实的人”细化为不同社会条件下具有阶段性特征的“社会的人”。马克思在《1857—1858年经济学手稿》中提出著名“三大社会形态”论观点，主张人在历史发展中会经过“人的依赖性社会”“物的依赖性社会”和“个人自由而全面发展的社会”三种形态，由此完成对“社会人”的逻辑推导与概括，给政治经济学研究确立了新起点。其二，马克思在对“物的依赖性社会”分析上，探明了资本主义私有制这一根源。马克思在《资本论》中凭借资本主义社会“庞大的商品堆积”的事实，揭露了资本家作为“人

格化资本"对无产者剥削与奴役的真相，并判定人的关系物化的根由在被物所遮蔽的资本主义社会生产关系中，即资本主义私有制关系。这实质上指明"社会人"在资本主义社会发展的结构性因素。其三，马克思清晰呈现出资本主义社会中人的物化的逻辑机理。早在《德意志意识形态》时期，马克思就提及人的存在的二重性，即人的个体性与社会性；到政治经济学集中研究时期，马克思通过物质资料的生产过程中人的劳动过程及其产品，明晰了人的劳动二重性，即人的具体劳动与抽象劳动；此后，马克思察析出商品二重性，即商品的价值与使用价值。至此，马克思在对资本运动规律的科学分析上，搭建起从商品二重性到人的存在的二重性的逻辑链条。这一逻辑链条，实质上将马克思的人学思想从哲学思辨维度深化到经济关系维度，恰如他所强调的，"商品中包含的劳动的这种二重性，是首先由我批判地证明的"①。其四，马克思科学论证共产主义新人产生的必要性。马克思辩证地指出，资本主义社会的历史使命与共产主义新人的形塑存在直接相关性，资本主义社会不仅是一个"资本积累"过程，也是一个"与资本积累相适应的贫困积累"过程，而共产主义新人正是在不断增加的贫困生活中磨砺与造就的。诚如马克思指出的，"这种普遍的勤劳，由于资本的无止境的致富欲望及其唯一能实现这种欲望的条件不断地驱使劳动生产力向前发展，而达到这样的程度，以致一方面整个社会只需用较少的劳动时间就能占有并保持普遍财富，另一方面劳动的社会将科学地对待自己的不断发展的再生产过程，对待自己的越来越丰富的再生产过程，从而，人不再从事那种可以让物来代替人从事的劳动，——一旦到了那样的时候，资本的历史使命就完成了"。② 从这一论断讲，无产者势必会在资本主义制度的剥削与压迫下，蜕变为未来社会的主体力量——共产主义新人。由是观之，马克思凭借科学的政治经济学分析工作，夯实了马克思主义新人学说的科学根基，凸显出共产主义新人的崇高形象。

除此之外，恩格斯同样对共产主义新人观的发展具有重要贡献。传统的论述对恩格斯的地位一直语焉不详，甚至受到一部分西方学者的歪曲解释。20 世纪 20

① 《马克思恩格斯文集》第 5 卷，北京：人民出版社，2009 年，第 54—55 页。
② 《马克思恩格斯文集》第 8 卷，北京：人民出版社，2009 年，第 69 页。

年代西方出现一股所谓“新马克思主义思潮”，其代表人物在对马克思主义人学思想的诠释中，倾向于将马克思与恩格斯对立起来，认为只有马克思具有丰富的人学思想，而恩格斯囿于非人化的规律，并不存在对应的人学思想，即所谓恩格斯“人学空场”论。实际上，恩格斯不仅不存在“人学空场”，反而推动着马克思主义新人学说的发展。恩格斯在早期与马克思共同作育新人学说的产生，并在此后坚守马克思主义人新人学说的立场、观点、方法，进而完善其学说理论体系，这主要体现在以下几个方面。其一，恩格斯坚守捍卫了马克思的新人学说观点。在 19 世纪 70 年代，恩格斯基于马克思的授意中断《自然辩证法》的写作，对欧根·杜林污蔑《资本论》的论调予以坚决反对，从而捍卫了马克思的科学思想与正确观点。在马克思逝世后，恩格斯整理出版了马克思《资本论》遗稿，即《资本论》的第二卷与第三卷，并在《路德维希·费尔巴哈和德国古典哲学的终结》一文中突出马克思主义新人学说相较于费尔巴哈人学思想的彻底性与超越性，进而强有力地捍卫了马克思的新人学说思想。其二，恩格斯在秉持唯物史观立场上，兼继了马克思关于人的劳动本质的界说。恩格斯在马克思的劳动概念基础上，进一步延伸出“劳动是人的本质属性”的论断，以此规定人与非人之间的社会性差异。在恩格斯看来，因劳动产生语言，进而刺激意识，人类由此脱颖而出，成为与动物具有根本区别的存在。诚如他在《劳动在从猿到人的转变中的作用》一文中指明，在史前社会时期，劳动对人类发展起着关键性作用，成为人的自我生成方式，“这便是人同其他动物的最终的本质的差别，而造成这一差别的又是劳动”①。并且恩格斯还将劳动与人类社会历史发展相联结，突出其在人与社会发展中的重要作用。其三，恩格斯完善了共产主义新人观的体系架构。恩格斯通过总结与分析，构建起共产主义新人的三维架构，即自我、社会、自然与人之间的三重统一关系。就人自身而言，共产主义新人的价值要在主客体交互实践中彰显，进而实现自我价值与社会价值的统一；就人的社会维度而言，恩格斯在介绍摩尔根关于人类早期发展的理论观点基础上，对作为交往形式的婚姻、家庭与氏族制度进行考察，系统描绘了人的发展是从原始平等到阶级压迫再到平等的历史过程，以此论证共产主义新人发展的历史必然性；就人的自然维度

① 《马克思恩格斯文集》第 9 卷，北京：人民出版社，2009 年，第 559 页。

而言，共产主义新人是要与自然达成和解的新人，即可以掌握且顺应自然客观规律的人。不仅如此，恩格斯还通过将历史唯物主义原理运用到自然科学研究中，提出自然辩证法，主张从自然维度开展对人的本质的解读工作，并批判了自然科学中的形而上学思想与唯心主义观念，进而得出共产主义新人应实现人与自然和解的结论。由此看来，恩格斯推究马克思主义新人学说中的诸多难题，补益了马克思关于共产主义新人的观点。

二、列宁的社会主义新人观

列宁继承并发展了马克思主义新人学说，且在立足资本帝国主义时代的基础上，结合俄国的特殊国情，创造性地提出社会主义新人观，这一发展过程涵盖无产阶级革命与社会主义建设两个阶段。具体而言，列宁在无产阶级革命时期对共产主义新人观进行了系统学习与传播工作，逐步形成自己的独到见解。列宁本人就是共产主义新人的典型代表，他在1888年开始研习马克思的《资本论》及普列汉诺夫的著作，将《共产党宣言》翻译成俄文进行传播，并于实践中认识到青年在腐朽的沙俄帝国开展革命的重要性。为此，列宁围绕如何激发和凝聚青年力量来开展俄国革命的问题展开深入探索，先后写出了《革命青年的任务》《新的任务和新的力量》等文章，对无产阶级革命中青年工作的战略意义、目标要求等予以说明。其一，在青年工作的战略意义上，列宁主张人才选拔问题是无产阶级革命政党之生死攸关问题，认为只有将一切具有革命主动性的力量，尤其是年轻力量尽快团结和动员起来，才能为革命政党补充力量。恰如他所言的，“我真想建议把那些竟敢说没有人才的人当场枪决。俄国的人才多得很，只是必须更广泛和更大胆地、更大胆和更广泛地、再更广泛和再更大胆地吸收青年参加工作，不要对青年不放心。目前是战斗时期。整个斗争的结局都将取决于青年，取决于青年大学生，尤其是青年工人”①。从这一层面讲，青年工作与无产阶级革命的前途息息相关，必须得到重视。不仅如此，列宁还从无产阶级政党长远发展切入，主张做好青年工作具有战略意义，因为“我们是未来的党，而未来是属于青年的。我们是革新者的党，而总是青年

① 《列宁全集》第9卷，北京：人民出版社，2017年，第228页。

更乐于跟着革新者走。我们是跟腐朽的旧事物进行忘我斗争的党，而总是青年首先投身到忘我斗争中去”，所以“我们将永远是先进阶级的青年人的党！”①其二，在青年工作的目标定位上，列宁将青年视作无产阶级革命的重要同盟，指出培养能够充当无产阶级革命“生力军”的青年为工作主线，并注重突出共产主义新人观对于形塑革命青年理想信念的中心任务。对此，列宁主张在大学生群体中宣扬马克思主义革命世界观，并积极在工厂小组和行业工会等团体内扩展力量，以此彻底廓清阶级与非阶级的思想界限。其三，在组织青年的路径上，列宁勇于相信并开展青年组织工作，明确表达对青年革命主动精神的赞许态度，主张通过政治鼓动积极引导广大青年参与政治实践，尤其是“日常的斗争”的革命实践。

需要予以特殊说明的是，列宁关于瑞士伯尔尼时期“哲学笔记”中的人学思想问题。在西方黑格尔主义的马克思主义化的理论运动影响下，以杜娜叶夫斯卡娅和安德森为代表的西方学者对列宁的“哲学笔记”进行了人学模式的解读，主张存在“前黑格尔列宁”与“黑格尔列宁”之间的对立思想，其实质是将列宁划入黑格尔主义阵营，违背了历史唯物主义的基本立场。安德森的《列宁、黑格尔和西方马克思主义：一种批判性研究》即是代表性著作。② 这种西方理论家所谓“两个列宁”的对立式解读工作，总是以一种极其片面的思维进行，即以一种相当主观的理论模式析论列宁的人学思想。这种论调是与马克思主义新人学说演进脉络不一致的。此前，马克思批判性借鉴黑格尔的人学思想，并通过将黑格尔辩证法内核与费尔巴哈唯物内核相融合的方法，形成马克思主义新人学说；在此基础上，列宁探源溯流，同样选择继续深挖黑格尔的相关思想资源，为俄国革命实际需要的目标服务，这就决定了列宁不会再度延续黑格尔辩证法的神秘外壳，也不可能接受于革命目标无益的唯心主义观点。实际上，列宁非但没有黑格尔主义化，反而在唯物史观的立场上对黑格尔的人学思想进行创造性解读，由此实现黑格尔“主体性”思想与马克思“实践”概念的辩证统一。在伯尔尼时期之前，列宁已在《唯物主义和经验批判主义》一文中，阐述了唯物主义认识论的重要性，并在对马赫主义的理论批判工作中捍卫唯

---

① 《列宁全集》第 14 卷，北京：人民出版社，2017 年，第 161 页。

② ［美］凯文·安德森著，张传平译：《列宁、黑格尔和西方马克思主义：一种批判性研究》，南京：南京大学出版社，2012 年，中文版序言。

物主义立场；到伯尔尼时期，列宁在持守唯物史观的立场上，同样是在进行类似的理论批判工作，以此批判性借鉴包括黑格尔在内的其他思想家的思想资源，恰如列宁在《黑格尔〈逻辑学〉一书摘要》中所言，“我总是竭力用唯物主义观点来阅读黑格尔”，“如果我没有弄错，那么黑格尔的这些推论中有许多神秘主义和空洞的学究气，可是基本的思想是天才的；万物之间的世界性的、全面的、活生生的联系，以及这种联系在人的概念中的反映——唯物地颠倒过来的黑格尔；这些概念还必须是经过琢磨的、整理过的、灵活的、能动的、相对的、相互联系的、在对立中统一的，这样才能把握世界。要继承黑格尔和马克思的事业，就应当辩证地探讨人类思想、科学和技术的历史”①。足可见列宁在“哲学笔记”中并不存在从唯物主义向唯心主义思想，即所谓“两个列宁”的思想转变过程，反而是在坚持唯物史观的立场上，积极借鉴了黑格尔辩证法中的科学合理成分，以此把握住黑格尔人学思想中的理论精髓，进而丰富自身的人学观点。

十月革命胜利后，俄国社会主义政权成功建立。在此背景下，列宁围绕着新生政权的政权安全与建设等任务，创造性地对新人培育工作进行探索，先后写出《十月革命两周年》《青年团的任务》和《俄国革命的五年和世界革命的前途》等文章，探求如何在社会主义的制度条件下培育社会主义新人这一问题，即如何具体实现马克思与恩格斯所规定的人的自由而全面发展的宏伟目标。显然，列宁对革命的胜利有着高度清醒的认识，认为社会主义俄国是建立在经济文化落后的基础上的，与马克思和恩格斯所设想的生产力高度发达社会存在相当差距，进而在共产主义新人观的基础上，提出培育社会主义新人的阶段性目标，并强调没有社会主义新人的形成，社会主义俄国的政权就无法得到巩固和发展，共产主义的理想愿景更不可能实现。换言之，新生的苏维埃俄国要想在极不稳定的国际秩序中站稳脚跟，就必须竭尽全力造就大批社会主义新人，以迅速医治国内外战争所遗留的创伤，提高劳动生产率，进而发展国民经济。为此，列宁作为党和国家的领袖，自觉肩负起如何培育社会主义新人的理论实践工作，并根据实际需要指出培育社会主义新人的重要意义、理想目标与实践路径。其一，就培育社会主义新人的重要意义而言，列宁指

① 《列宁全集》第 55 卷，北京：人民出版社，2017 年，第 86、122 页。

出培育新人工作是确保党和国家事业后继有人的重要战略任务，并主张建设社会主义作为一项伟大且艰巨的事业，需要一代又一代社会主义新人接续努力，因而“真正建立共产主义社会的任务正是要由青年来担负”①，需要“从青年中汲取新的力量，像我们打仗那样努力地、坚决地、顽强地从事经济建设工作，从而取得虽不是辉煌的，然而却是比较实在比较重大的胜利”②。同时，培育社会主义新人的工作绝非一蹴而就之事，需要长时间的砥砺磨炼，哪怕是遭遇一时挫折也应持之以恒地广泛吸收和组织青年力量，不能有丝毫懈怠，这是确保苏维埃党和国家事业后继有人的战略举措。其二，就培育社会主义新人的理想目标而言，列宁在领导苏维埃俄国的社会主义实践过程中，从多个角度全面系统地阐述社会主义新人的科学内涵。在社会主义新人主体上，列宁主张社会主义新人主体的广泛性，涵盖学生、教师、工人和农民等各类群体。需要说明的是，与革命时期由旧社会滋养的各类主体相比，社会主义新人显然专指社会主义政权确立后新培养的骨干力量，更侧重其建设任务。换言之，社会主义新人的培育工作只能在社会主义实践中展开。在社会主义新人目标上，列宁高度强调新人素质的全面性，囊括坚定的共产主义信念、鲜明的阶级意识、科学文化素养和共产主义道德等各个领域。其中，共产主义道德是一种新型道德，从无产阶级所构成的利益中引申而来，并为彻底建成共产主义社会服务。其三，就培育社会主义新人的实践路径而言，列宁提倡教育与劳动相结合的方法，并凸显培育社会主义新人载体的多样性。在教育方法上，列宁秉持理论与实践相统一的原则，直陈资本主义教育之脱离于实际生活的弊端，进而突出社会主义教育的实践属性。在培育载体上，列宁一再强调学校、共青团与工会等组织的合力作用，因为对于俄国这一小农生产长期居于主导地位的国家，其人均识字率较低，在十月革命前大约30%的成年人不能读写，在农村地区文盲率更是高达80%③，这使得传统学校载体无法满足培养社会主义新人的需求。恰如列宁所指出的：“只要在我国还存在文盲现象，那就很难谈得上政治教育。这并不是政治任务，这是先决

---

① 《列宁全集》第39卷，北京：人民出版社，2017年，第328页。
② 《列宁全集》第38卷，北京：人民出版社，2017年，第219页。
③ 郑异凡：《新经济政策的俄国》，北京：人民出版社，2013年，第536页。

条件，没有这个条件就谈不上政治。”①因此，唯有通过多种载体一齐发力，苏维埃俄国才能尽快完成培育社会主义新人的历史任务。

概而言之，在经典作家的论述上，马克思、恩格斯自提出新人学说后，又实现了对自身思想的超越，形成理论体系日益完备的共产主义新人观。其中，恩格斯有着独特贡献，坚持与捍卫了马克思的新人学说观点，继承且发展了马克思关于人的劳动本质的界说，并完善了共产主义新人观的体系架构，认为共产主义新人应做到自身、社会与自然三方面的统一。在此基础上，列宁作为后来者，承继发展了马克思、恩格斯的新人学说思想，于俄国革命时期形成内涵丰富的新人革命思想，尤其是青年革命思想，并在社会主义建设时期基于苏维埃俄国巩固与发展的实际需求，创造性地提出社会主义新人观。需要说明的是，虽然马克思、恩格斯的共产主义新人观得到了进一步发展，但受时代所限，依旧无法铺陈呈现如何实现人的自由且全面发展的具体细节；而列宁不仅在理论上坚持了共产主义新人观，而且在现实中将其学说加以运用，在俄国社会主义基本制度下对社会主义新人的探索工作更具紧迫性与实践性，并首次将人的自由全面发展理念放置在社会主义实践中，成为对共产主义新人观的具体运用与实践探索，创造性地丰富和发展了马克思主义新人学说。

第四节　马克思主义经典作家新人学说的基本特征

从马克思、恩格斯的共产主义新人观，到列宁的社会主义新人观，这是马克思主义经典作家新人学说的演进过程。在此过程中，马克思主义经典作家新人学说之所以异于其他人学思想，是由于它在发展中呈现出一些极具辨识性的基本特征，这体现在整体性、时代性和实践性等方面。

一、整体性特征

马克思主义经典作家普遍采取一种整体性视角来考察人的问题，因而其新人

① 《列宁全集》第42卷，北京：人民出版社，2017年，第210页。

学说具有整体性特征。这样说起来似乎简单,但实际上却相当复杂,有许多问题要加以澄清与阐明,才能真正理解何为整体性特征。其一,马克思主义经典作家新人学说在研究对象上体现整体性特征。马克思主义新人学说与“观念的人”的抽象思维大异其趣,它以“现实的人”为逻辑起点,由各个不同现实个体及个体的不同侧面构成,具有多种现实的规定性,这势必要求对个体的多样性与复杂性进行综合研究,以获得“现实的人”的完整形象。譬如,马克思对“现实的人”这一概念就采取了整体性把握的方法,指出其生命类本质、社会界中的社会关系总和本质和发展本质、未来社会中的解放本质等多重含义。同样地,列宁在对社会主义新人的研究上,突出其主体的广泛性,进而涵盖学生、教师、工人和农民等各类群体。可以看出,经典作家在研究对象上,以“现实的人”为逻辑起点,必然要展示整体的人的研究图景。其二,马克思主义经典作家新人学说在研究方法上体现整体性特征。此前,传统的唯物主义(包括费尔巴哈的学说)均是从静态的思维上开展人的研究工作,而马克思主义新人学说则突破静态分析方法的桎梏,强调在社会历史的发展中动态地把握人的本质,并揭示出人存在与发展的客观规律。换言之,马克思主义新人学说并不是一门一成不变的学问,而是随着社会条件的变化不断捕捉人的发展样态的科学学说。这种动态的分析方法,实际上是从纵向剖面上整体性把握人的发展问题,力图显示出整体的人的研究图景。其三,马克思主义经典作家新人学说在研究前景上体现整体性特征。无论是马克思和恩格斯,还是列宁,他们始终致力于对人的自由全面发展这一核心命题的探索工作,都将其学说的发展建筑于如何达至人类全体解放的光明前景之上,因为无产者个体及其阶级属性决定了无产阶级与全人类解放的一致性。在此基础上,只有复归人的真正本质,才能实现一切自由人的联合体愿景,这实际上从学说的未来指向上规定着其价值的整体性。其四,马克思主义经典作家新人学说在解决方案上体现整体性特征。经典作家受研究对象、方法和前景的影响,必然以国际工人运动这一总体方案来应答,由此显示出其解决方案的整体性特征。

除上述较为直接显现的现象外,马克思主义经典作家新人学说在更深层次的世界观(唯物主义史观)上反映着其学说的整体性特征。在唯物史观诞生前,关于人的本质的研究都受唯心史观的影响,从抽象的范畴入手,致使对人的本质认识存在片面化问题。这一时期研究者普遍认为，人是一种主体化但非现实化的存在，需要高扬人的理念与精神，却忽视与人直接相关的生活世界，从而造成关于人的本质认识上的误区。与之截然不同，马克思主义经典作家基于“现实的人”视角，将生活世界纳入对主体化的人的理解中，从而打破“现实的人”与“观念的人”之间的隔阂，这标志着哲学世界观之本体论与认识论的整体变动。这种新世界观是继古代客体本体观和近代主体中心观之后的生活世界总体观，其本身意味着一种全新的研究向度，从根本上规定了马克思主义新人学说思想的整体性。无论是马克思、恩格斯，还是列宁，他们都是在秉持唯物史观的哲学基础上，开启其新人思想的理论探索工作。恰如列宁在谈论《共产党宣言》时强调的，“这部著作以天才的透彻而鲜明的语言描述了新的世界观，即把社会生活领域也包括在内的彻底的唯物主义、作为最全面最深刻的发展学说的辩证法以及关于阶级斗争和共产主义新社会创造者无产阶级肩负的世界历史性的革命使命的理论”①。从这一论断可见，列宁正是在受到新世界观的指引下，才能对人的发展问题进行总体性把握，进而洞察俄国的发展情形及其内在矛盾，推动马克思主义新人学说的新发展。需要强调的是，当今西方学术界在所谓马克思主义人学研究传统中，之所以热衷于制造种种对立论调，如马克思“认识论断裂”、恩格斯“人学空场”和“两个列宁”等论调，究其根本在于未能把握住马克思主义唯物史观的思想根基；这类论调不从总体上体悟马克思主义新人学说的内在理路，而总是热衷于凭借所谓蛛丝马迹来评判其学说的逻辑断裂性，甚至是从一种去世界观化的角度强行诠释或过度诠释，这与马克思本人在唯物史观发展进程中探求人的本质之初衷相悖，注定只能是缘木求鱼。因此，只有在坚持唯物史观的哲学立场上，才能真正明晰人与人类社会的发展轨迹，也才能从根本上洞悉马克思主义经典作家新人学说的整体性特征。

二、时代性特征

马克思主义经典作家对人的发展的探赜索隐，始终与时代需要紧密相连，并根据时代的变化条件进行相应的调整，因而其新人学说拥有与时俱进的理论特征。

---

① 《列宁全集》第 26 卷，北京：人民出版社，2017 年，第 50 页。

所谓时代，往往意味着一个历史分期或一个特定阶段的标志。在马克思主义理论体系内，时代大体上依循经济社会形态为区分标志，如“封建时代”“资本主义时代”，这些时代可简称为“大时代”。与此同时，由于时间跨度较长，“大时代”内存在诸如技术发展与社会矛盾等因素变化，又可以进一步细分为“小时代”。“资本主义时代”就可以区分出“工场手工业时代”“机器大工业时代”等不同发展阶段。在此基础上，如同马克思主义的基本原理总是随着时代的变化而不断发展一样，马克思主义经典作家新人学说作为其组成部分，自然也随着时代的需要创设与发展，在总体上是对“资本主义时代”内“现实的人”生存条件与时代发展方向的深刻把握，是对该时代中人的社会关系异化的思想产物和理论结晶。具体而言，其一，马克思主义新人学说的提出与时代的发展脉搏相契合。马克思在资本主义工业革命持续推进的时代背景下，体察到产业工人无依无靠的社会事实，进而发觉无产者在现实中自我异化的事实逻辑，从而提出新人学说。由此观之，马克思主义新人学说的出场逻辑与当时有产者剥削无产者的特定背景直接相关，这并不是历史偶然发生的现象，而是针对“现实的人”生存条件的直接发问。不止如此，随着资本主义发展形态的变动，列宁针对帝国主义国家间的激烈竞争关系，提出帝国主义时代无产阶级革命学说，并根据其时代内无产阶级革命者的生存条件创造性发展了马克思主义新人学说。其二，马克思主义新人学说是建立在特定时代思想或学说基础之上的理论产物。马克思站在空想社会主义思想家的肩膀上，才提出人的自由而全面发展的理论命题；恩格斯站在细胞学说、能量守恒和转化定律、生物进化论这三大自然科学发现的理论基础上，才提出人与自然相统一的思想观念；列宁则是吸收了同时代经济学家的思想后，才形成自己关于无产阶级革命时期新人学说的系统观点。可见，马克思主义经典作家新人学说是在占有时代性思想成果基础上发展的产物，印有鲜明时代标识。其三，马克思主义新人学说本身是一个开放的理论体系，具有与时代前行的内在生命力。马克思和恩格斯在提出新人学说后，并非故步自封，而是不断根据实际现状的发展对新人学说进行补益，使其思想体系更为阐扬光大。譬如，马克思将新人学说由此前的哲学批判带到政治经济学批判的维度上，恩格斯更是在原有的学说基础之上提出了人、社会与自然相统一的体系架构。再比如，列宁在十月革命胜利后，根据实际情形的变动——从夺取政权到巩固政权，将革命时期提出的新人学说思想发展为社会主义新人学说思想。因而，这种学说内部的补充与完善的接续努力，与时代发展变化相接榫，从而呈现出时代性特征。

每个时代都会产生出形形色色的理论学说，但只有能够顺应时代呼声、科学回答时代课题的思想学说才具有真正的理论生命力。正如恩格斯强调："每一个时代的理论思维，包括我们这个时代的理论思维，都是一种历史的产物，它在不同的时代具有完全不同的形式，同时具有完全不同的内容。"①马克思主义经典作家新人学说之所以绵延不断，能够实现从共产主义新人观到社会主义新人观的发展演进，在于它总是与时代同行，既把握住"大时代"相对稳定性的时代本质，探寻到"资本主义时代"内无产者与有产者之间的结构性矛盾，又掌握了具有相对趋变性的"小时代"特征，呈现出从自由资本主义到帝国资本主义变动内人的生存与发展条件的具体特点，因而总是按照生活世界的现实情形，持续对旧问题与新问题、旧情况与新情况予以解答，使其学说的演进脉络清晰地保存着社会发展的时代印记，最终成为随着客观历史变化而不断发展的理论创见。由此观之，马克思主义经典作家新人学说是不断开放发展的理论学说，它开辟出对人之本质状态研究的科学道路，并根据时代要求及认识发展不断丰富自己，以此永葆其学说的生命力。

三、实践性特征

马克思主义经典作家新人学说最后，但或许最重要的基本特征在于实践性。一般而言，好的研究源自好的问题。马克思主义经典作家新人学说也不例外，它肇始于人的研究范式中主客体之统一性问题。恰如马克思在《德意志意识形态》中指出的，此前的"哲学家们在不再屈从于分工的个人身上看到了他们名之为'人'的那种理想，他们把我们所阐述的整个发展过程看做是'人'的发展过程，从而把'人'强加于迄今每一历史阶段中所存在的个人，并把'人'描述成历史的动力。这样，整个历史过程就被看成是'人'的自我异化过程，实质上这是因为，他们总是把后来阶段

① 《马克思恩格斯文集》第9卷，北京：人民出版社，2009年，第436页。

的一般化的个人强加于先前阶段的个人，并且把后来的意识强加于先前的个人。借助于这种从一开始就撇开现实条件的本末倒置的做法，他们就可以把整个历史变成意识的发展过程了”①。这一段话清晰地表明马克思不满于西方传统人学解释范式的心迹，并隐约可见其重新生成人学解释范式的雄心与期盼。揆诸史实，西方传统人学普遍将现实的人与具体的世界加以概念化、抽象化，把人的问题局限在一个思辨的实体理念之中，从而形成用先验的精神或物质实体规约人之本质界定的形而上学理性主义传统。尽管黑格尔与费尔巴哈想克服这一传统，但都未能完成。基于此，马克思接续前人努力，在对此种形而上学的人学传统的批判中，逐步构建起全新的人学范式，从而真正揭示出人的生存这一实践活动的奠基性作用。换言之，在马克思主义经典作家新人学说的解释范畴中，实践作为新理论的智慧与洞见，成为贯通主客体统一的关键因素和逻辑主线，发挥着从普遍性的价值规定到“现实的人”的实践生成转变的重要作用，因而，这一解释范式在当今学界也称之为“实践人学”。此外，马克思主义经典作家普遍通过揭示人的历史性实践境况，得出以辩证法为内核的人的自我生成活动这一结论。也就是讲，只有在实际生活中实践的人，才能真正展现出人之生存方式的多样性样态，也才能超越主客体相分离的认识论结构。无论是马克思以实践思维所规定的具体的人，恩格斯以劳动价值证成人的本质，还是列宁以革命方式呼吁人的解放，都处处流露出对实践的重视程度，使得理论融入人们日常生活世界中。

不仅如此，马克思主义新人学说自马克思伊始，就不单单仅是一门学问，更是意图改变贫苦无产者的自我异化地位，追求“政治解放”之后“人的解放”的使命的实践性路向原则。正所谓哲学不仅是要解释世界，更重要的是要改造世界。马克思主义经典作家新人学说在本质上是实践的，其根本目的在于人的解放，并找到了通达人之理想状态的路径，这也是马克思主义新人学说与空想社会主义思想家观点的根本区别所在。继而，马克思主义经典作家新人学说作为一种关于人的解放问题的根本方案，意在通过塑造新人来完成社会革命。正因如此，马克思、恩格斯和列宁不仅是理论家，同时也是革命运动的领导者和参与者。马克思、恩格斯积极

---

①《马克思恩格斯文集》第1卷，北京：人民出版社，2009年，第582页。

从事工人运动，为指导欧美国家无产阶级运动的发展倾注了毕生心血；列宁则带领俄国工人取得十月革命的伟大胜利，标志着世界共产主义运动在全球范围内的崛起，这深刻影响了全球政治、经济与文化的发展。从这一层面讲，马克思主义经典作家颠覆了传统西方学术界重思辨轻实践的研究理路，旗帜鲜明地表达出救赎与解放全人类的政治旨趣，并矢志不移地为人的自由全面发展的宏伟蓝图而努力奋斗。因而，马克思主义经典作家新人学说始终秉持改造世界的价值诉求，经国际工人运动上升为武装全体无产者的思想武器，进而得以将无数“现实的人”汇聚成一股从事现实运动的磅礴力量，以此彻底克服“政治解放”的固有局限，希冀实现真正的全人类解放。事实证明，尽管共产主义新人观与社会主义新人观是在不同时代环境中建立起来的，却都指向同一个理论命题——人的自由而全面的发展。正如马克思自身所言：“共产主义对我们来说不是应当确立的状况，不是现实应当与之相适应的理想。我们所称为共产主义的是那种消灭现存状况的现实的运动。”①因而，马克思主义经典作家新人学说植根于人的生活实践，不仅是一门全新的理论智慧，更是旨在消灭现存状况的现实运动，象征着一种天然的革命性力量。所以，对于新人学说的理解，首先必须建立在实践价值的基础之上，否则会缺少客观性原则，也就容易将马克思和恩格斯所创立的新人学说变得肤浅与狭窄。

总起来说，马克思主义经典作家新人学说体现出鲜明的整体性、时代性和实践性特征。其整体性特征表现在研究对象、研究方法和研究前景等方面，并与马克思主义唯物史观的世界观相关联；其时代性特征显露于学说的提出缘由、建立基础和体系架构等方面，且彰显在“大时代”时代本质与“小时代”具体变化之中；其实践性特征则直接内嵌在学说本身的逻辑起点与创新思维上，并最终上升为哲学革命基础上的现实革命运动。当然，以上的基本特征都是对马克思主义经典作家新人学说的一种概括呈现，是对贯穿在学说发展中共同特质的把握，仅是对马克思主义经典作家关于如何解答人的问题的一种思维反映，它并不能代替经典作家本身思想的精髓所在。

---

① 《马克思恩格斯文集》第 1 卷，北京：人民出版社，2009 年，第 539 页。

第五节　马克思主义经典作家新人学说的价值意蕴

马克思主义经典作家新人学说在人类社会历史发展过程中具有深远意义。纵观其发展过程与内容体系，从提出背景、出场逻辑、主要内容到基本特征无不彰显出马克思主义的本真精神。这一科学的真理并不因时势变迁而丧失价值，仍历久弥新、光芒四射。当今，我们距离马克思主义经典作家生活的时代日渐遥远，面临着新情况、新问题，但其思想原则和方法论却是超越时空的，依然可资借鉴，仍具有重要的现实意义。在新的起点上，我们要正确理解马克思主义经典作家新人学说的价值意蕴，应当把握好其内蕴的四对统一关系。

一、把握好理想性与现实性的统一关系

马克思主义经典作家新人学说实现了理想性与现实性双重维度的统一。长期以来，总会有人把马克思主义新人学说，尤其是其所追求的人的自由全面发展仅视作一种理想愿景或乌托邦，而忽视其学说的现实性；或者将理想性与现实性完全混同起来，分不清彼此。实际上，通过上述分析，我们可以知晓马克思主义经典作家关于新人问题的探索过程，既是一个坚守理想的过程，同时也是一个为理想而不断奋斗的过程，是理想与现实相交融的智慧结晶。一方面，该学说以“现实的人”为出发点，是立足现实的客观产物。所谓“现实”是以活生生的人为主体的现实，而非仅仅停留在马克思、恩格斯等人生活时期的现实。这就意味着，我们在学习该学说之时，并非一成不变地死学硬记，而是需要准确科学地分析人之生活世界的条件与境况，体察当下生活时代与经典作家生活时代的异同之处，进而辨别其学说中自我异化的事实逻辑之运用边界。事实上，“以物的依赖性为基础的人的独立性阶段”依旧盛行，“个人自由而全面发展的社会”也未完全实现。虽然在经过技术革命的大力推动后，当下社会在生产力上要远远高于马克思、恩格斯所生活的时代，但依旧未彻底摆脱人的异化状态，与马克思主义新人学说出场的事实逻辑依然贴合。另一方面，该学说以人的自由全面发展为价值旨归，这是对未来理想社会的完美设计。至少从目前看，马克思的这一天才设想仍未过时，更远未实现。在马克思主义

经典作家看来，劳动解放是实现人的解放的必要手段，亦是朝向人的自由劳动过渡的基础环节，只有使劳动回归本真状态，人才能达到人的自由全面发展状态。诚如马克思明确指出："自由王国只是在必要性和外在目的规定要做的劳动终止的地方才开始……这个自由王国只有建立在必然王国的基础上，才能繁荣起来。"①马克思这一重要论断深刻说明劳动形态变化对实现人的自由全面发展状态的重要性。揆诸现实，如若以劳动为尺度来审视当今人的发展现状，绝大多数人依旧处在资本逻辑主导之下，依旧是在为生活必需而劳动，既未实现人与自然相和解的劳作，也未建立人与人相和谐的社会关系，更未充分发展其个性。因而，绝大多数人依旧处在"必然王国"的统治下，仍需不断朝向人的自由全面发展的价值理念努力奋斗。

在此基础上，马克思主义经典作家新人学说的出场逻辑与当今世界仍契合，它以"现实的人"为逻辑起点，具有现实性色彩；同时又以人的自由全面发展为最终落脚点，具有理想性诉求。依照这一逻辑，要对马克思主义经典作家关于新人问题的系统论述有着正确理解，决不能割裂式地理解为过时的论调或空想的论调，不能只是就现实性的一维，或者理想性的一维来加以理解；而是需要辩证地看待该学说的思想真义，准确认识到现实性与理想性皆是其内在的一体两面之表征，既要通过"现实的人"这一现实性维度体悟该学说的价值诉求，又要凭借人的自由全面发展这一理想性维度来对照该学说的现实基础。从更深层次讲，经典作家关于方法视域的转换是科学理解该学说的一把钥匙。马克思基于哲学视角分析人的异化问题，初步阐发共产主义新人思想，进而论证共产主义社会的历史必然性；后来转换为经济学视角，将对人的自我异化的抽象认识进一步具化为经济的实证批判，开展对各历史阶段中人的发展样态的相关考察，从而夯实共产主义新人观的科学根基。足可见，马克思由问题出发，直面无产者的悲惨现状，从哲学思考中走向历史深处，始终保持对"现实的人"的关注度，既展现出人之为人的本来面貌，又揭示出人在社会发展中的全景，从而凸显对共产主义新人的合理想象与价值诉求，这体现其理论在理想性与现实性上的统一。需要补充的是，方法视角的转换是一种曲径通幽式的探赜，而非所谓思想断裂的迹象。对于当下而言，我们依旧要从"现实的人"这一

① 《马克思恩格斯文集》第 7 卷，北京：人民出版社，2009 年，第 928—929 页。

视角出发，在立足客观现实的基础上，探寻生活世界里人的生存条件与发展境况，并明晰其与人的全面自由发展样态之间的差距，进而在现实性与理想性相平衡的维度上为人的发展解决问题、创造条件，以此朝向自由劳动的长远目标迈进。只有通过采取这样一种活的思维对马克思主义经典作家的新人学说进行把握，才能较充分地汲取其思想精髓，也才会在根本上规避肤浅或片面的解读。

二、把握好理论与实践的统一关系

马克思主义经典作家新人学说实现了理论与实践的统一。具体而言，其一，马克思主义经典作家新人学说实现了人学思想史上的哥白尼式革命，突破了此前哲学传统上对于人是其所是的常规界说。在传统哲学视域下，哲学家往往是从人与动物相区别的某种抽象规定性入手，预先赋予人一种本质属性，从而规定现实中的人们依照此种属性行事。这种先天预成的本质界说，由本质先于存在的思维方式所主导，使得人陷入一种被规定且无法言说的状态，这亦是传统人学之理论困境的症结所在。与之不同，马克思主义新人学说实现对人的本质问题之思考方式的颠覆，不再基于“是什么”的角度直接切入，而是从“怎么样”的角度寻找突破点，这规避了本体论意义上无休止的争论，并开辟出属于人的本质规定的生存论视域。其二，马克思主义经典作家新人学说内在地将理论与实践联结起来。按照“怎么样”的生存论视域，经典作家突出“实践”这一关键范畴，强调其在主客体交互作用中的巨大威力。换言之，人是通过社会实践，而不是某种先天规定的属性，才是其所是，进而呈现出人的本质属性。恩格斯更为明确地指出，这种实践就是劳动。从这一层面讲，经典作家对于新人问题的思考，使得人学解释发生转向，上升为实践生成论，即从“怎么样”到“是什么”的逻辑演进过程，抑或“存在”规定“本质”的逻辑理路。马克思正是凭借“实践”构建“现实的人”，筑造出整座唯物史观大厦，这也是马克思主义人学不同于现代西方存在主义人学的关键之处。其三，马克思主义经典作家新人学说成为后人持续为之奋斗的光辉事业。马克思、恩格斯和列宁从来不满足只将自己的学说当作一门学问，他们一改传统学者形象，将其奋斗的重点放在全人类解放事业中。这也就是讲，经典作家不仅进行思想理论的探索工作，同样一马当先，以实干的精神践行新人学说的理念内涵，因为只有实践中才能推动人与社会的发展。就此而言，作为后来者的我们，不能仅抱着一种务虚的态度理解该学说，也要采取真抓实干的姿态落实学说中的思想与内容。

理论的价值既来源于实践，又在于指导实践。马克思主义经典作家新人学说，绝非停留于空中楼阁的学术冥想，而是马克思、恩格斯和列宁根据他们当时存在的问题所展开的系统论述，这对于他们而言是呈现出的解决方案，对于我们而言则是一种有待挖掘的思想理论资源。当下，我们要树立正确的学习态度，在理论与实践相结合的原则上体悟该学说。对于如何学习马克思主义理论，列宁为我们树立了良好榜样，正如他指明的，"现在必须弄清一个不容置辩的真理，这就是马克思主义者必须考虑生动的实际生活，必须考虑现实的确切事实，而不应当抱住昨天的理论不放，因为这种理论和任何理论一样，至多只能指出基本的、一般的东西，只能大体上概括实际生活中的复杂情况"①。这一论断十分清晰地阐明理论联系实际的重要意义，这对于我们学习马克思主义新人学说同样适用，更何况马克思主义经典作家新人学说本身的基本特征之一就是实践性。为此，在对马克思主义新人学说的学习中，我们要避免机械式地将其当成一种理论教条，而是要打破理论与实践之间的壁垒，加强理论与实践的融合共进。这就要求我们：其一，真正学懂弄通经典作家关于新人学说的理论思想，以掌握其真谛。经典作家关于新人学说的思想，不仅蕴含着丰富的马克思主义立场、观点与方法，还彰显了他们坚定的政治立场与鲜明的价值取向。只有真正掌握住经典作家关于新人学说的思想，才能夯实我们的理论功底，提升我们的思想境界。其二，创造性地应用经典作家新人学说，以获得实践伟力。面对日新月异的发展形势，我们要成为真正的马克思主义者，贵在用其理论指导实践，以推进实际问题的解决。在马克思主义经典作家新人学说的指引下，我们既是具有主观能动性的实践主体，又需要意识到共产主义现实运动的神圣使命，从而在生活世界中开展一种对象化的运动，以此生成人的本质自我确证的规定性。

三、把握好个体与集体的统一关系

马克思主义经典作家在关于新人问题的探索中，始终坚持个体与集体相统一，

① 《列宁全集》第 29 卷，北京：人民出版社，2017 年，第 139 页。

并强调个体的人只有通过集体的力量才能获得解放。马克思的“现实的人”与费尔巴哈“感性的人”相区别的重要地方就在于人的社会性。换言之，在费尔巴哈看来，感性的人依然是个体；而在马克思看来，感性的人是社会中的人，属于集体中的个体，而非脱离集体的抽象个体。因而，“现实的人”意味着社会中的人，由人的感性活动及其为基础的感性世界所规定。鉴于此，马克思与恩格斯批判了青年黑格尔派与群众割裂的错误思想，并阐明人民群众是历史创造者的历史原理，“因此，历史活动是群众的活动，随着历史活动的深入，必将是群众队伍的扩大”①。在这里，群众史观与传统英雄史观区别开来，凸显了人民群众的主体地位，即突出由个体汇聚而成的集体力量。可见，经典作家所言说的新人，是集体中的个体。不仅如此，经典作家还在历史唯物主义的发展中系统论述人之个体与集体相作用的历史机理。比如，恩格斯在群众史观的基础上，凭借著名的“历史合力论”解释，充分诠释了人在社会历史过程中的发展问题。其中，从合力构成要素看，历史主体合力是相当重要的一环。正如恩格斯指出的，“无论历史的结局如何，人们总是通过每一个人追求他自己的、自觉预期的目的来创造他们的历史，而这许多按不同方向活动的愿望及其对外部世界的各种各样作用的合力，就是历史”②。恩格斯凭借其多年关于人的发展问题的研究经验，概括出合力论认识：每一个个体都是历史参与者，都有他们自己的“自觉预期的目的”，其结果必然是个体间意志的碰撞。继而，所谓历史，就是个体意志之间相互作用的集体产物。并且恩格斯并不满足于个体间互动的外在形式，而是进一步推究历史行动者头脑背后的动机所在，进而指出“如果要去探究那些隐藏在——自觉或不自觉地，而且往往是不自觉地——历史人物的动机背后并且构成历史的真正的最后动力的动力，那么问题涉及的，与其说是个别人物，即使是非常杰出的人物的动机，不如说是使广大群众、使整个整个的民族，并且在每一个民族中间又是使整个整个阶级行动起来的动机”③。正是在这里，恩格斯将历史合力中的个体，与群众、阶级等集体性概念串联起来，说明个体“自觉预期的目的”要与其背后阶级性的身份地位相称。

---

① 《马克思恩格斯文集》第 1 卷，北京：人民出版社，2009 年，第 287 页。
② 《马克思恩格斯文集》第 4 卷，北京：人民出版社，2009 年，第 302 页。
③ 同上书，第 304 页。

由此观之，我们在学习马克思主义经典作家新人学说时，始终要辩证把握个体与集体相统一的关系，尤其要自觉以绝大部分人的利益为衡量标准，追求契合于人的本质的自我发展愿景。在现实中，由于受到一些不良影响，人们容易只注重人的自我个性，而忽视社会中的集体属性，拜金主义、享乐主义等都是极端强调人之自我个性的具体表现。对于这种不良倾向，我们应充分发扬经典作家的优良传统，在对马克思主义新人学说学习中坚定思想立场，明晰个性价值与极端自我个性的本质界限，正视被该学说批判的"自私自利的人""利己主义的人"等个人主义的现实危害性，并于现实生活中警惕极端个人主义的种种表象，以最终克服和超越现代个人主义及其幻想。因而，对于我们而言，通过学习经典作家的理论，厘清现实中人的自我个性的真义，尤其是"自由个性"的价值意蕴，才能理解自我个性与全人类自由发展之间的辩证关系，进而区分出顾及公共利益的正当个体发展需要与非正当性发展需要的明确界限。与此同时，我们也不能走向另一极端，即只强调人的集体属性，而忽视个体之自我个性。基于此，个体的集体属性与集体中的个性发展是一个辩证统一的逻辑命题。在马克思主义经典作家新人学说视域中，个体解放（个体个性发展）要在全人类解放（集体个性发展）后才能实现，而真正的共同体（自由人的联合体）也要在个体自由联合的基础上才能践行。从这一层面讲，复归人的本质，既依赖个体的努力，也需要集体合力。当下，国际形势日新月异，世界多极化、经济全球化、社会信息化、文化多样化深入发展，个体的发展愈益突破传统国界的限制，全人类的命运日益紧密联结起来、融为一体。在这种新形势下，个体个性发展与全体人类共性发展间的关系成为时代课题，如何克服个体片面发展问题，涵养具有国际视野与世界眼光的时代新人，培养真正符合可堪担当共产主义使命的接班人，日益摆在人类面前，亟需我们提供一个符合当下时代的解决方案。在个体与集体相统一思维的启发下，我们应重视劳动与教育相结合的育人方法，大力发展社会生产力，在社会发展中凸显个体发展，并将个体的发展与人类整体的发展贴合在一起，以此锻造个体免于被剥削的个性自由，推进个人全面发展的历史性任务。

概而言之，马克思主义经典作家新人学说在当下仍具有深邃的启示意义。为此，如何准确把握与系统呈现马克思主义新人学说的核心要义是当下学习时需要重视的问题。首先，我们要在理想性与现实性统一的维度上援引该学说。如若仅以理想性或现实性的单一面向理解该学说，反而会大大降低马克思主义新人学说对于当代社会发展的理论解释力和洞察力。其次，我们要在理论与实践相结合的维度上理解该学说的理论创见。马克思主义新人学说不仅是理论学说，还是引领时代发展的思想武器；同理，新人培育工作具有高度实践性，不能仅停留在抽象的人的本质层面，抑或诉诸道德的力量推动发展；更要依托于现实的物质实践，且在人的自我改造与社会改造中推进建设。最后，我们应准确辨析个体与集体间的关系。在新人培育工作中，要辩证对待个体与集体间的关系（或个人利益与公共利益、个体价值与共同体价值等类似关系），避免走向任何一个极端，以此在个体性与集体性间维持平衡。当然，上述三点并未完全涵盖马克思主义经典作家关于新人问题的当代价值意蕴，需要继续沿着唯物史观这一发展主线深入挖掘，继而在人的本质属性、历史坐标、基本特征和实践方式等方面创新性发展，以此持续涵养堪担共产主义使命的新人培育工作。

| 第二章 |

中国共产党新人观的演进历程与现实发展

党的十九大报告中提出“培养担当民族复兴大任的时代新人”的要求。此后，党的二十大报告中再次阐明了培养担当民族复兴大任的时代新人的重要性，指出要“着力培养担当民族复兴大任的时代新人”，以“抓好后继有人这个根本大计”①。因而，对于我们党而言，时代新人问题是至关重要的议题，涉及“培养什么人”“怎样培养人”“为谁培养人”的根本问题。事实上，时代新人是中国共产党新人观的最新产物与理论结晶，它的提出有着深厚的历史渊源、学理逻辑与现实意义。揆诸史实，近百年来，中国的先进力量在探索发展道路中，提出了一系列新人培养的主张与观点。其中，中国共产党作为近代以来中华民族历史的主要贡献者和伟大塑造者，在充分把握党的历史方位与历史使命的基础上，于不同历史时期创造性地提出了不同内涵的新人观，并在实践活动中持续书写新人塑造的历史。鉴于此，本章站在新时代的高度，从历史的纵深处出发，尝试较为清晰梳理出中国共产党新人观的发展脉络，并在此基础上总结时代新人提出的当下价值与意义所在，以此为培养担当民族复兴大任的时代新人提供借鉴。

① 习近平：《高举中国特色社会主义伟大旗帜 为全面建设社会主义现代化国家而团结奋斗——在中国共产党第二十次全国代表大会上的报告》，北京：人民出版社，2022 年，第 44、67 页。

第一节　中国共产党新人观的思想背景

中国共产党新人观的产生，与中国近代以来的历史发展脉络相一致，是中国社会、历史、文化和个人等诸多因素相结合的产物。为此，在论述中国共产党新人观的产生之前，有必要先简要梳理中国共产党诞生前的相关理念，尤其是戊戌变法以来各种政治势力关于培育新人的学说，以呈现一幅较为完整的思想谱系图。

一、晚清时期的“新民思潮”

19 世纪末，为应对时局发展，晚清时期的中国出现一股“新民思潮”，掀起了关于国民性问题的大争论。“新民”一词始见于《尚书・康诰》，又是《大学》的“三纲之一”。从这一层面讲，“新民”本身属于中国传统文化中的一个符号，反映道德修养的原初意象。及至近代以降，由于西方列强入侵及其引发的社会动荡，不少具有爱国热情的知识分子以“天下兴亡，匹夫有责”的政治姿态，参与到救国图存的政治运动中，先后发出效仿西方器物与制度改革的议论，但一直到维新运动之前，他们都未将关注的焦点锁定在文化主体上，即没有将“新民”视作中国摆脱落后境地的解决路径。随着中华民族危机程度的加深，以严复、梁启超等人为代表的知识分子，愈发清醒地认识到中西差距的严酷事实，并开始将目光移落在人与人、民族与民族的差距上，由此在近代中国形成了一股“新民思潮”。从这一点讲，这里的“新民”是中国近代意义上的改革标识，成为希望拯救近代中国摆脱被动挨打局面的一种思想方案，与传统道德修养的内涵相去甚远。

晚清时期的思想家已对西方具有较为完整的认识，因而会自觉或不自觉地进行中西民风的比较工作。早在 19 世纪 60 年代，冯桂芬指出清朝官吏选拔制度的问题，认为“人无弃才不如夷，地无遗利不如夷，君民不隔不如夷，名实必符不如夷”①，这已触及中西民风的比较。之后，进化论思想传播到中国。严复在甲午战争后，译介了赫胥黎的著作，将其命名为《天演论》，并在译介斯宾塞学说时提出了

① 冯桂芬著，戴扬本评注：《校邠庐抗议》，郑州：中州古籍出版社，1998 年，第 198 页。

所谓人类社会进化的“公例”，即“国之强弱、贫富、治乱者，其民力、民智、民德三者之征验也，必三者既立而后其政法从之”①。在此基础上，严复率先提出改造国民性的议题，指出中国“民力已苶，民智已卑，民德已薄”，进而倡导“鼓民力”“开民智”“新民德”。② 其中，“民德”的提出在当时具有重大意义，它突破了“中体西用”的思维框架，直陈了晚清时期中国人大多缺乏主人感或主体意识的事实，即不具有当时西方国民一般的社会公德。与此同时，梁启超也关注到国民性改造议题，成为“新民”主张的积极倡导者，他先后发表《呵旁观者文》《中国积弱溯源论》和《十种德性相反相成义》等文章阐述他的“新民”观，抨击当时中国人身上的“劣根性”，并以“新民”为核心理念，创办《新民丛报》，直言“本报取《大学》新民之义，以为欲维新吾国，当先维新吾民”③的思想主旨，而后又以“中国之新民”为笔名在报刊上连载了长达十余万字的《新民说》④，系统阐发中国人缺乏国家思想、社会公德、权利观念和自由思想等观点，进而将“新民”视作现代国家构建的根基与前提，发出以“新民”为理想原型建构理想国民的时代先声。

除此之外，陈天华的《警世钟》、邹容的《革命军》和谭嗣同的《仁学》等文章，都涉及大量类似思想，阐明国民性改造的必要性和重要性。这些新民思想家在揭露所谓国民“劣根性”的同时，又以塑造和培养具有独立意识和权利自觉性的“新民”为目标，以期造就一代秉承崭新人生理想、价值观念和伦理精神的国民。譬如，邹容明确指出，“革命者，去腐败而存善良者也；革命者，由野蛮而进文明者也；革命者，除奴隶而为主人者也”⑤，这种观点正是对“新民”目标的集中呈现。应该说，晚清时期新民思想家们的思想实践取得了一定成效，尤其促进了中国新型知识分子的产生。在戊戌变法前，当时中国的教育还只是注重技术能力的人才教育，其目的是以济时艰，维护清政府的统治；而到“新民思潮”后，广大新型知识分子开始崛起，

---

① 汪征鲁、方宝川、马勇主编：《严复全集》第7卷，福州：福建教育出版社，2014年，第31页。
② 同上书，第27、32页。
③ 《本报告白》，《新民丛报》第1号，1902年2月8日。
④ 《新民说》并非一个连贯的文本，前17节每期连载、未有间断。1903年梁启超应北美保皇会之邀赴美，《新民说》半年左右未连载，第18节《论私德》是他访美归来后所作，思想大变。最后两节陆续发表于1904年、1906年，此后仓促搁笔，《新民说》连载中断。
⑤ 郅志选注：《猛回头——陈天华邹容集》，沈阳：辽宁人民出版社，1994年，第182—183页。

成为推动中国社会变革发展的一股不容忽视的主体力量。当然，这股“新民思潮”受时代所限，不可避免地存在着一些缺陷，其具体表现在分析方法的非科学性和观点的非辩证性。正如梁启超在《新民说》中对其写作初衷的表达，认为“余为《新民说》，欲以探求我国民腐败堕落之根源，而以他国所以发达进步者比较之，使国民知受病所在……今徒痛恨于我国之腐败堕落，而所以救而治之者，其道何由？徒艳羡他国之发达进步，而所以蹑而齐之者，其道何由？此正吾国民今日最切要之问题也”①。足可见，梁启超以侧重揭露国民劣根性为目的，这样容易将中国人的缺点无限放大，忽略其优良品质，反而造成对所谓国民性问题的误解。并且新民思想家受时代限制，倾向于将国民性的弱点归咎于封建纲常伦理，也未认识到经济发展对国民性的决定性影响。但总体上，“新民思潮”终归具有开创性意义，给后来者提出了一个需要数代人接续思考的时代命题。

二、民国初期的“新青年”思想

继“新民思潮”而起的是规模更为宏大的新文化运动，它直接形塑了“新青年”的历史形象。对此，李泽厚先生曾提出一个观点，认为新文化运动是严复、梁启超等人思想的延续，进而主张梁启超的“新民说”和陈独秀的“新青年”思想是基本一致的。② 那么，“新民”与“新青年”究竟是否存在差异呢？对于这一问题的理解，需要在 20 世纪中国政治发展的语境脉络中进行把握。“新民思潮”发端于戊戌之时，高涨于 1902—1905 年之间，并因立宪派与革命派的党争而落于低潮。及至辛亥革命后，中国社会并未因资本主义共和制度的建立而趋于好转，反而陷入政局动荡与军阀混战的恶性循环，中国人民依旧生活在水深火热之中。不仅如此，强大的守旧派甚至伺机寻求复辟，不断鼓吹封建伦理思想，新生的共和制度在封建守旧势力的操纵下名存实亡。在此现实背景下，以陈独秀为代表的新型知识分子，不满于辛亥革命后的政治现状与社会实际，深刻认识到中国人世界观与价值观重塑的必要性，尤其是中国青年人觉醒的重要意义。诚如陈独秀所言：“青年之于社会，犹新鲜活

① 中国之新民：《新民议·叙论》，《新民丛报》第 21 号，1902 年 11 月 30 日。
② 李泽厚：《中国现代思想史论》，上海：东方出版社，1987 年，第 8 页。

泼细胞之在人身。新陈代谢，陈腐朽败者无时不在天然淘汰之途，与新鲜活泼者以空间之位置及时间之生命……予所欲涕泣陈词者，惟属望于新鲜活泼之青年，有以自觉而奋斗耳！”①所以，“新青年”思想与“新民思潮”既有共性，也有差异。就其共性而言，它们同属思想文化改造运动，都属于 20 世纪中国重塑国民性的叙事，也都意在通过与守旧势力相区别的方式凸显新人，进而突出新人的主体性意识与其国家民族复兴的历史使命。就其差异性而言，“新青年”思想要比“新民思潮”的指向更为明确，它明确以“民主”（“德先生”，Democracy）与“科学”（“赛先生”，Science）为主要内容，远比“新民思潮”聚焦。为此，陈独秀围绕这两位“先生”的核心理念对“新青年”的主要特质做了规定，极力倡导“自主的而非奴隶的”“进步的而非保守的”“进取的而非退隐的”“世界的而非锁国的”“实利的而非虚文的”“科学的而非想象的”“新青年”形象②。

在此基础上，“人的共同发现”成为“新青年”思想的出发点与落脚点。作为运动的主要阵地，《新青年》杂志（原名《青年杂志》，自第二卷起改名为《新青年》）传导了近代中国知识分子思想发展的递嬗逻辑，实现了群体聚合的效果。作为《新青年》的主创者，陈独秀极为强调人本位意识，期望“辅导、铸造富有个性自由、民主理想之新青年”。除此之外，李大钊、胡适、鲁迅、周作人等《新青年》作者群体，普遍从“立人”到“立国”的思想逻辑出发，共襄新文化的盛举。譬如，胡适的“健全个人主义”主张和周作人的“人的文学”观点等皆是如此。值得提及的是，《新青年》作者群体大多出生于 1880—1890 年之间，其年龄以 25 岁至 35 岁者居多，且拥有海外留学的教育经历，这意味着他们普遍对西方文化有比较完整直观的印象，从而也就对传统文化具有更为强烈的社会批判与文化批判的意识。在此之前，中国的读书人尚处在文化彷徨之际，恰如美国学者列文森（一译“勒文森”）在针对梁启超的思想进行研究后所言，梁启超在理智上选择疏远中国的文化传统，但在感情上仍依赖本国文化传统③，因而强调“采合中西道德为德育之方针”来塑造新民。与之不同，

① 《陈独秀文集》第 1 卷，北京：人民出版社，2013 年，第 89 页。
② 同上书，第 90—95 页。
③ ［美］约瑟夫·阿·勒文森著，刘伟、刘丽、姜铁军译：《梁启超与中国近代思想》，成都：四川人民出版社，1986 年，第 4 页。

《新青年》作者群体更侧重整体改造中国传统文化的意义。正如旅美学者林毓生在对陈独秀思想的研究中指出的，“在大多数人感到迷茫、困惑的文化反常的状态下，陈独秀却将思想明朗、道德激情和顽强毅力融为一体，显示出他具有非凡的魔力。陈独秀自然而然地成为五四时期中国知识界的领袖人物，不是因为他的思想富有独创性，而是因为他有能力将五四早期中国社会强大的反传统力量组织起来并给予正确的引导”①。从这一层面讲，《新青年》作者群体更为推崇西方文明理念，提倡人的个性解放，倡导平等、自由、独立的健全人格。

“新青年”思想主要是针对当时中国广大青年的进步运动，并产生了十分深远的社会影响。陈独秀将《新青年》的阅读对象定位为“青年”是有其深刻用意的。因为，青年并不等同于学生，还包括学生之外的社会青年。具体而言，其一，青年学生是最为主要的影响者。自 1905 年清政府废除科举设学部后，新式学堂如雨后春笋般发展。大学堂、高等学堂、中学堂、小学堂、蒙学堂在各省各地纷纷开设，学生总数达到 1 638 884 人。② 这些新式学堂培养出来的学生普遍具有趋新意识，也更具革命激情。其中，青年时期的毛泽东就是典型代表，他在早年受“新民思潮”影响，对梁启超所编的《新民丛报》爱不释手，在“新青年”思想影响下，转而号召个性解放，指出“个人有无上之价值，百般之价值依个人而存，使无个人（或个体）则无宇宙，故谓个人之价值大于宇宙之价值可也”，并努力探求国民与个人二者之间关系，认为“先有各人而后有国民，非各人由国民而发生也。国民之生命即各人之总生命，乃合各〔人〕之生命而成，非各人之生命由国民之生命所派生也”。③ 毛泽东除了理论探索外，还致力于实践，曾开办夜校，并同蔡和森等人一道在长沙组织成立新民学会，旨在“革新学术，砥砺品行，改良人心风俗”，该学会随后进一步确定以“改造中国和世界”为宗旨，着力成为“一个高尚纯粹、勇猛精进的同志团体”。在毛泽东以外，恽代英、钱穆和傅斯年等一大批青年学生都具有类似的经历与体验。“新青年”思想对青年学生所产生的影响可见一斑。其二，社会青年，包括教师、学

---

① ［美］林毓生著，穆善培译：《中国意识的危机：“五四”时期激烈的反传统主义》，贵阳：贵州人民出版社，1986 年，第 102 页。

② 桑兵：《晚清学堂学生与社会变迁》，桂林：广西师范大学出版社，2007 年，第 138 页。

③ 《毛泽东早期文稿：1912—1920》，长沙：湖南人民出版社，2013 年，第 108、160 页。

者、商人和新士绅等新知识阶层均受到“新青年”思想影响，逐渐发展为一股社会革新的力量。尤其在“通信栏目”的作用下，《新青年》杂志成为社会青年群体之间交流对话的平台与空间。尽管此前《申报》《甲寅》等报刊也有通信栏目版块，但《新青年》的通信栏目却发展出讨论与反思的深层功能，这一版面无疑构成作者群体与读者群体间互相促进的主体性意识场域。社会青年对《新青年》的读者来信就是例子。譬如，张永言作为乡下来沪青年，在阅读《新青年》后提出中国文学与西方文艺风潮的对应问题，称“贵杂志第三号论欧洲文艺，谓今日乃自然主义最盛时代，且历举古典主义等用相比较，仆意我国数千年文学屡有变迁，不知于此四主义中已居其几？而今后之自然主义，当以何法倡导之，贵杂志亦有意提倡此种主义否？”①此外，沈慎乃作为三马路中国银行收税处职员，首次在《新青年》平台上发起“国语改革”的话题。由此可见，以张永言、沈慎乃为代表的社会青年，通过《新青年》这一平台来表达内心疑惑与诉求，受到《新青年》作者群体的价值引导，建立起一个全新的交往空间与社会生活空间，并积极参与社会领域的实践。

不仅如此，“新青年”思想实现了对国民性批判的深入拓展。“新青年”思想“以一人之力而与一国人战”的批判姿态，无所畏惧地诊治中国社会和中国人的症结所在，这一思想运动将中国国民性的批判视作思想文化革命的重点，对传统的批判不无偏执与激进，为了刺痛中国人的神经，常常敢冒天下之大不韪，采取对传统的整体性否定的策略来谋新文化的确立，以此来重塑国民心理。例如，鲁迅对国民秉持一种“哀其不幸、怒其不争”的态度，通过书写中国社会边缘人群的不幸遭遇，展示对国民性的批判。鲁迅所创作的阿Q形象正是最为传神的反映，他通过“赵府的怜惜蜡烛”“索要赔款”“举人藏箱子”“宣德炉事件”“咸与维新”等典型环境塑造出如此一位当时病态社会的精神典型，直言“中国人的不敢正视各方面，用瞒和骗，造出奇妙的逃路来，而自以为正路。在这路上，就证明着国民性的怯弱，懒惰，而又巧滑。一天一天的满足着，即一天一天的堕落着，但却又觉得日见其光荣”②。鲁迅的描绘可谓入木三分，集中呈现了“新青年”思想的犀利程度。此外，《新青年》作者

① 张永言：《通信》，《青年杂志》第1卷第4号，1915年12月15日。
② 《鲁迅全集》第1卷，北京：人民文学出版社，1981年，第240页。

群体一改此前以中华古训为佐证的论证形式，直接将西洋文明作为思想资源，大力倡导以西方人权为底色的民主理念和科学精神，并将民主与科学作为思想武器来推动改造国民性的工作，用民主来引导国民心理所趋，用科学来攻击愚昧与迷信。恰如高一涵在谈论民主的国体问题时指明："然国体之变更与否，乃形式上之事，不佞所论，乃共和国民立国之精神。政府施政之效其影响不逾乎表面之制度，而政治实质之变更，在国民多数心理所趋不在政治之形式。"①再如陈独秀在谈论科学时指出其启蒙功能，认为"宗教之能使人解脱者，余则以为必先自欺，始克自解，非真解也。真能决疑，厥惟科学"②。足可见，"新青年"思想运动极大推进了对国民性的批判工作，它不仅在"破"的层面廓清了传统封建思想的惰性与毒性，而且在"立"的层面初步构建起现代人的发展进路，即以民主与科学作为现代人的思想基因。

三、"五四新青年"的出现

在"新青年"思想运动激励下，一批青年对自身和世界的认知发生变化，这为下一阶段中国历史的发展准备了人才条件。1917 年，陈独秀担任北京大学文科学长，《新青年》编辑部亦随之迁往北京大学，从一个"普通刊物"成长为一块"金字招牌"，其杂志的影响力开始遍及全国。受到《新青年》杂志的影响，各种刊物立足"青年"，《北京大学学生周刊》《新潮》和《国民》等刊物纷纷创设，这些刊物都采取模仿《新青年》杂志的风格或思路，力图将"旧青年"培养教育成"新青年"，以此改变国家与民族的颓废之势。因而，"新青年"思想运动上承"新民思潮"，下启五四运动。一方面，作为启蒙者的"新青年"受到"新民思潮"，尤其是梁启超所主办《新民丛报》的巨大影响。这些历经"新民思潮"成长起来的青年，开始从传承到超越，由"学生"转变为"老师"的身份，转而去大力倡导"发现人""发现青年"，成为唤醒青年和塑造青年的先驱者，由此推动中国青年承担起民族振兴的重任。另一方面，作为受影响的"新青年"，在教育运动影响下，开始拥有强壮体魄与独立思想，并在思想洗

---

① 高一涵：《共和国家与青年之自觉》，《青年杂志》第 1 卷第 1 号，1915 年 9 月 15 日。
② 《陈独秀文集》第 1 卷，北京：人民出版社，2013 年，第 197 页。

礼与社会现实的反复碰撞中，涌现出一大批致力于改造社会与世界的青年，进而推动着中国革命与变革的时代大门。总体来说，“新青年”思想围绕青年主体，希冀引导青年确立现代的世界观、人生观、价值观，这加快了近代文明理念的传播与普及工作，但也导致和加剧了新旧思想、新旧道德之间的冲突，甚或启蒙与革命的争锋。

从更深层次看，自晚清至民国，关于国民性的改造与呼吁已是一条或隐或现的逻辑主线。这条主线在中国步入20世纪的历史舞台后，且日益呈现出泛革命的时代特征，成为对政治革命的完善与补充环节。基于此，“新青年”思想运动可视作辛亥革命的延续，诚如戴季陶在当时评论道，革命并非一定要“炸弹、手枪、军队，才能够革命，才算是革命”，实则“平和的新文化运动，这就是真正的革命!”①因而，“新青年”思想运动不单单为五四运动培育了主体力量(领导五四运动的骨干)，而且也为运动提供了介入的全新视角(文化)。随着现实政治的不断发展，尤其是巴黎和会失利的消息传回国内，激烈的民族情绪促使政治与文化的合流，轰轰烈烈的五四运动爆发了。这是一场以青年学生为先锋的社会运动，并吸引了广大市民、工人和商人等社会各界力量参与，打出了“外争国权、内惩国贼”的旗号，迫使北洋政府做出妥协，从而标志着中国现代新青年开始登上历史舞台，树立起“五四新青年”的高尚形象。“五四新青年”高擎爱国主义旗帜，积极投身于反帝反封建的革命运动中，自觉打破自身的枷锁，开启全新的生命航程，由涓涓细流汇成洪波巨浪，最终形成浩浩荡荡的青年大军。正因如此，学界关于《新青年》杂志具有一个近乎共识的结论：《新青年》杂志的创刊标志着五四运动的开端。这些新人给中国大地带来了朝气蓬勃的新气象，预示着中国发展的历史转向。

值得提及的是，陈独秀和胡适等人在主办《新青年》杂志时，曾约定“二十年不谈政治”。正如胡适所言的，“在民国六年，大家办《新青年》的时候，本有一个理想，就是二十年不谈政治，二十年离开政治，而从教育思想文化等等，非政治的因子上建设政治基础”②。但现实的重压与束缚，使得“不谈政治”的戒约难以适

① 戴季陶：《我和一个朋友的谈话》，《星期评论》第17号，1919年9月28日。
② 《胡适全集》第12卷，合肥：安徽教育出版社，2003年，第224页。

应社会需求。五四运动后，陈独秀在政治选择上从犹疑转为笃定，致力于社会主义思想的传播。他亮明心志，旗帜鲜明地主张谈政治，认为“你谈政治也罢，不谈政治也罢，除非逃在深山人迹绝对不到的地方，政治总会寻着你的”①。在陈独秀看来，中国谈政治的人可以划分为三类：官员、国民和知识青年。其中，知识青年出于忧心国家民族的存亡来议论政治，肩负着一种特殊的历史职责。不仅如此，胡适虽在现实政治面前极力抵制，却也得谈论政治，恰如他在《争自由的宣言》一文开篇中指明的：“我们本不愿意谈实际的政治，但是实际的政治，却没有一时一刻不来妨害我们。”②《新青年》作为同人学刊，自然在内部有不同的政治立场。在谈政治的氛围之下，《新青年》同人编辑最终因“争谈各自的政治”而分崩离析，这也象征着青年知识分子在道路选择上的差异。揆诸史实，陈独秀早在五四运动之前就因北大内部教职改革与校外新旧之争意图南下，而在五四运动过后更是直接参与政治实践，推动了《新青年》风格的转向。正如蔡和森后来所讲，《新青年》以前“是美国思想宣传机关，但是到了仲甫同志倾向社会主义以后，就由美国思想变为俄国的思想了，宣传社会主义了”③。因是之故，《新青年》本身的分合就是马克思主义在中国传播的一个缩影，它的变化预示着新人理念和实践的再一次变动。

第二节　中国共产党新人观的出场逻辑

中国共产党新人观的产生是直接与中国共产党的成立相关的。中国共产党是顺应历史时代大潮的必然产物，是中国社会矛盾持续演进的必然结果。在此基础上，中国共产党秉承“为中国人民谋幸福，为中华民族谋复兴”的初心使命，在立足中国国情开展革命斗争活动中，提出了自身的新人思想。这种思想是对马克思主义新人学说的直接继承，并在中国社会历史发展现状，尤其是革命客观需要的条件下形成的，它是对此前各方政治力量的新人观的批判性继承与超越，是对革命情形

① 《陈独秀文集》第2卷，北京：人民出版社，2013年，第29页。
② 胡适等：《争自由的宣言》，《晨报》增刊，1920年8月1日。
③ 《蔡和森文集》(下)，北京：人民出版社，2013年，第792页。

下如何实现人的解放的一种回答。因此，本节在考察中国共产党新人观的出场逻辑时，主要从现实逻辑、理论逻辑和辩证逻辑等方面入手。

一、中国共产党新人观产生的现实逻辑

新一代青年知识分子在五四运动下逐渐意识到主义的重要性。正如傅斯年指出："人总要有主义的；没主义，便东风来了西倒，西风来了东倒，南风来了北倒，北风来了南倒。"①应该说，傅斯年的观点代表了新一代青年知识分子的心声。需要提及的是，主义是与中国传统话语完全不同的一套话语系统，传统话语关注的是修身、齐家、治国、平天下的价值理念，而主义则着眼的是个人、社会与国家之间的关系。这套主义的话语与青年学生运动的发展几乎完美贴合。事实上，受新思想的影响，青年之中确实有一部分人开始改变自己的生活方式、走上反抗传统之路，只是起初并不太多。周策纵在其研究中，特意将"五四事件"前北大的学生划分为三类，分别是纨绔子弟、用功读书者和受新思想影响的学生。其中，据他统计，受新思想影响的学生"大概只占了全体学生的 20％"②。这就意味着，在社会呈现出一种新旧杂陈的状态之际，一部分知识分子，即"五四新青年"开始走向拥抱主义的道路。

但"五四新青年"在关于何种主义才能"根本改造"中国社会问题上，未能达成一致的意见。在当时，中国社会上有众多主义广为流布，包括无政府主义、社会主义、新村主义、实验主义等。瞿秋白后来将此种现象称之为"混流并进"③。因而，五四运动后，中国青年逐渐深受各种"主义"影响，面临着主义之间的抉择。具体到"五四新青年"身上，一个青年既可能是一种主义的支持者，也可能是多种主义的追随者。譬如，毛泽东早年曾追随过无政府主义社会改造的风潮，在岳麓山举办过"新村实验"；而众多青年人是无政府主义与社会主义的所谓共同信仰者。不仅如此，在新兴主义思想场域的作用下，各种主义相近者往往创建起不同的社团，而社团及其创办的刊物也就成为各种主义的宣传阵地。正如有研究者指出："社团、报

---

① 傅斯年：《心气薄弱之中国人》，《新潮》第 1 卷第 1 号，1919 年 1 月 1 日。
② ［美］周策纵著，陈永明等译：《五四运动史》，长沙：岳麓书社，1999 年，第 138 页。
③ 《瞿秋白文集：政治理论编》第 3 卷，北京：人民出版社，2013 年，第 460 页。

刊、'主义'由此形成一种共振关系，抬杠式的争论往往成为当时一种常用的论辩方式。"①

尽管如此，社会主义思潮却是众多主义之中最为显眼的一支。此前，随着十月革命一声炮响，马克思列宁主义传入中国。并且在"五四新青年"对西方列强的斥责与讨伐声中，社会主义显然成为一股浪潮，以致当时各种思想都纷纷冠以"社会主义"的名号，如"帝国社会主义""皇家中心社会主义""军国民教育社会主义"等各种五花八门的主张。为此，中国早期马克思主义者开始大力批判诸多伪社会主义的思想与观点，并积极传播马克思主义思想，以此为其正名。李大钊作为中国最早的马克思主义传播者之一，先后与高一涵等人组织"马尔克斯学说研究会"和社会主义研究会，并在北京大学秘密成立了马克思学说研究会(直到 1921 年 10 月才对外界公开)，组织新青年学习、研究和宣传马克思主义。无独有偶，陈独秀此时也已开始谈政治，并成为马克思主义的信仰者与传播者，深入到工人群众中宣传马克思主义。实际上，马克思主义思想契合于中国反抗西方列强的社会现状，成为鼓舞新青年蓄力前行的思想武器。

在此背景下，马克思主义者开启了组织化进程。1920 年 8 月，陈独秀在上海建立起中国第一个中国共产党早期组织，随后北京、武汉、广州和长沙等地都纷纷建立类似的早期组织。这些组织在当时名称不一，包括共产党、共产党小组等名称，后世学者为研究方便，将其统一命名为"共产主义小组"。从这一层面讲，马克思主义的传播与马克思主义者的产生，促发了共产主义小组的诞生，这是马克思主义在中国组织化的必然结果，也为后来中国共产党的成立奠定了组织基础。当然，除了马克思主义者的组织化之外，其他主义也处在同一发展进程上，例如无政府主义者最早开启了主义组织化的进程，并在五四运动之后成立了大量的无政府主义组织，如北京的互助社、上海的民众社、南京的有群社等。但相较而言，中国"共产主义小组"在众多主义组织化的形态上更为成熟，也更具活力，从而吸引了一大批有志青年的关注与参加。

① 欧阳哲生：《从五四时期的"主义"建构到中共初创的行动纲领——一条思想史线索的考察》，《中共党史研究》2021 年第 6 期。

中国共产党的建立是开天辟地的大事，凸显了“革命青年”的历史形象。正如毛泽东后来所讲：“说到革命的准备，一九二一年开始的第一个阶段，实际上是由辛亥革命、五四运动准备的。特别是五四运动，大革命的思想、干部、群众、青年知识分子都是这时开始准备的。”①毛泽东的这一论断实际上指出了五四运动以来新人形象的转变。在五四时期，“新青年”的形象主要是以民主和科学为价值诉求的新人群体；但随着中国社会实际的发展变化，“新青年”从“坐而论道”走向“起而行之”，开始经学生运动发展为运动学生，并在主义旗帜下团结起来，树立起坚定的理想信念，从而成为为理想信念奋斗的热血青年。中国共产党的成立本身就是新人形象转变最为传神的表达。中国共产党的前身——中国共产主义小组——是由“新青年”的发起者和五四运动的领袖所组建；而中国共产党的成立大会——中国共产党第一次全国代表大会，其参与代表的平均年龄只有 28 岁，这反映出青年的觉醒与新人形象的历史性转变。换言之，中国共产党是由当时的先进知识分子组建，其本身是时代新人在历史转折期共同缔造的伟大产物；同时自诞生之日起，就肩负着争取民族独立、人民解放，实现国家富强、人民富裕的历史重任，迫切需要培养出新人来作为革命的主体性力量，以此追求自身的历史使命。

二、中国共产党新人观产生的理论逻辑

中国共产党新人观是对马克思主义新人学说的继承与发展。马克思、恩格斯和列宁等马克思主义经典作家在“培养什么人，如何培养人”的问题上，有着丰富且系统的论述。马克思与恩格斯在回应时代所需中，提出“现实的人”这一理论原点，并在此基础上逐步构建起马克思主义新人学说，集中体现在彻底改变劳苦大众受剥削的社会事实和人的自由全面发展命题的阐述上。在马克思、恩格斯看来，共产主义新人是建立共产主义社会的理想主体，是“建设共产主义社会的新一代人”，他们将在社会生产力高度发展、产品极大丰富的社会环境中复归人的自由劳动的本质，进而达至“个人自由而全面发展的社会”的理想形态。列宁继承且发展了马克思、恩格斯的新人思想，立足于帝国主义时代俄国的特殊国情，创造性地提出社会

① 《毛泽东文集》第 2 卷，北京：人民出版社，1993 年，第 402 页。

主义新人观。列宁无论在无产阶级革命时期，还是在社会主义建设时期，始终关注着新人的培塑问题，他认为青年是无产阶级革命的“生力军”，与无产阶级革命的前途直接相关，并在俄国社会主义政权成功建立以后，推动马克思主义新人学说从理论走向实践，强调没有社会主义新人的形塑，就无法真正巩固和发展俄国的社会主义政权，进而在实践中致力于训练和教育社会主义新人，指出只有在社会主义制度当中才能“把真正大多数劳动者吸引到这样一个工作舞台上来，在这个舞台上，他们能够大显身手，施展自己的本领，发现有才能的人”①。由此观之，马克思主义新人学说是一个不断完善与发展的理论，这一系列关于人的生存与发展的基本原理、基本观点和学说体系，为后世提供了重要的思想指引和价值参考。从这一角度讲，中国共产党新人观正是直接承袭于马克思主义新人学说。中国共产党是马克思主义政党，它以马克思主义为指导理论，自然包括马克思主义新人学说等相关理论内容，其所关注的现实诉求也与马克思主义新人学说的价值完全契合，毫无疑问是马克思主义新人学说的理论承袭者。因此，马克思主义新人学说是中国共产党新人观的直接理论来源。

在此基础上，中国共产党将马克思主义新人学说融入中国文化与中华民族的土壤之中，使其新人观得以逐步形成。中华文明源远流长、博大精深，成为中华民族独特的精神标识，培育着中国人民的崇高价值追求。在传统文化谱系中，中华文明蕴含十分丰富的民本思想，包含“敬天保民”“民惟邦本”“民贵君轻”和“得民心者得天下”等传统思想。其中儒家传统民本思想是传统社会主流观念，浸入到中国人的精神世界里。孔子提出“仁者爱人”的思想，孟子则在孔子的仁爱思想基础上深入阐发了统治者与人民之间的关系问题，指出“民为贵，社稷次之，君为轻”②，并劝诫君主要“乐民之乐者，民亦乐其乐；忧民之忧者，民亦忧其忧”③；荀子则进一步做了更具形象的解释，提出了著名的君民“舟水”之说，指出“君者，舟也；庶人者，水也；水则载舟，水则覆舟”④；明儒黄宗羲提出“天下为主，君为客”⑤的思想，这也是

---

① 《列宁全集》第33卷，北京：人民出版社，2017年，第204页。
② （清）焦循：《孟子正义》(下)，北京：中华书局，2017年，第1049页。
③ （清）焦循：《孟子正义》(上)，北京：中华书局，2017年，第129页。
④ 北京大学《荀子》注释组：《荀子新注》，北京：中华书局，1979年，第500页。
⑤ （明）黄宗羲著，孙卫华校释：《明夷待访录校释》，长沙：岳麓书社，2011年，第8页。

更为激进的传统民本思想。任何一种思想的产生与发展，都离不开自身的文化背景。中国共产党也不例外。需要指出的是，学界的一个约定俗成的惯例是采取简单的历史分期方法，似乎传统与现代是互不相干的两个阶段。实际上，中国传统文化在步入近代后，只是从台前退居幕后，变成了文化背景不易为人察觉，并非彻底消失。因而，中国共产党的主要创建者普遍具有一种“中国的过渡人”①的特质，即一方面具有坚定的马克思主义信仰，另一方面又受到过良好的传统教育。从这个角度看，中国共产党新人观在产生过程中汲取了中华传统文化中的人本思想。因此，中华优秀传统文化从整体上构成了中国共产党新人观的文化底色，为其产生提供了深厚的思想资源。

马克思主义新人学说作为一种外来理念，是要在深厚的中国传统文化背景中落地生根的。中国共产党作为中国的马克思主义政党，切实认识到马克思主义新人学说与中国传统民本思想相结合的必要性，需要把马克思主义经典作家的思想精髓同中华优秀传统文化精华贯通起来、同广大青年群体所日用而不觉的共同价值观念融通起来。这种贯通与融通，并不是生搬硬套地捏合在一起，而是要把马克思主义新人学说与中华优秀传统文化进行基因重组；这种贯通与融通既不是对马克思主义经典作家关于新人问题论述的简单复制，也不是对传统文化的照搬，而是在整合基础上的优化组合。其中，马克思主义新人学说，作为中国共产党新人观的直接理论来源，体现了共产党人的普遍精神面貌与价值诉求，是共产党人信仰底色的保障；而中华优秀传统文化，作为中国共产党新人观的深厚思想资源，彰显了共产党人中国化的独特气质与风格气派，是共产党人深入人心的文化沃土。基于此，中国共产党是以马克思主义新人学说为指导理念，对照中国传统文化进行清理，取其精华、去其糟粕，借用真理的力量来激活当时的中华文明。因此，中国共产党新人观产生的理论逻辑在于马克思主义新人学说与中华优秀传统文化的融合。

三、中国共产党新人观产生的辩证逻辑

中国共产党新人观的产生是中国人探寻救国道路的时代产物。自戊戌以降，

---

① 金耀基：《从传统到现代》，北京：中国人民大学出版社，1999 年，第 81—82 页。

中国知识分子中的有识之士，就将国家救亡图存的眼光，从上层社会移落至下层群众，逐渐重视起国民性改造问题。改造国民性，即培育新民，便成为当时思想家们为挽救民族与国家所开出的一剂药方。正如前文在论述历史背景中所提的，严复、梁启超和谭嗣同等人都对改造国民性的问题进行了系统论述，但这些理论成果却自始至终停留在理论层面，并未给当时中国的社会现实带来多大的变化。从这个层面说，中国共产党新人观是在前人探索国民性改造问题上的赓续，超越了前人的理论创见，第一次将理论与实践结合起来，为中国在近代走向何处提供了科学回答。需要补充的是，孙中山的国民性改造思想，也有着实践性色彩，他受到当时世界上新道德新潮流的影响，极力提倡"替众人服务"的思想，并在辛亥革命以后身体力行之，体现出了高尚人格。但是，孙中山一己之力的说教与榜样示范作用终有其限度，无法彻底在全国人民心中真正树立起"替众人服务"的道德观念，也就未能真正将孙中山所提出的育人标准落到实地。正如李大钊所观察到的，国民性在辛亥鼎革后不是趋于进步，反而是趋于恶化，他指出"光复以还，人心世道，江河日下，政治纷紊，世途险诈，廉耻丧尽，贿赂公行，士不知学，官不守职，强凌弱，众暴寡，天地闭，贤人隐，君子道消，小人道长，稽神州四千余年(历史)，社会之黑暗，未有甚于此时者"①。可见，孙中山先生的育人思想是难能可贵的，也对中国共产党新人观的发展产生了积极影响，但也大多是停留于理念层面。因此，中国共产党新人观的产生契合于当时社会实际需求，是集前人之学说于一身的理念大成者，更是将理念付诸实践的现实性救亡方案，内在地彰显了其时代性与实践性的独特品质。

不仅如此，中国共产党新人观的产生，打破了此前的思维定式。传统上，中国人一直强调"荣古而虐今，贱今而贵远"的社会心理，遵循以"复古求解放"的思维定式。孔子托文王主张礼制、康有为托古改制等皆是范例。这一传统思维强调要从古代社会寻求改造国民性的依据。近代以降，尤其是五四运动以来，中国思想家们普遍接触到大量西方哲学、政治学等典籍，进而以"西学求解放"逐渐替代以"复古求解放"的思维定式。这一近代思维强调人的个性张扬，希冀借用西方启蒙思想资源来革新所谓中国传统封建社会，以摧枯拉朽之势荡尽中国人的奴性心理，从而确

① 《李大钊全集》第1卷，北京：人民出版社，2013年，第255页。

立起中国人的独立性。与之不同，中国共产党新人观从一开始，就站在革命实践的高度上寻求阶级解放，这一思维无关古今中西，是从中国人的实践主体与生活世界开始追问和思考的。中国共产党新人观所依托的实践思维，既与传统以"复古求解放"的思维不同，它是选择直面当下众生百态，尤其是中国劳苦大众的生存条件而发问的；也与近代那种以"西学求解放"的思维不同，它不是固守一种先天抽象的"观念上的人"，而是从现实的具体的人出发，突出人的发展的客观条件和物质基础。恰如恩格斯所言："每一个时代的理论思维，包括我们这个时代的理论思维，都是一种历史的产物，它在不同的时代具有完全不同的形式，同时具有完全不同的内容。"①所以，中国共产党新人观的产生，不再是寻求一种所谓的万能信条，而是成为一种敞开性理论体系，需要在具体实际中实践并推进。

中国共产党新人观的产生，在根本上推动了中国新人思想的目标转换。中国共产党一经建立，就以民族解放与全人类解放为自己的使命，在价值论上彰显人之为人的目的性。在此之前，传统人本思想主要偏重人的教化这一功能属性，其理论依据往往建立在天人合一的学说之上，强调人自身的发展要与"天"相和谐。因为，在传统文化中，非人格神的天要高于人世间，并通过人之"性"为中介来为人所知所识，由此引发出个体的内在超越性问题。例如，汤一介认为："儒家思想中'超越性'并非不与世事，并非外在于世间的，而是超世间又即世间的。"②从这一角度讲，人是处于天之下的道德主体，以恢复自然素质为终极目的。近代诸多新人学说则普遍以进化论为依据，使得人的发展完全成为无涉价值或道德的进化过程，具有十分鲜明的功利主义色彩。不仅如此，这种学说在近代中国社会流行，更内含着人只是国家与民族生存竞争之工具的意义。这意味着，新人的塑造是服务于政治变革或民族兴亡的工具，个体的工具理性远比个体的价值理性重要得多。与之不同，中国共产党新人观具有鲜明的价值导向，明确将现实的人视作人类历史发展的主体与创造者，依照历史唯物主义原理强调人的目的与手段之间的辩证统一关系，并在未来科学预设的共产主义形态社会中将其视作价值之源的自我承担者。换言之，在

① 《马克思恩格斯文集》第9卷，北京：人民出版社，2009年，第436页。
② 汤一介：《儒道释与内在超越问题》，南昌：江西人民出版社，1991年，第3页。

中国共产党新人观的视域下，新人培育终究是现实世界中的发展议题，它既不以古代成圣为目标，也不以国家为归宿，而是在实践中去彰显自身价值，复归人的本质意义。

第三节 中国共产党新人观的历史演进

中国共产党新人观是建立在中国共产党奋斗历程之上的。中国共产党自诞生以来，坚持捍卫马克思主义信仰，以实现共产主义为最终奋斗目标，始终以实现人的自由全面发展为理想愿景，将培育新人这条红线贯穿于党的事业的各个阶段。列宁曾言："考察每个问题都要看某种现象在历史上怎样产生、在发展中经过了哪些主要阶段，并根据它的这种发展去考察这一事物现在是怎样的。"①坚持历史思维，回溯中国共产党新人观的演进历程，分析新人观的演进逻辑及其规律，有助于丰富我们关于党的新人观的认知。从纵向历史演进过程看，中国共产党新人观大体上包含四个阶段：无产阶级革命新人、社会主义新人、"四有"新人和"时代新人"。为充分论述党的新人观的发展过程与深刻凸显当下新人观的价值意蕴，本节主要聚焦于前三个阶段党的新人观的发展历程。

一、新民主主义革命时期：培育无产阶级革命新人

中国共产党新人观在新民主主义革命时期经历了一个长期的发展过程。在中国共产党成立初期，党的主要任务是面向全国民众进行马克思列宁主义的宣传和教育工作。党于成立之初就在《中国共产党的第一个决议》中明确提出举办"工人学校"的议题，并在随后专门开设了"平民女校"。党的二大指出："我们共产党，不是'知识者所组织的马克思学会'也不是'少数共产主义者离开群众之空想的革命团体'，'应当是无产阶级中最有革命精神的大群众组织起来为无产阶级之利益而奋斗的政党，为无产阶级做革命运动的急先锋'。"②这一关于党的性质的界说，实

① 《列宁全集》第 37 卷，北京：人民出版社，2017 年，第 63 页。
② 中央档案馆编：《中共中央文件选集》第 1 册，北京：中共中央党校出版社，1989 年，第 90 页。

质上凸显了党的先锋队性质与党员的先锋模范作用，进而突出了无产阶级革命主体的身份与地位。此后，中国无产阶级的革命力量在北伐战争中得到了检验，体现出其崇高品质与战斗精神。在土地革命时期，我们党通过创立中华苏维埃共和国，在苏区真正保障了工农大众的受教育权，并明确以“使广大中国民众都成为享受文明幸福的人”为苏维埃文化教育建设的总方针。可以看出，从大革命到土地革命的时期内，中国共产党出于革命考量的实际需要，逐步发展了无产阶级革命新人思想。到全面抗日战争时期，中国共产党为抗战救国的目的积极培养人才，并开设高等教育院校来调动学生群体的抗日积极性，提高抗战部队的军事风貌，以此为抗战输送了一大批无产阶级革命新人。中国共产党在抗日根据地内通过陕北公学、华北联合大学和安吴堡战时青年训练班等高等教育阵地，培养出一批优秀青年与党政军干部，这在全面抗战中发挥了极为特殊的重要作用。这一时期也是党的无产阶级革命新人思想的大发展与成熟期，其思想理念在全方位的展开中日臻完整。到解放战争时期，为了推翻国民党反动派的反动统治，中国共产党号召并领导无产阶级革命新人赢得了新民主主义革命的伟大胜利，这一时期也是党的无产阶级革命新人思想的完全确立时期，并开启了向社会主义新人思想的转变过程。

在中国共产党无产阶级革命新人思想的发展过程中，以毛泽东为主要代表的中国共产党人，立足于中国革命实践的需要，围绕新民主主义革命纲领提出并发展了无产阶级革命新人的思想观点。毛泽东早在党的建立初期，就通过积极推进教育实践活动形塑社会主义革命新人。毛泽东在 1921 年 8 月创办了湖南自修大学——这是党的第一所专门用于培养干部与传播马克思列宁主义的院校——并十分注重该校德育目标，主张“发现真理，造就人才”的办学理念。此外，毛泽东还通过农民运动讲习所和工人学校等教育场所，重视对工人与农民的革命精神培养工作，从而为中国的无产阶级革命准备力量。之后，他在《湖南农民运动考察报告》一文中明确提出先夺取政权才能有教育权的观点，并随后在任中华苏维埃共和国中央执行委员会主席期间提出“使文化教育为革命战争与阶级斗争服务，在于使教育与劳动联系起来”①的观点，这都显示出毛泽东对培育革命新人的重视程度。需要

① 《毛泽东同志论教育工作》，北京：人民教育出版社，1958 年，第 15 页。

说明的是，毛泽东在这一时期已充分意识到以农民为主体的广大人民群众的重要地位和作用，并在井冈山和长征途中尤为注重对群众的思想教育工作，希望通过教育工作能培育出坚定的无产阶级战士，这一时期内的井冈山精神与长征精神作为后世所提炼总结的伟大革命精神，也成为展现无产阶级革命新人精神风貌的典范。随着民族矛盾上升为首要矛盾，毛泽东提出“抗日救国先锋”的新人培育目标，并在为陕北公学的题词中明确指出“要造就一大批人，这些人是革命的先锋队……中国要有一大群这样的先锋分子，中国革命的任务就能够顺利的解决”①。不仅如此，毛泽东还在明确育人目标的基础上，深入阐发“全心全意为人民服务”的育人思想。毛泽东在《关于〈孔子的哲学思想〉一文给张闻天的信》中首次使用了“为人民服务”的概念，并在《纪念白求恩》一文中号召全党学习白求恩这种“毫不利己专门利人”的精神，即“就是一个高尚的人，一个纯粹的人，一个有道德的人，一个脱离了低级趣味的人，一个有益于人民的人”②。足可见，毛泽东认为无产阶级革命新人就是要坚定政治立场，一心一意为人民服务的战士。总体上看，毛泽东作为党在新民主主义革命阶段的主要创始者与领导者，其关于无产阶级革命新人的观点具有相当权威性与代表性，在整体上呈现了党在革命阶段关于新人塑造的理论演进历程。

在此基础上，无产阶级革命新人，作为中国共产党培育新人的核心理念，具有鲜明的时代特征，具体体现在革命主体性与实践能动性上。首先，就革命主体性特征而言，无产阶级革命新人是要为党的革命事业服务的，是完成民族独立与人民解放的主体力量。中国共产党在马克思主义革命理论指导下，接受且发展了列宁主义关于殖民地半殖民地革命的思想，并从中国农民占人民群众绝大多数的现实条件出发，创造性地提出联合工农的革命主张，强调以培育无产阶级革命新人为核心目标，将新人培育工作与社会革命任务紧密贴合起来，进而号召鼓励广大新人积极投身于社会革命的时代功业之中，希冀使其成长为打倒帝国主义、封建主义和官僚资本主义的强大力量。从这一角度看，无产阶级革命新人是在党的政治领导与思

① 《毛泽东年谱(1893—1949)》(修订本)(中)，北京：中央文献出版社，2013 年，第 34 页。
② 《毛泽东选集》第 2 卷，北京：人民出版社，1991 年，第 660 页。

想指引下，影响社会秩序变革的关键力量。其次，就实践能动性特征而言，无产阶级革命新人不仅承担着社会改造的历史重任，同时也具有改造自身的重要使命。中国共产党在革命时期选择以培育新人为改造社会的突破口，格外重视此时期内思想政治工作的革命性，逐步探索出一套以民族解放为核心的培养模式，并逐步建立起系统化的教育体系。各类新人，尤其是广大工农群众中的青年群体，在党的思想政治教育过程中理解了革命的理论意义，在革命斗争实践中不断丰富和发展自己，进而能够克服各种非无产阶级的思想意识，真正成为影响革命进程的强大力量。从这个角度讲，无产阶级革命新人具有实践能动性特征，即一边改造社会一边改造自我。由此观之，中国共产党赋予无产阶级革命新人以鲜明的人格特质——革命主体性与实践能动性，并在这些新人培育中树立了如张思德、白求恩等典型与模范，为革命斗争培养出一批坚定政治理想和富有斗争精神的革命新人。

二、社会主义革命和建设时期：培育社会主义新人

中国共产党在新民主主义革命胜利后，成功建立起新生政权，继而开启了培育社会主义新人的新征程。中华人民共和国的成立，揭开了中国历史的新篇章。领导无产阶级革命新人取得胜利的中国共产党，成为在全国范围内执掌政权的党，面对百废待兴的状况，以只争朝夕的大无畏精神重整河山，这迫切需要大批社会主义新人加入“建设一个新世界”的历史进程中。在新生政权成立初期，无产阶级革命新人在民族独立与人民解放的政治环境下，既成为自己命运的主人，又面临着资产阶级“糖衣炮弹”的诱惑与敌对力量伺机进攻的风险，需要继续发扬革命精神，保卫新生的人民政权。诚如毛泽东在1949年接见中华全国第一次青年代表大会的代表时所讲的：“在革命斗争中，中国的青年一代，做出了巨大的贡献，付出了巨大的牺牲，有不少年轻战士，离开家乡就再也没有回去过，牺牲在战场上，我们是永远不能忘记他们的。今后的革命事业，还要靠青年人来完成，他们是中国的未来，中国的希望。”①从这段话可以看出，新生政权对青年在过去革命时期所发挥作用的肯

① 阎长林：《在大决战的日子里——毛泽东生活录实》，北京：中国青年出版社，1986年，第265页。

定，并对其未来继续发挥作用的期望。但在当时的中国社会中，除去一少部分人之外，绝大多数人由于长期遭受半殖民地半封建制度的剥削与压迫，其基础文化知识相当匮乏，甚至不少人处在目不识丁的状态中，这都与国家建设需要远不相适应。对此，《中国人民政治协商会议共同纲领》将教育工作的方向规定为“以提高人民文化水平，培养国家建设人才，肃清封建的、买办的、法西斯主义的思想，发展为人民服务的思想为主要任务”①。继而，在中国共产党的领导下，全国开始重新构建教育体系，并将围绕意识形态安全的“思想政治教育”工作视作重要任务。随着社会主义改造的基本完成与社会主义制度的确立，党中央将新人培育工作摆在更为突出位置，把“培养有社会主义觉悟的有文化的劳动者”设定为教育方针，并通过《教育部直属高等学校暂行工作条例(草案)》《全日制中学暂行工作条例(草案)》等一系列与新人培育相关的纲领性文件，致力于社会主义现代化建设工作。

作为党和国家的主要领导者，毛泽东在中华人民共和国成立后对如何培育新人进行了更为创造性的探索工作，并凝结出一系列思想成果。毛泽东在新中国成立初期面对复杂严峻的内外形势，思考着无产阶级革命新人如何转向社会主义新人的重大课题。在此之前，只有列宁在苏维埃俄国时期有过类似的思考。毛泽东在继承列宁社会主义新人观的基础上，早在新政权成立初期就提出人民只有在人民政权之内才能受教育和改造自我的论断。换言之，社会主义新人之“新”在于是新生政权下获得解放的人和在参与社会主义建设进程中展现新风貌的人。在毛泽东的倡导之下，中国共产党于新中国成立初期提出“五爱”道德规范——社会主义新人最初的道德要求，包含爱祖国、爱人民、爱劳动、爱科学和爱护公共财物。为适应新形势的需要，毛泽东还向全党发出了“重新学习”的号召，提出了“向科学进军”的口号，并积极动员工人、农民和知识分子等群体开展自我思想改造工作，以尽快成为建设新中国的社会主义新人。随着新生政权的巩固与社会主义制度的全面确立，毛泽东逐渐意识到，为了满足人民群众日益增长的物质文化生活的需要，应加快培育新人的速度。基于此，毛泽东在出席最高国务会议第十一次(扩大)会议上

① 《中共中央文件选集(1949 年 10 月—1966 年 5 月)》第 3 册，北京：人民出版社，2013 年，第 209 页。

发表了《关于正确处理人民内部矛盾的问题》讲话，明确指出“不论是知识分子，还是青年学生，都应该努力学习。除了学习专业之外，在思想上要有所进步，政治上也要有所进步，这就需要学习马克思主义，学习时事政治。没有正确的政治观点，就等于没有灵魂”①，并在总结党的教育实践的经验基础上，对我国社会主义教育方针进行了高度概括，提出“我们的教育方针，应该使受教育者在德育、智育、体育几方面都得到发展，成为有社会主义觉悟的有文化的劳动者”②，这一观点实际上是在马克思主义人的自由全面发展的理论基础上结合中国社会主义建设国情，进而对社会主义新人的一种科学设计，标志着毛泽东社会主义新人思想的正式形成。毛泽东随后对社会主义新人思想再度进行了集中概括，提出著名的“又红又专”观点，其中，所谓“红”要求新人具有高度的政治素养，所谓“专”则要求新人掌握娴熟的业务技能。此外，毛泽东还提出“新型劳动者”思想，即将新人培育成脑力劳动与体力劳动相结合的人。在 1964 年，毛泽东提出培养无产阶级革命事业接班人的重大命题，系统阐发了社会主义新人的所需素养。总体上看，毛泽东在新中国成立后始终立足国家发展需要，以马克思主义新人学说为指导，对中国国情下的社会主义新人问题展开了系统思考与集中论述，这对中国社会主义建设产生了积极效果。

在此基础上，社会主义新人具有鲜明的政治性和专业性特征。首先，就政治性特征而言，社会主义新人要一以贯之地拥护党的领导，坚持共产主义信念，具备高度敏锐的政治觉悟，能够在明晰社会主义必然性的思想基础上关心国家和民族的前途命运，坚定走社会主义发展道路的决心与意志。事实上，中国共产党在新生政权初期，积极对旧社会下成长起来的各类群体开展思想改造工作，并加强对新生一代青年人的思想政治教育工作，其根本目的在于形塑符合社会主义建设需要的新人。因为，在当时美苏冷战的大背景下，西方资本主义国家极度仇视社会主义中国，并处心积虑对新中国政权实施政治孤立、经济封锁与军事包围；各种反动势力也蠢蠢欲动，妄图颠覆新生的人民政权。正是在这种具体环境中，社会主义新人要时刻保持头脑清醒，保持高度敏锐的政治品格。其次，就专业性特征而言，社会主

① 《毛泽东文集》第 7 卷，北京：人民出版社，1999 年，第 226 页。
② 《中共中央文件选集（1949 年 10 月—1966 年 5 月）》第 38 册，北京：人民出版社，2013 年，第 42 页。

义新人要专业技能过硬，能够在正确政治观的前提下钻研业务技能，并通过持续学习做到技术上精益求精，唯有如此才能拥有全心全意为人民服务的实际能力，也才能真正为社会主义建设贡献自己的力量。具体而言，在当时，工人以工为主，农民以农为主，学生以学为主，他们都属于社会主义新人，也都在各自岗位上学习成长，力争成为建设社会主义国家的“新型劳动者”。总起来说，社会主义新人既保持政治性，又兼具专业性，是无产阶级革命事业接班人，这从根本上保证了我们党和国家的社会主义事业后继有人并不断向前推进，为下一阶段发展打下了坚实的政治基础与人才基础。

三、改革开放和社会主义现代化建设时期：培育“四有”新人

随着国内外形势的发展，我国面临着愈发艰巨的社会主义现代化建设任务，亟需调适“又红又专”的新人思想，以期塑造更具竞争力的现代化人才。以 1978 年党的十一届三中全会为起点，我国进入改革开放和社会主义现代化建设时期。在这一时期内，中国共产党坚持解放思想、实事求是，实施改革开放的历史性决策，并从服务社会主义现代化出发，推动了中国共产党新人观的发展与飞跃。在改革开放初期，党中央改变对时代主题的判断，从“革命与战争”转为“和平与发展”，继而转变了“以阶级斗争为纲”的做法，激发起人民群众的思想活力。与此同时，面对我国社会在经济发展进程中所出现的个人主义、历史虚无主义等错误思潮，党中央提出要重视精神文明建设工作，着重思考如何在新形势下抓好思想政治教育工作这一重要任务，使新人可以理性看待国内外发展之间的差距，正确认识祖国发展的现状与历程，深刻理解社会主义制度的优越性所在，从而增强民族自信心和自豪感。为此，1992 年党的十四大提出“精神文明重在建设”的理论命题，力争把社会主义精神文明建设提高至新水平。在世纪之交，中共中央从党和国家前途命运的战略高度，以“培养和选拔好跨世纪担当重任的一批接班人”为使命意识，着力实施干部队伍“四化”方针，即革命化、年轻化、知识化和专业化，并于党的十四届六中全会审议通过《中共中央关于加强社会主义精神文明建设若干重要问题的决议》。在此期间，党中央还提出“以德治国”的重要思想，于 2001 年颁布了《公民道德建设实施纲要》，并希冀全社会通过青年志愿者活动、“希望工程”等活动来净化社会环境，营造

全社会重视思想道德建设的浓厚氛围。步入新世纪以后，党中央从全局出发，根据全面建设小康社会的实际需要，将培育新人工作摆在更加突出位置。2006年，党的十六届六中全会首次提出“建设社会主义核心价值体系”的重要战略命题，为新人培育工作明确了核心要求与目标，这是对“培养什么人”的一次系统回答。不仅如此，这一时期我党还通过全国道德模范评选表彰等活动，进一步激发了各类社会主体的道德实践热情，从而切实把社会主义核心价值理念融入新人培育工作之中。

邓小平、江泽民与胡锦涛等党和国家领导人，分别对新人培育工作进行了论述和阐发，并提出了一系列新思路、新观点。首先，邓小平在继承毛泽东的社会主义新人思想基础上，对“什么是社会主义，怎样建设社会主义”的历史课题进行探索，并高度重视新人培育工作，称“这是个根本问题，是关系到我们党和国家命运的大事”①。在此基础上，邓小平提出要使青年成为有理想、有道德、有知识和有体力的新人，这标志着邓小平关于新人思想的初步形成。之后，在面对各种资产阶级自由化思想的滋生蔓延时，邓小平着重强调精神文明建设工作，并在全国科技工作会议上指出，“在建设具有中国特色的社会主义社会时，一定要坚持发展物质文明和精神文明，坚持五讲四美三热爱，教育全国人民做到有理想、有道德、有文化、有纪律”②，这标志着“四有”新人思想的正式形成。其中，“理想”指共产主义理想，“道德”指高尚道德情操，“文化”指科学文化知识，“纪律”则指遵循党和国家的法律法规。可以看出，邓小平的“四有”新人思想，与改革开放中抵制错误思潮的任务高度相关。其次，江泽民在前人的思想基础上，针对“怎样培养社会主义事业接班人”这一重大问题，进行深入思考，提出“造就‘有理想、有道德、有文化、有纪律’的，德育、智育、体育、美育等全面发展的社会主义事业建设者和接班人”③这一论断。引人注意的是，江泽民通过将人的全面发展需求与社会发展需要结合起来，推动了新人培育观点的发展。此外，江泽民还以面向新世纪和世界的战略视野，凸显新人培育的创新精神，认为创新素质将成为未来新人培育的重点领域。最后，胡锦涛在上述

① 中共中央文献研究室编：《邓小平年谱(1975—1997)》(上)，北京：中央文献出版社，2004年，第528页。
② 《邓小平文选》第3卷，北京：人民出版社，1993年，第110页。
③ 《十五大以来重要文献选编》(中)，北京：人民出版社，2001年，第880页。

党和国家领导人思想理论基础上，把社会主义荣辱观的核心内涵概括总结为“八荣八耻”，这成为新形势下对新人的内在道德要求。不仅如此，胡锦涛还在2007年提出“四个新一代”思想，即“努力成为理想远大、信念坚定的新一代，成为品德高尚、意志顽强的新一代，成为视野开阔、知识丰富的新一代，成为开拓进取、艰苦创业的新一代”①，这一观点实际上是对“四有”新人思想的一次深化与拓展，成为坚持和发展中国特色社会主义进程中的育人目标。

在此基础上，“四有”新人历经三代党和国家领导人的发展，呈现出鲜明的时代性特征，具体包括制度性与综合性两点。首先，就制度性特征而言，党中央先后下发一系列与培育新人相关的纲领性文件，包括《中共中央关于社会主义精神文明建设指导方针的决议》《中共中央关于加强社会主义精神文明建设若干重要问题的决议》《爱国主义教育实施纲要》和《公民道德建设实施纲要》等文件，从而搭建起社会主义精神文明建设的系统平台，这为培育新人提供了制度保障。与此同时，“四有”新人相较于此前新人培育而言，普遍形成一套完整的培育流程，这体现在以科学理论为指导，以知识学习为主要平台，并以社会实践为广阔舞台。在大力发展生产力的号召之下，党中央打破了束缚人们思想的“条条框框”，构建起学校—家庭—社会互相联动的培育体系。因为在这一时期内的国家教育体系已经成熟且完善，强有力地助益新人培育工作。不仅如此，各类党校和团校依然承担着马克思主义理论教育的功能，并与普通教育类学校在功能上互相补充，共同发挥着不可替代的作用。其次，就综合性特征而言，这一时期的新人培育要求在对于“培养什么人”上具化了标准，提供了诸如“四有”“八荣八耻”“四个新一代”等育人标准，并拓展了教育内容，将理想信念教育与思想道德教育、科学文化教育和法治纪律教育融合在一起，帮助新人成长为“德智体美全面发展的社会主义建设者和接班人”。同时，党中央为新人培育提供了更为多元化的形塑路径，既依靠传统思想灌输活动，又依托报刊书籍、网络媒体和文艺表演等形式，以此为新人成长塑造良好的社会环境与文化氛围。总体来讲，这一时期内的新人培育工作体现出制度性与综合性的特征，在确

① 《认真学习胡锦涛总书记在同团中央新一届领导班子成员和团十六大部分代表座谈时的重要讲话》，北京：人民出版社，2008年，第30页。

保党的领导与社会主义制度的前提下，发展为全方位的育人体系和内容，为新时代党的新人观发展创造了良好的条件。

第四节　中国共产党新人观的现实发展及其价值意蕴

2012年党的十八大召开，标志着中国特色社会主义进入新时代。在新的历史时期，中国共产党新人观实现了超越性发展，创造性地提出了时代新人思想，这一思想作为内涵丰富、逻辑缜密的思想体系，充分汲取了马克思主义经典作家和历代中国共产党人关于新人培育的思想精髓，并以"为谁培育人，培育什么人，怎样培育人"为逻辑主线，对新时代新人培育目标提出了新要求。时代新人是中国共产党在强国时代的理论结晶，它更新了社会主义建设者和接班人的时代内涵，并深化了对新人培育的认识和理解程度，成为推进中华民族伟大复兴的历史担当者与主体力量，确保了党的事业后继有人，朝着更加光辉的前景迈进。

一、中国共产党新人观的现实发展：时代新人

进入新时代以来，以习近平同志为核心的党中央，胸怀"两个大局"，站在为中国特色社会主义事业培养建设者和接班人的政治高度，明确提出"培养担当民族复兴大任的时代新人"这一重大命题。这意味着中国共产党新人观产生了最新的理论成果——时代新人观。当然，这一新人观历经了一个不断发展的过程。党的十八大以来，党中央在"四有"新人思想理论的基础上，高度重视社会主义精神文明建设工作，积极培育和践行社会主义核心价值观，倡导富强、民主、文明、和谐，倡导自由、平等、公正、法治，倡导爱国、敬业、诚信、友善，并通过制定出台重要文件和采取重要举措，助力落实社会主义核心价值观。具体而言，2013年，中共中央办公厅印发《关于培育和践行社会主义核心价值观的意见》，主张将培育和践行社会主义核心价值观融入国民教育全过程、落实到经济发展实践和社会治理中，以此凝聚全社会的共同价值，加强每个社会成员的核心价值意识。此外，这一时期还通过一些国家重大礼仪活动，如中国人民抗日战争胜利纪念日、南京大屠杀死难者国家公祭日等活动，在全社会营造出崇尚英雄、争做先锋的良好氛围。党的十九大以来，党中

央将培养时代新人视作核心环节，以此着力建设具有强大生命力和创造力的社会主义精神文明。正如党的十九大报告明确指出，我国社会主要矛盾已发生变化，从“人民日益增长的物质文化需要同落后的社会生产之间的矛盾”，转变为“人民日益增长的美好生活需要和不平衡不充分的发展之间的矛盾”，这凸显出我国社会精神建设的重要性与紧迫性。因为，在改革开放巨大成就的基础之上，广大人民群众的需要日益多元化，不仅在物质方面，同样在社会、文化等方面也有着强烈需求。从这一角度讲，时代新人与社会发展相呼应，成为美好生活的奋斗者。同时，党中央高度重视思想教育工作，先后印发《关于深化新时代学校思想政治理论课改革创新的若干意见》《新时代公民道德建设实施纲要》和《新时代爱国主义教育实施纲要》等文件，并通过一系列教育活动推进新人培育工作，推动新人培育工作走深走实。

作为党中央的核心和全党的核心，习近平立足中华民族伟大复兴的战略全局和世界百年未有之大变局，继承并发展了中国共产党人的新人观，对新人培育工作提出了一系列新思想、新论断，为新时代育人工作提供了顶层设计和理论指导，成为新时代的领路人。习近平始终坚持中国共产党人育人的优良传统，在情感上贴近青年、思想上尊重青年、行动上深入青年、工作上依靠青年，时刻强调培育新人的重要意义。为此，他在党的十九大报告中正式提出“时代新人”这一概念。在此基础上，习近平高度重视时代新人培育工作，诚如在全国教育大会上明确指出的，“培养社会主义建设者和接班人作为根本任务”①，这足可见他对时代新人培育工作定位之高和重视程度。不仅如此，习近平还对时代新人寄予厚望，殷殷嘱托广大青年要勇肩重任，成为新时代中国发展的栋梁之材。习近平在 2021 年考察清华大学时强调，广大青年要“坚定前进信心，立大志、明大德、成大才、担大任，努力成为堪当民族复兴重任的时代新人”②。随着中国式现代化建设的层层推进，习近平从“为谁培养人”“培养什么人”“怎样培养人”三个方面对时代新人的思想命题进行了展

① 张烁、王晔：《坚持中国特色社会主义教育发展道路 培养德智体美劳全面发展的社会主义建设者和接班人》，《人民日报》2018 年 9 月 11 日，第 1 版。

② 习近平：《坚持中国特色世界一流大学建设目标方向 为服务国家富强民族复兴人民幸福贡献力量》，《人民日报》2021 年 4 月 20 日，第 1 版。

开与系统论述。具体而言，首先，在“为谁培养人”方面，习近平旗帜鲜明地指出时代新人就是“为党育人、为国育才”；其次，在“培养什么人”方面，习近平强调时代新人就是中国社会主义建设者和接班人，就是德智体美劳全面发展的社会主义新人；再次，在“怎样培养人”方面，习近平在继承马克思主义新人学说的基础上，对这一问题展开了系统论述，坚持“铸魂育人”和立德树人的培养方针，注重理想信念、爱国主义和道德品质等全方面培养内容，并发展了马克思主义经典作家的“劳动与教育相结合”的思想，倡导劳动育人和实践育人的培养方式。此外，习近平在实践中积极推动全国思想政治教育工作，出席全国高校思想政治工作会议，并接见全军和高校的思想政治工作者，强调在培育新人环节中要多方协力、共同培育，做到全员育人、全方位育人、全过程育人。

时代新人相较于此前的新人观而言，具有鲜明的使命担当与国际视野特征。首先，就使命担当特征而言，时代新人应时而生，兼具多重身份与使命。每个时代的个体和集体都有不同的使命任务，也都是历史的创造者与见证人。此前，中国共产党的新人观在新人使命规定上较为单一，只有共产主义理想使命和社会主义建设使命；而在新时代，随着中华民族的复兴大业步入关键时期，时代新人需契合于这一大有为时代，集中国特色社会主义事业的接班人、全国建设社会主义现代化强国的主体力量、全民共同富裕的奋斗者、中华民族伟大复兴的担当者、为人类作出更大贡献的执行者等身份于一身，并且这些身份之间既相互联系，又存在区别，共同构成时代新人的全貌。其中，每一个身份之内又暗合辩证逻辑。譬如，习近平多次在不同场合强调民族复兴大任，并将这一历史责任赋予每一个中华儿女，转化为他们的理想信念与价值追求，这既能够造就时代新人，也要依靠时代新人来完成，体现了时代新人阶段性与长远性相统一的使命观。其次，就国际视野特征而言，时代新人既立足中国，也面向世界。当下，全球各国在全球化力量的推动下，日益生活在一个共同体中，一荣俱荣、一损俱损。恰如习近平指出的：“中国人是讲爱国主义的，同时我们也是具有国际视野和国际胸怀的。”①在百年未有之大变局的背景

① 本书编写组：《〈新时代爱国主义教育实施纲要〉学习读本》，北京：人民出版社，2020 年，第 46 页。

下，时代新人是中华民族伟大复兴的实践主体，理应具有胸怀天下的大情怀、大格局，以人类命运共同体为理想愿景，同世界各个国家或地区的人民积极交流，扮演起中国与世界之间的人文使者角色，并切实参与到维护中国国家利益和国际地位的实际行动中，自觉在国际视野中高扬家国情怀，妥善处理好爱国主义与全球化之间的关系，进而提升中华民族的文化自信心与民族自豪感，成为中国走向世界舞台中央的关键力量。由是观之，这一时期时代新人遵循着人的发展与时代进步相契合的规律，在立足新时代的广阔天地之上，书写了全新的时代表达，构建起崭新的历史形象，具有使命担当与国际视野特征。

二、时代新人观的价值意蕴

时代新人观作为中国共产党新人观的最新产物，是在对马克思主义理论的根本遵循之上，于习近平新时代中国特色社会主义思想指引下的理论智慧。时代新人观的提出，在当下具有深远宏大的现实意义和理论意义。具体而言，其一，时代新人观在个体层面上凸显了劳动教育的重要价值。时代新人的培育工作，遵循"五育并举"的育人理念，这拓展了我党此前育人理念中的劳动内涵。自新中国成立初期，我党奉行"德智体全面发展"的育人理念；改革开放后，我党采用"德智体美"四育理念来拓展此前的理念；进入新时代，我党则采取"德智体美劳"五育理念来扩展此前的理念。其中，"劳"作为一种新添加的育人理念，无疑突出了劳动教育的重要地位。需要补充说明的是，在马克思主义新人学说中，劳动与教育相结合的方式早已存在，但这里的劳动偏向于一种工具层面，而在新时代的劳动教育则属于价值层面的理念，两者间的差异体现在劳动教育课程与劳动实践之间的区别。例如，2020年3月中共中央、国务院《关于全面加强新时代大中小学劳动教育的意见》明确将劳动教育纳入课程方案中，从而形成大中小一体化的劳动教育课程体系。基于此，劳动教育作为一种价值层面的育人理念，必须摆脱实际中劳动实践的功利化色彩，从实然的工具取向转向应然的价值向度，以推动符合人的本质的劳动理念为旨归。这种价值理念在即将来临的智能时代会更突显其意义，因为随着技术的发展，元宇宙下虚拟空间中的劳动与劳动价值直接相关。不仅如此，劳动教育理念还贯穿在其他四育理念之间，发挥着特殊的作用。在新时代，中国共产党从四育角度将劳动教育融合于内，构成一个“五育并举”的整体架构。在这一架构内，尽管五个育人理念彼此间互相联系、不可替代，但劳动教育在某种程度上成为时代新人树德、增智、强体、育美的方法论途径，既可以融入其他四育的内容中，让新人通过课程收获“以劳育人”的效果；又可以视作其他四育的形式，从而打通科学世界与生活世界。例如，劳动教育与美育的关系即如此，从劳动的角度审视美育，既可以将“劳动最光荣”当作新时代美学内容，又可以通过劳动来改造自然世界与社会世界，创造为人所欣赏的美丽景观。因此，时代新人在“五育并举”的理念下成长起来，势必呈现出劳动育人的价值所在，在依托传统书本教育的同时，又在一定程度挣脱本本主义的思维束缚，让教育变得鲜活起来，从而展现出新时代劳动者的精神风貌。

其二，时代新人观在民族层面上阐发着优秀传统文化的思想资源。中国共产党新人观的发展，自始至终都受到传统文化的深刻影响。譬如，新中国成立初期，中国共产党批判性继承了《中庸》中的三达德思想，即“仁智勇”，将其在马克思主义新人学说理念的关照下，改造成“德智体”三方面。进入新时代以来，以习近平同志为核心的党中央，深刻阐发了“两个结合”的重要思想，即坚持把马克思主义基本原理同中国具体实际相结合、同中华优秀传统文化相结合。尤其是“第二个结合”，有效地将马克思主义思想精髓同中华优秀传统文化精华贯通起来，因而聚变为新的理论优势。从这一角度看，时代新人观是在“第二个结合”的引导下，充分吸取了马克思主义新人学说与中华优秀传统思想的集合体。时代新人观以“立德树人”为培养方针，并在“五育并举”中把“德”放在首位，这都显示了“德”的重要性。在传统文化谱系中，儒家思想十分注重人的道德养成，形塑了被后世所称赞的“君子人格”。在时代新人的内涵中，德行继续受到重视。为此，习近平在全国党校工作会议上，借用《资治通鉴》中“才者，德之资也；德者，才之帅也”的语句说明德与才的辩证统一关系，并通过“三命而俯”“岳母刺字”和“精忠报国”等传统典故来阐明时代新人的诸多要求。足可见，时代新人正是在对传统文化创造性发展的基础上，深入挖掘了优秀传统文化的思想资源，将类似“君子人格”的思想升华为“时代新人”，从而充分发挥了中华优秀传统文化在新人塑造中的正向作用。此外，中华民族的伟大复兴，在很大程度上是中华文明的复兴，即建设中华民族现代文明。站在新的历史起点上，时代新人，无论在何种行业，都肩负着弘扬优秀传统文化、展示中华文明风采的文化使命。为此，习近平在文化传承发展座谈会上明确提出了更好担负起建设中华民族现代文明使命的要求，发出了建设中华民族现代文明的伟大号召。鉴于此，时代新人的发展，必然与中华民族现代文明的建设高度相关，时代新人要坚定文化自信，努力做建设中华民族现代文明的新人。因此，时代新人既吸吮着优秀传统文化资源中的养分，又肩负着新时代的文化使命，凸显其民族底色。

其三，时代新人观在国家层面助推了中国式现代化建设。正所谓青年兴则国兴，青年强则国强。自新中国成立以来，中国共产党新人观的发展，总是与国家建设紧密相连，在国家发展的不同历史时期有着不同的称谓。毛泽东早在新中国成立之初就一针见血地指出："中国民族和人民要彻底解放，必须实现国家工业化。"①为此，中国共产党在建立新政权后，始终把新人培育工作与国家工业化的目标关联起来。继而，塑造"有社会主义觉悟的有文化的劳动者"要服务于当时国家的"四个现代化"目标；培育社会主义"四有"新人要立足"中国式现代化"道路。进入新时代以来，党和国家统筹推进"五位一体"总体布局和协调推进"四个全面"战略布局，擘画了"两步走"新战略，即到2035年基本实现社会主义现代化、到21世纪中叶建成社会主义现代化强国。正如习近平明确指出的，社会主义现代化建设对新人培育工作提出了更高要求，要"不断使教育同党和国家事业发展要求相适应"，进而"对加快推进教育现代化、建设教育强国作出总体部署和战略设计"，并由此提出时代新人的时代任务。② 从这一层面讲，时代新人观是中国共产党希冀凭借立德树人服务国家发展的最新代表，成为全面建设社会主义现代化国家新征程中的重要战略任务。基于此，时代新人将是新时代中国式现代化建设的主力军，成为实现中国梦的中坚力量。中国式现代化道路中内蕴着人的发展命题，人既是建设的主体力量，也是被改造的对象。从一般意义上讲，社会中每一个人都是潜在的新人，但只有积极响应新时代国家号召，参与到中国式现代化进程中的成员才会成为历史的创造者。所以，时代新人与中国式现代化道路是同步发展的。一方面，中

① 《毛泽东文集》第6卷，北京：人民出版社，1999年，第223页。
② 张烁、王晔：《坚持中国特色社会主义教育发展道路 培养德智体美劳全面发展的社会主义建设者和接班人》，《人民日报》2018年9月11日，第1版。

国式现代化道路为时代新人提供了“展之作为”的广阔平台。未来，国与国之间的竞争日趋激烈，其关键在于人才之争，即时代新人的竞争，中国式现代化发展道路迫切需要时代新人来激活动力引擎。另一方面，时代新人是中国式现代化道路的坚实拥趸。时代新人只有在中国式现代化道路所提供的新境遇与所遇到的新挑战中磨砺自己，才能真正锻造出符合时代发展的崭新特征与独特标识。

其四，时代新人观在人类层面彰显了人类文明新形态的独特价值。根据马克思的观点，人类文明的演进应当与人的解放过程相一致。从历史唯物主义视角看，人类文明的发展是由生产力与生产关系的矛盾运动所决定；而从马克思主义新人学说视角看，人的社会发展存在“人的依赖性社会”“物的依赖性社会”和“个人自由而全面发展的社会”三种形态，其中资本主义社会处在第二种形态中，使人服从于物的统治。结合以上两种视角可以发现，人的自由全面发展愿景是要挣脱“物的依赖性社会”的束缚，在致力于人类解放过程中推进人类文明的发展。为此，中国共产党以马克思主义理论为指导，以实现人的自由且全面发展为价值旨归，其时代新人观正是我党对马克思主义新人学说中国化的理论结果，是对人的存在方式的深化探索，它与人类解放的使命相一致，以期成为在新时期摆脱资本奴役式的发展道路，这是对人类文明新形态的集中反映和延续呈现。不仅如此，时代新人作为人类文明新形态的呈现主体，既来源于人民，又服务于人民，具有极强的人民底色，践行着人民群众是历史创造者的真理，从而成为确保人类文明新形态之人民性的关键所在，使其区别于以资本为中心的传统工业文明。另外，时代新人在全球化的世界中，要顺应世界历史潮流，具有全球视野与世界眼光，不仅是处在中国社会关系中的人，也是处在世界历史中的人。“一体化的世界就在那儿，谁拒绝这个世界，这个世界也会拒绝他。”①基于此，时代新人应在世界百年未有之大变局中筑牢对共产主义和社会主义的理想信念，更好地适应世界之变、时代之变与历史之变，积极在跨国间的文明对话和文化交流中明晰自我与他者的关系，坚定文化自信，从而将人类文明新形态的影响范围拓展至全球，高擎全人类共同价值的旗帜，站在历史正确的一边，矢志不渝地以人类情怀为共产主义事业奋斗终身。总而言之，时代新人在

① 《习近平外交思想学习纲要》，北京：人民出版社，学习出版社，2021年，第50页。

理论上与人类文明新形态具有内在关联性逻辑关系，成为人类文明新形态的呈现样态，并在实践上持续推进现代文明的社会主义形态和中华文明的现代形态，从而确立了人类文明新形态的本质特征，进而有助于扩展其世界影响力，探求实现人的自由全面发展与全人类共同进步的统一性。

| 第三章 |

以中华优秀传统文化培育时代新人的方法论析

时代新人是与新时代同向同行、共同奋进的一代，其生逢盛世，亦肩负重任。在实现中华民族伟大复兴的新征程上，时代新人理应坚定历史自信、文化自信，做中华优秀传统文化的传承者、发扬者，自觉运用中华优秀传统文化培根铸魂、启智润心，不断增强做中国人的志气、骨气、底气，在中华优秀传统文化中培育自立自强，在社会实践磨砺中实学实干，以行胜于言的姿态成就不朽功业。

第一节　以中华优秀传统文化培育时代新人的提出背景

“一切向前走，都不能忘记走过的路；走得再远、走到再光辉的未来，也不能忘记走过的过去，不能忘记为什么出发。”①中华民族五千多年历史创造了底蕴深厚的中华优秀传统文化，塑造了中华儿女独有的精神家园。当代世界百年未有之大变局加速演进，中华民族伟大复兴进入关键时期，我们需要以史为鉴、察往知来，在回溯中华民族历史中寻获启示，在传承中华优秀传统文化中涵养精神品格，培育坚定文化自信、担负文化使命的中华优秀传统文化传承者、发扬者。

---

① 习近平：《在庆祝中国共产党成立 95 周年大会上的讲话》，北京：人民出版社，2016 年，第 8 页。

一、建设社会主义文化强国推进文化自信自强

培育担当民族复兴大任的时代新人是建设社会主义文化强国的内在要求。党的二十大报告指出，新时代十年的成就与变革，推动我国迈上了全面建设社会主义现代化国家新征程。新的历史起点意味着新的历史任务，围绕“举旗帜、聚民心、育新人、兴文化、展形象”建设社会主义现代化文化强国，其中关键一环便是“育新人”，通过充分发挥时代新人的积极性、创造性，中华优秀传统文化才能具有积极的传承者、可靠的建设者。

建设具有强大凝聚力和引领力的社会主义意识形态，捍卫国家意识形态安全是时代新人的重要责任。意识形态工作是为国家立心、为民族立魂的一项极端重要的工作，历史和现实表明，能否做好意识形态工作，不仅事关国家主流思想的凝聚力、向心力，而且事关国家的前途命运、长治久安。当前世界政治经济格局深刻变革，我国社会主义事业在改革发展稳定等领域面临多种挑战，西方发达国家不仅从未放弃对我国意识形态进行入侵和干涉，而且在我国日益走近世界舞台中央的背景下加紧了对我国的思想文化渗透，新自由主义、历史虚无主义等社会思潮的思想文化冲击力明显增强。时代新人是立足时代潮头，接受新文化、新思想、新事物熏陶的一代，其思想文化辨识力、文化安全意识强度直接影响着社会年轻一代接受意识形态考验的能力。因此，在复杂社会思潮的激荡中，有效抵御意识形态渗透与侵蚀，需要着重培育时代新人的文化安全意识，使时代新人在中华优秀传统文化培育中获得强烈的文化认同感、归属感，在社会主义意识形态教育中明晰文化安全的重要性，从而使时代新人树立科学文化观、历史观，坚定民族自信、文化自信，增强文化安全意识，主动透过纷繁文化现象辨识和把握文化本质，自觉捍卫国家意识形态安全。

广泛践行社会主义核心价值观，传扬当代中国精神是时代新人的文化责任。社会主义核心价值观不仅是当代中国精神的集中体现，更是凝聚全社会精神力量的最大公约数。一个国家的文化软实力，从根本上说，取决于其核心价值观的生命力、凝聚力、感召力，而社会主义核心价值观的根和本，根植于中华优秀传统文化。正是由于五千余年中华民族历史的积淀，中华民族的精神追求、精神特质、精神脉络才得以薪火相传、生生不息，形成了中华民族独特的价值体系，其不仅内化为中

华儿女的血脉和基因，而且潜移默化影响着当代中国人的思想方式和行为方式。弘扬和践行社会主义核心价值观，需要深入挖掘潜藏于中华优秀传统文化中讲仁爱、重民本、守诚信、崇正义、尚和合、求大同等具有当代意义的价值观，使其与新时代条件下社会主义核心价值观培育有机结合，成为涵养社会主义核心价值观，培育时代新人的重要文化资源。因此，培育践行社会主义核心价值观的时代新人，首先需要培植时代新人的文化自信与文化自觉，引导时代新人从中华优秀传统文化中寻找精神给养，坚定价值观自信，将价值观践行与个人社会实践紧密结合，内化为个人精神追求，外化为个人行为准则，做社会主义核心价值观的忠实信仰者和积极传播者。

坚守中华文化立场，增强中华文明传播力影响力是时代新人的历史责任。近代以来，中华民族遭受西方列强侵略，致使中华文明遭受西方文明的巨大冲击，“文明蒙尘”成为中华民族蒙辱的文化表现。在这段特殊历史中，中华文化遭遇史无前例的掠夺和破坏，大量重要文物国宝流散到国外，历史遗产和文化古迹遭到损坏，更为重要的是，传承千年的中华传统文化遭到质疑和否定，同时西方思想文化成果大量涌入中国，面对外来文化的冲击，对外国文化的推崇与对本土文化的否定一度造成国内文化虚无主义之风盛行。中华人民共和国成立以来，伴随着我国经济社会的快速发展，中华民族迎来了从站起来、富起来到强起来的伟大飞跃，与我国国际影响力不断增强相匹配的是，中华优秀传统文化认可度、关注度不断提升。生逢新时代的中国青年，既具有对中华优秀传统文化魅力的深刻感知，亦具有对中华优秀传统文化生命力的科学认知，还具有胸怀世界、弘扬全人类共同价值的视野与担当，是主动讲述中国故事、积极传播中华文明、自信融入世界的一代。因而，培育担当民族复兴大任的时代新人，要将时代新人对中华优秀传统文化的深刻认同感和强烈归属感，转化为传承和弘扬中华文明的历史责任感和时代使命感，使时代新人秉承文化自信自强的信念，主动做中华优秀传统文化的推介者，讲好中国故事、传播中国声音，不断向世界展示全面、立体、真实的中国文化形象。

二、加快建设教育强国为民族复兴提供人才支撑

教育兴则国家兴，教育强则国家强。建设教育强国，是全面建成社会主义现代

化强国的战略先导，是以中国式现代化全面推进中华民族伟大复兴的基础工程。其中，“培养什么人、怎样培养人、为谁培养人”是教育的根本问题，也是建设教育强国的核心课题，我国加强教育强国建设的目的，是培养一代又一代德智体美劳全面发展的社会主义建设者和接班人，培养一代又一代在社会主义现代化建设中可堪大用、能担重任的栋梁之材，确保党的事业和社会主义现代化强国建设后继有人。而在中国大地上培育可堪大用、能担重任的时代新人，关键是立足本土、根植中华优秀传统文化加强教育强国建设，提振中国教育自信和吸引力。

中华优秀传统文化是建设社会主义教育强国的坚实基础。习近平指出：“优秀传统文化是一个国家、一个民族传承和发展的根本，如果丢掉了，就割断了精神命脉。”①中华优秀传统文化是中华民族五千多年文明积淀而成的文化瑰宝，其不仅蕴含着中华文明生生不息、薪火相传的文明基因，而且蕴含着新时代建设教育强国的制胜法宝。一方面，建设教育强国，关键是根植中国大地办教育，培育中国特色社会主义事业建设者和接班人。中华民族千余年历史经验与独特文明特质，形塑了迥异于西方国家教育文化模式、独具中国文化特色的教育理念和教育传统，因而立足中国国情和现实条件，从中华优秀教育传统中汲取经验和力量，是当代中国教育强国建设的根本优势。另一方面，教育强国的基础是文化自信，文化自信源于中华优秀传统文化构筑的强大文化软实力。当代世界全球化进程深入推进，文化软实力日益成为国际领域实力竞争的关键要素，成为国家综合实力的重要体现。因此，立足中华优秀传统文化传承与发展审视教育强国，加强中华优秀传统文化教育，需要传承中华优秀教育传统，发扬中华优秀教育经验，不仅能够坚守中华文化独特魅力，不断提升国家教育实力，而且能够在全球范围内凸显中华文化影响力。以中华优秀传统文化作为基础培育时代新人，建设具有中国特色的育人体系，制定符合中国思想行为方式的教育方针，建立具有中国文化特质的育人目标与机制，将不断培植时代新人的文化自信与民族自信，从而能够在世界文化大潮中有效坚守中华优秀传统文化阵地。

① 习近平：《在纪念孔子诞辰 2565 周年国际学术研讨会暨国际儒学联合会第五届会员大会开幕会上的讲话》，北京：人民出版社，2014 年，第 11 页。

中华优秀传统文化中蕴含着教育强国的丰富智慧。源远流长的中华民族历史创造了丰富的育人思想、制度、方法和习俗，留下了卷帙浩繁的文献资料可供研讨学习，中华优秀传统文化中对教育规律、教育方式的反思和总结，对于当代我国教育建设仍然具有极强的启示意义。首先，建设教育强国需要学习借鉴中华优秀传统文化中的教育经验。中国古代教育家普遍重视设定高标准的教育目标，如孔子提出君子要德才兼备，具有“不忧”“不惑”“不惧”的精神境界，孟子提出“富贵不能淫，贫贱不能移，威武不能屈”的“大丈夫”，荀子认为人的理想目标是“圣人”“大儒”等，高标准教育目标的设定不仅促使民众向善尽美，而且目标内容突出了个人的道德感、责任感，极具高超的教育智慧。不仅如此，中国古代教育传统普遍强调“为天地立心，为生民立命，为往圣继绝学，为万世开太平”的人生理想，这种“天下兴亡，匹夫有责”的担当精神已然内化为中华民族的文化基因，成为古人处理个人与社会关系的典范。其次，教育强国建设需要充分利用中华优秀传统文化中的教育资源。如《诗》《书》《礼》《乐》《易》《春秋》等中国古代典籍不仅涵盖礼、乐、射、御、书、数的“六艺”教育，教育内容全面且丰富，而且蕴含着学习态度培养、学习志向引导等涉及学习方法、教育方式的广博内容，充分利用中华优秀文化典籍的教化作用，挖掘、借鉴蕴藏其中的修身治学智慧，能够为当代教育强国建设提供丰富内容启示和方法借鉴。

三、建设中华民族现代文明是新时代的文化使命

习近平在文化传承发展座谈会上指出：“在新的起点上继续推动文化繁荣、建设文化强国、建设中华民族现代文明，是我们在新时代新的文化使命。”①赓续历史文脉，厚植家国情怀，培育建设中华民族现代文明的时代新人，既是为担负新时代文化使命提供智慧力量的应有之义，亦是有效推动中华优秀传统文化创造性转化、创新性发展的重要路径。

培育担负起文化使命的时代新人是推动中华文明现代转化，建设中华民族现

① 《习近平在文化传承发展座谈会上强调 担负起新的文化使命 努力建设中华民族现代文明》，《人民日报》2023 年 6 月 3 日，第 1 版。

代文明的重要支撑。步入新时代，踏上实现中华民族伟大复兴的新征程，中华民族与中华文化的兴盛赋予当代中国青年强烈的历史方位感与民族责任感，立足建设中华民族现代文明，传承并弘扬中华优秀传统文化，不仅仅是凸显中华民族新的历史方位与新的文化定位，更是于中华文明自身寻找中华文明的发展方向与光明路径。青年兴则国家兴，青年强则国家强。传承和研究中华文明需要后继有人，需要让更多热爱中华文化的年轻一代投身文化事业，站在实现中华民族伟大复兴的历史节点和中华文明永续传承的高度，自觉推进中华文明探源工程与建设工程，加强对中华文明内在生命力与现代适应性的研究阐释；基于中华优秀传统文化的主体性与独立性总结中华民族发展道路的内在文明基因，在中华民族现代文明建设过程中彰显中华民族独特的世界观、历史观、价值观、文明观，进一步突出中华文明的历史文化意义。

培育担负起文化使命的时代新人是推动中华文明为世界文明发展作出更大贡献的重要人才基础。中华五千余年文明孕育了走向复兴的中华民族，铸就了璀璨不息的中华优秀传统文化，伴随着中华民族伟大复兴，中华文明亦迎来了繁荣发展的全新机遇。当代世界再次站在人类前途命运的十字路口，面对“世界向何处、人类该怎么办”的时代之问，“推动构建人类命运共同体”这一根植于中华优秀传统文化的倡议给出了极具中国智慧的中国方案：以为世界谋发展、为人类谋大同为着眼点倡导全人类共同价值，将中国人民的前途命运同世界人民的命运紧紧联系在一起，尝试探索各文明相互尊重、相互借鉴的发展方式。一代人有一代人的使命，一代人有一代人的担当，当代中国青年所处的时代是建设中华民族现代文明、并致力于以中华文明为人类文明作出更大贡献的广阔时代。培育担负起文化使命的时代新人，要以文化自信和文化自觉为导向，以传播中华文明影响力为使命，牢牢把握中华文明发展道路与方向，不断以中华文明为人类文明进步贡献思想智慧与精神力量。

第二节　以中华优秀传统文化培育时代新人的意义阐释

中华优秀传统文化源远流长、博大精深，是中华文明的智慧结晶。中华民族历史跨越五千余年，在经历近代衰落蒙难的挫折后，于新时代迎来走向伟大复兴的崭新征程，伴随着中国综合国力和国际地位在世界范围内愈益显著增强和提升之时，中华优秀传统文化得到越来越多的关注。中华优秀传统文化蕴含着中华民族得以复兴的发展奥秘，而且涵育了自强不息、勤劳勇敢、不断创造奇迹的中华儿女。以中华优秀传统文化培育时代新人，既是在培育中华优秀传统文化的弘扬者、传播者，以实现对中华民族思想智慧的有效传承，同时也在拓展新时代中国青年的精神文化生活空间，为其追求更有境界、更有内涵的人生提供了更多可能。

一、以中华优秀传统文化培育时代新人的必要性

中华优秀传统文化教育是立德树人根本任务的重要组成部分。培育担当民族复兴大任的时代新人，就需要培育了解中华民族悠久历史、熟知中华优秀传统文化的文明继承者、弘扬者，培育具备优秀文化涵养与精神品格的社会主义建设者和接班人，培育能够立足当代世界、直面国际变局考验的奋斗者、创造者。以中华优秀传统文化为本，涵育时代新人，具有深刻而长远的教育价值。

以中华优秀传统文化培育时代新人是培育高素质社会主义建设者和接班人的内在要求。中国特色社会主义进入新时代，在完成全面建成小康社会的历史任务后，我国正式迈上全面建设社会主义现代化国家的新征程，向第二个百年奋斗目标进军，但是我国发展不平衡不充分的问题仍然突出，在改革发展稳定等各领域尚存在一些亟须解决的症结问题。与此同时，我国发展面临着复杂的国际环境，国际政治经济格局进入深刻变革期，存在于国际金融、生态、安全、宗教等领域的全球性治理难题仍然考验着包括我国在内的全球各国的风险应对能力。立足当前中国面临的现实境遇，科学认识全球发展局势，洞察世界格局变化，需要统筹考量世界百年未有之大变局与中华民族伟大复兴战略全局带来的机遇和挑战，提出具有长远战略眼光的发展规划和人才培养规划，高度重视教育、科技、人才对于全面建设社会主义现代化国家的基础性、战略性支撑作用，持续推进实施科教兴国战略，培育具备高素质综合能力的社会主义建设者和接班人，为国家现代化建设准备人才。

时代新人是能够客观认知世情国情党情，具备良好科学文化素质的综合性人才，因而以中华优秀传统文化培育时代新人，关键就在于引导当代青年准确认知中华民族的历史传统、文化积淀、基本国情，从历史与现实相结合的视角中认识走中

国特色社会主义道路的历史必然性，从世界与中国的相互关系领悟中国发展战略的制定与实施，这就需要让时代新人在中华优秀传统文化教育中把握历史文化发展规律，体认中华五千年文明传承对当代中国现实与未来发展方向的深刻影响，做传承和运用中华优秀传统文化的合格建设者和接班人。

传承与弘扬中华优秀传统文化是时代新人的历史责任。文以载道，文以化人。中华优秀传统文化是世界上唯一传承逾五千年而未中断的伟大文明。五千年来，无论是儒释道墨、诗书礼乐，抑或工艺技术、民风民俗，皆承载着中国古代先贤名士的智慧与精神。近代以来，伴随中华民族遭受列强侵略走向衰落，以及西方先进思想文化的涌入和冲击，历史虚无主义与文化虚无主义之风逐渐兴盛，中华优秀传统文化不断遭遇质疑、否定以致被忽视。然而，文化的力量并非来自文明悠久的程度，而是源自文化传统中的思想智慧与价值观能否在现代社会提供精神文化的支撑和引领力量，当代中国是历史中国的延续和发展，当代中国思想文化也是中国传统思想文化的传承和升华。认识今天的中国，就必须深入了解中国的文化血脉，准确把握滋养中国人的文化土壤。时代新人作为成长于中华民族伟大复兴新历史征程的一代，自然背负着传承和弘扬中华优秀传统文化，拓展中华文明传播力影响力的历史责任。

传承与弘扬中华优秀传统文化，需要着重培育时代新人对中华优秀传统文化的认知度和认同力。首先，时代新人需要学习和了解中华优秀传统文化，把握中华文化的历史脉络与文化基因，学习和体悟蕴藏于中华优秀传统文化中的哲学思想、道德观念、价值理念、审美风格，全面了解中华优秀传统文化的独特性、价值性，建立对中华文化意蕴的内在认同以及作为中华儿女的文化身份认同。其次，时代新人需要做好中华优秀传统文化的传承与发展工作，推动中华优秀传统文化创造性转化、创新性发展，使中华优秀传统文化在适应现代条件下完成适应、转化、创新、传播，激活中华优秀传统文化的生命力，展现其穿越时空的文化价值，坚定文化自信。再次，时代新人需要推动中华优秀传统文化走向世界，提升中华优秀传统文化竞争力、影响力，即所谓“以古人之规矩，开自己之生面”。在文化交流已经成为国家间交往重要方式的全球化时代，通过时代新人推动中华文化对外交流，展示中华优秀传统文化独特魅力，传播中华文化独有的思想价值理念和人文精神，是使中华文化在世界文化之林中站稳脚跟的重要方式，既有助于提升国家形象，也有助于增进国际社会对中国的理解与认同，推动中华文明与世界文明共同绽放光彩。

中华优秀传统文化教育是时代新人培育的重要环节。文化自信，是更基础、更广泛、更深厚的自信。中国特色社会主义道路自信、理论自信、制度自信，在根本上还是源于文化自信。文化自信意味着坚守中华优秀传统文化根基，凸显中华民族的突出优势，不断延续文化传统与文明基因，续写民族发展奇迹；意味着主动发扬中华优秀传统文化的价值观和精神追求，自觉传承中华民族的文化血脉，坚持古为今用、推陈出新，让中华优秀传统文化成为当代社会的深厚精神力量；意味着立足中华民族的独有精神传统，延续中华儿女艰苦奋斗、筚路蓝缕的理想信念，不断推动中国特色社会主义事业继续前进。培育时代新人的文化自信，目的在于传扬中华优秀传统文化内在的文明成果与精神力量，而其路径就是运用中华优秀传统文化这一中华民族的文化血脉来实现对时代新人的教化与熏陶。培育时代新人的文化自信，需要使其在激荡的世界文化比较中树立中华文化认同，坚守中华文化立场，彰显中华优秀传统文化的主体性和独立性，使其在历史文化脉络中掌握历史规律，在传统文艺作品中发掘人文精神，在古代哲学思想智慧中体味人间大道。只有坚定文化自信，时代新人才能善于在中华文化宝库中汲取能量，才能始终在人生风浪中坚守文化理想、保持文化创新创造信心，才能全心投入到传扬中华文化的实践活动中去。

二、以中华优秀传统文化培育时代新人的可能性

以中华优秀传统文化培育时代新人，既是新时代中华优秀传统文化传承与创新的内在要求，亦具备推进和实施的有利现实条件。当前，不仅中华优秀传统文化具有极其重要的时代价值已成为社会共识，一系列传承、保护、发展、创新中华优秀传统文化的政策文件相继出台，成为全社会弘扬和运用中华优秀传统文化的驱动和导向，为培育时代新人提供了文化资源意义上的优势条件，而且思想政治教育育人体系的构建与完善，既为以中华优秀传统文化培育时代新人提供了良好的教育理念和方法，而且创生了中华优秀传统文化进课堂、进教材、进头脑的有益路径，有效推进了中华优秀传统文化的传递和再造。

中华优秀传统文化教育的统筹设计。党的十八大以来，党和国家将推进中华优秀传统文化教育提上治国理政的重要日程，关于传承和发展中华优秀传统文化的系列文件相继出台。2014 年，教育部印发《完善中华优秀传统文化教育指导纲要》，以落实立德树人根本任务，为加强中华优秀传统文化教育明确了指导思想、基本原则和主要内容，提出了分学段有序推进中华优秀传统文化教育的具体思路，并围绕中华优秀传统文化教育系统融入课程和教材体系、提升中华优秀传统文化教育师资水平、着力增强中华优秀传统文化教育多元支撑、加强和优化中华优秀传统文化的组织实施和条件保障等具体措施给出了具体细致的指导意见。2017 年，中共中央办公厅、国务院办公厅发布《关于实施中华优秀传统文化传承发展工程的意见》，提出形成中华优秀传统文化传承发展体系，研究阐发、教育普及、保护传承、创新发展、传播交流等方面协同推进的总体目标，提出了“具有中国特色、中国风格、中国气派的文化产品更加丰富，文化自觉和文化自信显著增强，国家文化软实力根基更为坚实，中华文化国家影响力明显提升”的总体性要求。2021 年，教育部印发《中华优秀传统文化进中小学课程教材指南》，明确强化中小学各学科课程教育在强化中华优秀传统文化教育方面的作用，旨在加强和改进中小学教材整体设计不够、系统性不强、存在碎片化倾向的具体问题，增强了中华优秀传统文化教育顶层设计的系统性、科学性和可操作性。党和国家相关文件的出台和印发，不仅从国家顶层设计层面统筹推进了中华优秀传统文化教育工作，推动中华优秀传统文化传承和发展走上积极健康、规范有序的轨道，更为关键的是，以中央文件形式专题阐述中华优秀传统文化，从建设社会主义文化强国、建设社会主义教育强国等重大战略任务出发布局中华优秀传统文化传承发展工作，对于延续中华文化血脉，全面提升人民群众文化素养，培育有理想、有文化、有责任、有担当的时代新人具有关键推动意义。

中华优秀传统文化具有丰富的育人资源。中华优秀传统文化是五千余年中华文明演化而汇集生成的一种独具东方气质的文化形态，包含着中华民族几千年来的文化精华。其中，博大精深的儒家思想、自强不息的民族精神、尊重和谐的伦理道德、仁义礼智的处事原则，都深深地蕴藏在中华优秀传统文化之中。这些丰富的文化资源为时代新人培育提供了有益教育理念启示和广阔的教育实施空间。首先，中华优秀传统文化提供了丰富的德育资源。例如中华传统文化强调尊重自然、尊重他人、尊重自我，这种尊重体现在儒家思想中的“仁爱”和“礼义”中，强调对他人的尊重和关爱，强调自我约束和自我尊重。在当今社会，这种尊重万物的道德观念对于培养良好人际关系，构建友善的社会环境具有启发意义。其次，中华优秀传统文化提供了丰富的人生观和价值观资源。中华优秀传统文化强调“天人合一”，强调人与自然的和谐相处，启示人们要珍惜自然资源、保护环境，实现人与自然的可持续发展；中华优秀传统文化强调“修身齐家治国平天下”，强调个人修养对于家庭和谐、社会进步、天下太平的能动作用。这些价值观念对于时代新人形成科学的世界观、人生观和价值观具有重要意义。此外，中华优秀传统文化亦提供了丰富的智育资源。如中华优秀传统文化强调“博学、审问、慎思、明辨、笃行”，强调知行关系的统一，讲求理论与实践的结合，这种思想理念提示人们要重于实践，强化知识的应用，注重在实践中求得创新；强调“学而不思则罔，思而不学则殆”，侧重学习与思考的结合，此观念对于培养时代新人的创新思维和实践能力具有极强的辩证启发意义。中华优秀传统文化中的丰富教育资源运用于时代新人培育，不仅赋予了中华文化以现代内涵和呈现形式，而且在厚植中华文化底蕴、涵养家国情怀、增强社会关爱等方面育人功能显著，将有效增强时代新人对中华优秀传统文化的理性认知与自觉践行。

思想政治工作体系的建构与完善。“敬教劝学，建国之大本；兴贤育才，为政之先务。”教育是功在当代、利在千秋的德政工程，对于提升人的思想文化道德素质，增强中华民族文化创新创造活力具有决定性意义。思想政治理论课作为落实立德树人根本任务的关键课程，其培养人的目标明确为培育社会主义建设者和接班人，这一培养目标的重要意义需要从维护国家意识形态安全的角度来把握，需要放到世界百年未有之大变局、党和国家事业发展全局中来看待，要从坚持和发展中国特色社会主义、建设社会主义现代化强国、实现中华民族伟大复兴的高度来对待。正是由于思想政治理论课的重要地位，党和国家相继出台指导性文件并下达重要指示，提出完善思想政治工作体系、推进大中小学思想政治教育一体化建设等重要指导性论述，围绕立德树人根本任务而构建的思想政治工作体系结构和布局不断完善，成为时代新人培育的重要体系和机制保障。2020 年，教育部等八个部门印发

《关于加快构建高校思想政治工作体系的意见》，明确了高校思想政治工作体系要从理论武装体系、学科教学体系、日常教育体系、管理服务体系、安全稳定体系、队伍建设体系、评估督导体系等七个方向进行改革攻坚，同时明确要加强党的全面领导和组织实施保障，全面统筹各领域、各环节、各方面的资源和力量，加快构建目标明确、内容完善、标准健全、运行科学、保障有力、成效显著的高校思想政治工作体系。这一工作体系在育人内容、育人队伍、育人时间、育人空间等方面协同发力，不仅聚焦贯通衔接，形成系统合力，将思想政治工作贯穿于教育教学和学生成长的全过程，而且从“全方位育人”出发，致力于构建家庭、学校、政府、社会协同育人的机制与空间，切实提升了时代新人培育的针对性和实效性，为立德树人根本任务落到实处提供了全面的客观条件。

第三节　以中华优秀传统文化培育时代新人的主要内容

文化是民族生存和发展的重要力量。中华民族每一次创新创造，中华文明每一次升华跃进，无不伴随着文化的历史性进步。博大精深的中华优秀传统文化为中华民族克服困难、繁衍生息提供了强大精神力量，是当代中国文化软实力建设的重要力量源泉，是支撑时代新人创新创造的文化沃土和血脉根基。中华优秀传统文化中丰富的哲学思想、人文精神、价值理念，是当代中国涵育时代新人的文化精神宝藏。

一、中华优秀传统文化中的哲学思想

中国传统哲学思想独具中华文化气质，是与西方哲学性质、关照对象、思维方式、话语体系截然不同的哲学思想体系。与西方以理性概念、逻辑推论把握事物和真理不同，中国传统哲学是一种体悟式、反思式的思想体系，其致力于以情境式、意会式的方式把握自然运行以及人的知行过程。这种具有实践性、思辨性的哲学思想和精神气质深刻地影响着中国人的思维方式和行为方式。

道法自然、天人合一的宇宙观。中国传统哲学中的宇宙观认为，宇宙万物的发展和运动都存在一定的规律，无论微观事物或者宏观事物，都具有生存发展的周期

性和自然规律，即所谓“道法自然”。人是宇宙万物间的生命个体，与大自然保持着紧密的联系和互动。人生存在宇宙中，并非孤立的个体，而是生活在与其他生命相互联系的统一体中，因此人的生命状态与自然的运动规律是和谐统一的，而只有在人与自然生态系统、宇宙环境极度统一的状态下，人的主观能动性才能发挥到最大状态，自然环境才能持续良好地发展下去，此即“天人合一”的和谐状态。道法自然、天人合一的理念是中华文明内在的生存理念，著名哲学家张岱年先生就曾指出，“天人合一”包含两层含义，一指人需要尊重自然界的客观普遍规律，二是自然界的规律与人类最高道德原则相统一，也即表达的是人与自然和谐共生的价值诉求。这一理念不仅是一种生态伦理观，更是经济社会发展中应该遵循的原则，强调人与自然间的生存和发展关系是一种有机统一的协调稳定关系。传承和弘扬道法自然、天人合一的理念，在于倡导合规律性与合目的性辩证统一的实践观，更深层次在于培育时代新人树立一种社会理性以调节自身的心态和情感，使其追求一种人自身与外物束缚之间自我纾解的良好状态。

一分为二、阴阳变化的辩证观。中国传统哲学中的辩证思想由“阴阳”学说变化演进而来。“阴阳”由古人受大自然启发总结而来，古代人为适应自然生存需要，日出而作，日落而息，使自身生产生活实践与地球自转规律所产生的阴阳变化相统一相协调。而后阴阳学说演变衍化为解释一切事物的普遍规律，成为渗透于中华传统文化各方面的一种观念，认为世界本为“一”，是一个统一整体，而一切事物在其内部必然存在阴阳对立统一的两面，其自身发展和变化均由对立统一作用而成，即“一分为二、阴阳变化”，属于中国古代朴素辩证法的理念。传统文化将这一理念运用生产生活实践，成为人们行为义理的准则，更将其与古代天文、算术、医学、农学等学科相结合，形成观察和总结事物发展、对立、消长、转化的矛盾运动思想。以这种朴素的辩证法为基础，生发出和谐共生、阴阳互换、共存共生、相辅相成的整体性思维，以及在整体性思维引导下强调多元性、差异性的包容性智慧。传承“一分为二、阴阳变化”的辩证观，在于传授一种把握事物规律、正确看待事物和人生的坦然态度，以及强调随机应变、相时而动、顺势而行、积极主动的行为方式，意在启示时代新人科学看待世间万物变化的规律并把握事物发展趋势，做出正确的判断和行为抉择。

理必求真、实事求是的认识论。中华优秀传统文化具有浓厚的实践精神，传统思想中治学方法讲究“理必求真”“实事求是”，后逐渐衍化为处世为人的言行准则，是中华民族求真务实精神的集中体现。理在古文中意指正义、正道、正确方法或者原则，一般是指行为规范的准则，是一种行为的判断标准。在自然科学中，理是作为自然科学的规律。因而，理必求真是指对人们的一种行为或者一个自然规律的真假、是非的判断过程，即寻求真答案、真道理、真正义。而实事求是作为一种治学方法，讲求“即物穷理”“格物致知”，即要以经典文本和事实材料来探索思想要义，并通过实践过程来探索和检验事物的原理法则，使其上升为理性知识，强调事实和依据的重要性，避免空谈、杜撰。毛泽东曾在《改造我们的学习》一文中详述“实事求是”的内涵，强调要在实践中探求事物发展的内在规律，坚决避免主观主义、经验主义等不良风气，并将其作为党的思想方法和工作方法。传承理必求真、实事求是的认识论，在于发扬一种求是、求真的谦虚谨慎的态度，引导时代新人能够在学习、生活与工作中秉持理必求真、实事求是的精神，认识事物、追求真理，务必一切从实际出发，得出符合客观事实的规律和真理，在社会实践中检验认识、增长认识。

致知笃行、知行合一的实践观。知与行关系是中华优秀传统文化中备受关注的话题，从古至今无数哲人先贤就知行关系提出自己的独到观点，中国传统知行观以行为目的，以知为过程，是中华民族重视经世致用精神的体现。儒家关于知行关系有较多论述，如知先行后、知易行难、知行并进、知行合一等观点，《中庸》中“博学之，审问之，慎思之，明辨之，笃行之”亦论述由知到行的路径。此后，朱熹提出“知行相须”“知先行重”，陆九渊提出“致知在先，力行在后”，王阳明则提出“知行合一”说。这些观点围绕知和行关系展开，表层意义是在讨论作为知识的知与作为实践的行之间的辩证关系，但实际上中华文化中的知行观不仅仅在知识论意义上讨论，而是与道德伦理、政治实践相关联，强调的是知与行在本体意义上的统一。将知行观落到经济社会发展过程中，知行合一就是要将实践探索与理论认知结合起来，在实践中解决现实问题；将知行观落实到日常生活中，强调的是日常言行要理论结合实际，从一点一滴做起，久久为功，方成功业。传承致知笃行、知行合一的实践观，意在引导时代新人秉持“知是基础、是前提，行是重点、是关键”的认知，将思想自觉转化为行动自觉，坚持以知促行、以行促知，知行合一，将改造主观世界与改造客观世界相统一，不断督促自身学习提升，深入实际践行真理。

二、中华优秀传统文化中的人文精神

“观乎人文，以化成天下。”具备人文精神是中华优秀传统文化极为鲜明的一个特征，其表现为对人的尊严、价值、命运的关切和追求，对人类传承的精神文化的珍视与保护。中国传统人文精神肯定和颂扬了人在社会发展中的地位和作用，规定了古人文化身份所担负的责任和义务，呈现了我国优秀传统文化中的思想道德规范和价值诉求。

修齐治平、兼济天下的理想抱负。中国古代儒家道德伦理思想注重内圣外王的成事之学，认为人生至高境界在于天人合一，通过积极入世，将自身修身养性与治国成事联系在一起，才能实现人生的价值和意义，修齐治平、兼济天下就是儒家关乎伦理道德的政治哲学的代表观点。《大学》有言：“古之欲明明德于天下者，先治其国；欲治其国者，先齐其家，欲齐其家者，先修其身；欲修其身者，先正其心；欲正其心者，先诚其意；欲诚其意者，先致其知，致知在格物。”这一完整而成体系的观点将道德修养与政治实践相关联，赋予君子以政治责任，从格物修身做起，注重家风家教，而后治国富民，开万世太平。儒家希望通过君子由修身齐家过渡到治国平天下，身体力行、立言立德立功，以强烈的家国精神承担起高度的社会责任，成就保国安民的政治抱负。儒家对政治的认知与追求既包括了个体明德修身的自我修炼，也包括了入世济民的政治抱负，在实践中对于提升个人道德、稳定社会秩序、统一自身和家国关系均具有积极作用。中华优秀传统文化中的政治理想与当代中国社会理想主张高度契合，传承修齐治平、兼济天下的理想抱负，对于培养时代新人爱国情怀、帮助其找准人生定位，正确认识远大理想和脚踏实地的关系，塑造优良思想政治品格具有重要而深远的意义。

自强不息、厚德载物的进取精神。与修齐治平的政治抱负密切相关，自强不息、厚德载物象征着中国古代先贤追求的刚柔相济的理想人格，既具备自立自强、坚韧强毅的进取精神，又拥有志存高远、宽厚为怀的品德。《周易·象传》有言曰“天行健，君子以自强不息”“地势坤，君子以厚德载物”，意指人应当如苍天运行一般刚健不已、百折不挠，且自尊自信、一往无前、持之以恒、奋力拼搏，要像大地怀柔一般，心胸广阔、豪迈豁达、虚怀若谷，达到一种积极进取、刚健有为的精神状态。传扬自强不息、厚德载物的进取精神，在于勉励时代新人将个人志向追求与国家命运联系在一起，将个人意愿与时代责任联系在一起，在人生路途中以“自强不息、厚德载物”为精神支柱，修炼博大胸怀和崇高志向，时刻自省自强、敢于拼搏，直面人生挫折、迎难而上，以极强的恒心定力、积极向上的态度面对人生际遇。

求同存异、和而不同的处世方法。求同存异与和而不同，均是强调在尊重彼此差异和个性的前提下，寻求共识和共同点，追求在“异”的基础上的“同”，目的是实现合作共赢，达至共性和个性相统一的状态。具体来说，“求同存异”更侧重在差异和分歧基础上，达至共同或者一致；而“和而不同”则侧重强调与人和睦相处，在和谐的状态下保持自身的独特性。在人际交往中，求同存异、和而不同的处世方法提倡尊重和包容，能够提醒人们设身处地为对方多考虑，以积极开放包容的态度看待认知分歧，形成良性互动；在治学过程中，求同存异、和而不同的原则为不同立场、不同价值理念的学术观点提供了一种良性的学术争鸣状态，促进不同观点背后逻辑与价值观的对话和沟通，能够激发创新而生成新的学术进展；在外交领域，求同存异、和而不同历来是中华文明爱好和平思想的主要表征，正是遵循这一原则，决定了中国向来以平等、尊重、包容的心态开展国际交往，从不搞文化霸权，从不将自身价值观念和政治体制强加于人；在世界不同文明交流交往的过程中，正是秉持求同存异的包容胸怀，形成了中国充分尊重文明多样性，积极倡导不同文明交流互鉴、包容合作、兼收并蓄的文明理念。传承求同存异、和而不同的处世方法，意在培育时代新人宽广深厚的胸怀，追求“同”和“异”的动态平衡与适度张力，以开放包容、平等尊重的姿态面对社会，为建设多元和谐的美好世界贡献生机和活力。

文以载道、以文化人的教化思想。文以载道、以文化人是中国自古以来的优良传统。从文字、文学到文化、文明，“文”以承载天地万物规律与精妙的姿态，象征着自古至今代代中华儿女的精神文化成果，“化”意指影响、引导、教化，使人接受道业而变化气质，讲求“潜移默化”“春风化雨”。文以载道，是指用文章、礼乐、文艺等文化形式去承载世间正道，以文化人，是指运用古典经文书籍的精华，使人得到教化，感知来自圣人先贤修身齐家治国平天下的高尚情怀与价值理念。文化，尤其是中华优秀传统文化，是国家和民族传承、发展和兴盛的根本，因而从广义上理解文以载道、以文化人，就是传承和弘扬中华民族历史上哲学思想、价值观念、道德伦理，不断从中华优秀传统文化智慧中汲取能量，使时代新人能够读经明道、读史明智、读文明理，在蕴含着丰富治世处世智慧的思想文化遗产中，升华个人思想境界，培养做人正气骨气，做有知识有学问、能实践能作为的新时代奋进者。

形神兼备、情景交融的美学追求。中华民族具有独特的文化符号与审美追求，传统社会审美深受中华文化独特的意象精神与特质影响，与中华民族独特的自然观、哲学观、人生观密切相关。在中华传统艺术审美中，以中国画为代表的艺术作品和工艺品，其美学特征倾向于清雅内敛、虚实结合，多为形神兼备、情景交融的图画形象，这种审美特征注重写意，讲究层次、和谐，是艺术家本人的心境心态、艺术品格与思想境界的再现和传递。从中国古代艺术作品的风格流派来说，艺术作品特征多属于道家精神风格，是对传统文化思想境界、价值追求的文艺呈现。对中国传统美学风格追求的强调和传承，意在使时代新人体悟蕴藏于中华独特美学意境中的文化品格，体悟对人内心的关注、表达与对外在世界的体验相融合、相叠加的艺术追求，既能够在独具东方神韵的艺术审美中陶冶身心情操，亦能够在中西方美学品格差异中增强文化认同与文化归属感。

俭约自守、中和泰和的生活理念。中国古代文人注重内心宁静，追求自由清心、中庸和谐的生活状态，以俭约自守清贫为荣，倡导简朴的生活方式，秉持泰和统一、不偏不倚的中庸之道引领生活，修养身心。其中，俭约自守是中华民族节俭美德的传续，节俭被视为一切美好道德的基础，因节俭必戒奢侈，因而能够避忌欲望的无限延伸，能够通过自我节制而达至自律的状态，于个人来说是修身自持的方式，被视为兴家立业之本。而于国家社会来说，一个社会的节俭不仅意味着道德风气持正，而且具有极强的经济意义。中和泰和是中华优秀传统文化中具有哲学意味的生活理念，《礼记·中庸》中有记载："喜怒哀乐之未发，谓之中；发而皆中节，谓之和；中也者，天下之大本也；和也者，天下之达道也。致中和，天地位焉，万物育焉。"中和属儒家中庸之道，是对围绕根本、不偏不倚处世原则的强调，因而中和被视为极高的修为境界，致中和，便可天地各归其位、各得其所，万物生长繁衍不息，而达至这以人与人、人与自然、人与社会和谐共处的状态，自然天下太平祥和。传承俭约自守、中和泰和的生活理念，意在使时代新人能够修养自身，坚守自身的原则与信仰，拒绝享乐主义、奢侈之风，避免外界物欲的诱惑和干扰，而后推己及人、居安思危，秉持和谐中庸之道，达至人与社会、人与自然的和谐共处状态。

三、中华优秀传统文化中的价值理念

社会主义核心价值观是培育时代新人的关键内容，其作为当代中国社会的价值共识能够深入人心，其中一个重要原因在于社会主义核心价值观根植于中华优秀传统文化，符合中华民族文化心理，具有鲜明的民族特性。中华优秀传统文化中讲仁爱、重民本、守诚信、崇正义、尚和合、求大同等价值理念，不仅在整个中华文化体系中具有深厚影响力，而且成为中华民族跻身于世界文化之林的文化精髓，是培育时代新人精神追求的文化基因。

讲仁爱。仁爱是儒家思想中的核心理念，是礼乐文明的核心精神。《论语·颜渊》中，樊迟问何为"仁"，而孔子答曰"爱人"，指君子对所有人都应抱有"爱"的情怀。此外，孔子还强调"泛爱众而亲仁"的思想，强调"修己以安人""修己以安百姓"，反对滥用权力，注重尊重爱护百姓。儒家"仁爱"思想，是一种推己及人的思维，讲求"己欲立而立人，己欲达而达人"，也即成就自身的同时还应成就他人，爱人要由父母亲人开始，扩充到周围的人，由此仁爱可解释为一种包容性极强，具有普遍性的同情心、爱心与正义感的价值观。在时代新人培育中传递"仁爱"思想，意在建立一种仁爱万方的家国情怀和社会责任感，从而为认同和树立"协和万邦""天下大同"的崇高理想奠定思想基础。

重民本。自古以来，国家治理是历朝历代共同面对的政治主题，其中，如何处理国家与人民的关系，很大程度上影响着一个国家治理水平，亦影响着社会秩序的稳定和谐程度，民本思想就是中国古代政治思想中一个核心价值理念。《尚书·五子之歌》记有"民为邦本，本固邦宁"的经典论述，将重视百姓视为国家长治久安的基础和根本，此论述既突出了社会政治生活中人的主体作用，体现出对普通民众的尊重与爱护，同时将政治秩序、社会安定与民众利益相联结，把君民之间的关系把握为国家治理中辩证的整体性关系，从历史兴衰维度将其作为治国的核心理念，对当代中国治国理政具有重要的思想启示意义。弘扬传统民本思想，使时代新人科学把握古代政治传统与当今中国"以人民为中心"政治思想之间的内在关联，体悟中华优秀传统政治智慧对当代国家治理的深刻影响，从而推进民本思想在新时代历史条件下获得进一步的创新发展。

守诚信。诚信是做人的基本道德准备，在中华传统价值体系中占据着重要位置。孔子不仅将诚信作为仁政五种德行“恭、宽、信、敏、惠”之一，而且强调“民无信不立”，把诚信放在事关国家生死存亡的高度。此外，古文典籍中“一诺千金”“言必行，行必果”“君子一言，驷马难追”等成语名言亦是古人重视诚信的体现。诚，即真实，实在；信，一讲诚实，二讲信用。有学者将“诚信”分开解释，将“诚”字解释为对内，即内心真实自省，实事求是，而“信”则侧重于对外交往，强调在社会交往过程中信守承诺、说话算数，言行一致。因此，诚信是一个人真挚守诚、内外兼修的做人原则，而诚信可谓社会交往之根本，是构建良好和谐社会关系、促进社会良好运行的基础。弘扬诚信理念，使时代新人树立内外兼修的诚信品质，主动传承延续千年的精神文明，展现担当大任的时代新人的精神风貌。

崇正义。正义在中华优秀传统文化中是一个核心价值理念，“正”为正当、恰当、不歪斜，有平等含义；“义”为正当、合适、适宜。“正义”观念在传统文化中与仁、礼、利、知、乐等内容密切联系，是由孔子“仁”的思想衍生、而与终极价值理想密切相关的价值理念。正义，一可解释为宇宙万物存在发展的正当原则，是个体行为选择应遵循的价值理念。在现实生活中，正义具体指向的是人类社会生活中公正合理、普遍适宜、利于民众根本利益的尺度，是人们对行为、事件进行公正、合理价值评价的公认依据；二可解释为人们普遍认同而向往的崇高价值和道德准则，如“舍生取义”“见义勇为”等概念，侧重于强调正义是一种至善的大丈夫精神，是为社会公利而奉献、牺牲个人私利的先生精神，是崇高的社会责任和为人的担当；三可解释为平等，强调个人在社会中皆非可脱离社会关系而独立的个体，而是具有社会责任、家庭担当的被予以肯定和尊重的个体。传承和弘扬正义理念，意在使时代新人在当代社会能够明辨善恶，树立正确义利观，捍卫社会共识，致力于构建良序运行的现代社会。

尚和合。和合是中华优秀传统文化的重要价值理念，是指正确看待事物之间的矛盾和差异，采取协调矛盾、尊重差异的态度，追求社会整体的和谐稳定。自古至今，从“家和万事兴”到“天人合一”再到“和为贵”，“和”是中国传统文化中贯穿民众生活、自然关系、国家治理等各个层面的价值追求，是一种包容差异，追求对立统一的“和”观念。“和合”思想集合中国古代儒家、道家、佛家等百家之长，在融合碰撞中形成，可以说是集合传统文化精髓的哲学范畴，是独具东方特质的智慧和思维方式。伴随中华民族的发展壮大，“和合”思想已成为中华文化处理人与自然、不同国家与民族、不同文明间关系所秉持的核心理念，尤其在化解和处理社会矛盾、道德冲突、生态环境破坏、社会思潮冲击等问题时提供了珍贵且有效的思维方式。在时代新人培育中弘扬“和合”理念，既能引导其以理性、辩证的态度对待差异和矛盾，亦能倡导其以沟通、协商的方式解决问题，促进社会和谐稳定有序地发展。

求大同。大同是中华传统文化中所向往的理想社会状态。在《礼记·礼运》中，“人不独亲其亲，不独子其子，使老有所终，壮有所用，幼有所长，矜、寡、孤、独、废疾者皆有所养”即是古人对大同理想社会的朴素描绘，在这个社会中，人们无论远近亲如一家，倡导的是一种睦邻友好、互爱互助、各得其所、和平安定的和谐状态。一方面，“大同”作为中国知识分子自古至今孜孜追求的社会理想，指引着统治者在治国理政过程中不断改进治国方略。另一方面，“大同”理想作为中国天下观的重要内容，在当代成为中国应对世界变局、谋求推动人类文明进步的核心价值取向。当代世界，不仅国家力量对比发生巨大变化，世界格局迎来重塑局面，国际经济结构与经济格局也伴随着新一轮科学技术的发展快速变革，在应对当代世界难题的过程中，中国站在全人类文明高度，以人类命运共同体的方案设计，倡导通过合作谋求共同利益、解决共同难题，以相互尊重、开放包容的心态共同建设世界，为世界和平发展作出新贡献。在时代新人培育中弘扬“谋大同”的价值理念，意在使时代新人传承“天下为公”的文明使命，推动“世界大同”从主张到实践，从理念到现实不断前进和实现。

第四节　以中华优秀传统文化培育时代新人的路径探析

文化关乎国本、国运。中华民族的兴盛必然以文化兴盛为支撑，中华民族的繁荣必然以文化繁荣为标识。在新的历史起点上建设文化强国，弘扬中华优秀传统文化，必须培育担当文化复兴使命的时代新人。新时代加强中华优秀传统文化传承和培育，需要从目标、原则、方法、路径着手，探索培育担当文化使命的时代新人。

一、以中华优秀传统文化培育时代新人的目标

内化于心，外化于行是一个良性的教育过程。培育担当民族复兴大任的时代新人，需要通过中华优秀传统文化教育，使时代新人建立文化认知与文化认同，进而以实践自觉担当文化复兴使命，推动中华民族伟大复兴。

形成全面的中华优秀传统文化认知。认知是人们通过自身知觉系统对外界事物信息的处理和把握，从而形成自身判断和结论的过程。与一般的认知不同，"文化认知是一种主体性认知，认知主体已有的文化认知结构在认知中起着决定性作用"①。因此，形成对中华优秀传统文化的全面认知，不仅是全面把握中华优秀传统文化本身的内涵及其价值，更在于理性把握中华优秀传统文化对于主体自身的价值和意义。一方面，全面认知中华优秀传统文化内涵及其价值，时代新人就需要把握传统文化与优秀传统文化的联系和区别，形成对中华民族发展历史与文化演变间的关系的准确理解，明确对待中华传统文化的辩证态度，精准认知中华优秀传统文化与西方文化的本质区别，科学认识中华优秀传统文化的现代价值。另一方面，理性把握中华优秀传统文化对时代新人自身的价值和意义，就需要明晰历史文化传统与文化身份间的内在关联，确认文化身份与文化自觉的影响关系，以及自身的民族文化身份所担负的文化责任。

促进高度的中华优秀传统文化认同。文化认同是对文化认知的确认和肯定，认同一种文化符号、文化理念以及该文化系统下共有的思维模式和行为规范。而共有的文化体系及其形成历史，是形成文化认同的基础。文化认同既是对共有文化身份的认同，亦是身处文化差异间对本民族文化的捍卫与维护。一方面，对中华优秀传统文化形成身份认同，需要引导时代新人将中华优秀传统文化内蕴的价值理念和价值规范内化为个体内在的价值追求与价值诉求，使其能够主动认知、理解和认可、接受中华文化形态及其衍生的价值选择和价值判断。另一方面，文化认同意味着主体在多元文化中主动选择和维护所认同的文化体系，这就需要时代新人

① 王四正：《"文化认知"命题释义》，《齐鲁学刊》2016 年第 3 期。

在当今文化碰撞和激荡的时代，客观看待文化交融、交锋和博弈，能够坚守中华文化立场，在抵制外来文化霸权、文化扩张、文化殖民的同时，主动捍卫中华文化影响力、提升中华文化话语权，秉持文化平等尊重的态度开展文化交流互鉴，真正促进中华优秀传统文化传承和发展。

形成担当民族复兴大任的实践自觉。由文化认知、文化认同发展为实践自觉，是由内化于心转为外化于行的过程。形成担当民族复兴大任的文化自觉，在时代新人的文化实践中体现为一体两面的过程，一是时代新人肩负起传扬中华文化、建设中华民族现代文明的文化使命，坚定文化自信，自觉扛起文化传承、发扬、创新、发展的大旗，助推中华优秀传统文化复兴，使中华文明走向世界、影响世界；二是担当中华民族伟大复兴大任，需要时代新人自觉接受中华优秀传统文化教育，涵养自身文化素质，传承优良民族精神，以崭新的文化风貌投身当代中国建设事业，坚定理想、敢想敢干、艰苦奋斗、奋发有为，在新时代新征程中建功立业，赓续民族华章。

二、以中华优秀传统文化培育时代新人的原则

原则是开展活动所依据的准则，是经过长期经验得出的合理化规范。以中华优秀传统文化培育时代新人，需要立足时代新人的文化素养要求，遵循中华优秀传统文化内在发展规律和教化原则，有效地开发和运用中华优秀传统文化的资源，才能取得良好的教育效果。

坚持系统性原则，体系化把握中华传统文化全貌。系统性原则是一条重要的教学原则，是指教学要循序、系统、连贯地进行，以保证受教育者能够获得体系化的、规律化的全面认识。坚持系统性原则开展中华优秀传统文化培育，意味着要在把握时代发展大势的前提下科学看待中华文化生命力，要将中华文化放置于历史、现实与未来相联系相贯通的历史发展大势中把握其历史地位，立足当代中国发展条件和时代节点，思考中华优秀传统文化为国家社会发展能够提供的历史借鉴、思想智慧和精神动力；意味着要将中华优秀传统文化传承放置于中华民族伟大复兴全局中考量，挖掘和研究其与马克思主义基本原理的契合点，推动其与马克思主义基本原理有机结合，形成新的文化形态，进而为当下民族复兴大业提供更充分的精神动力；意味着要将中华优秀传统文化传承视为一个系统工程，既要统筹整合中华

优秀传统文化的各类思想资源，亦要将文化培育纵向贯通、横向延伸至文化教育的各领域各环节，形成以文化人、启智润心的良好环境，共同推动中华优秀传统文化教育循序渐进、久久为功，实现良好的文化引领。

坚持价值性原则，传扬传统人文精神与思想追求。价值性衡量的是事物对个体需要的满足程度，其中文化的价值性在于对个体精神品格养成、文化素养培育的影响程度。价值引领是中华优秀传统文化教育的核心内容，坚持价值性原则，强化价值引领，目的是涵育文化底蕴，培植家国情怀，砥砺进取精神，提升道德品格修养，为时代新人提供具有根本性的文化价值共识，提供坚如磐石的理想信念和思想凝聚力，提供干事创业的思想智慧和弘毅坚韧的意志品格。坚持价值性原则，使时代新人树立强烈的文化主体意识，理解专属于中华民族的思想和情感，从而在社会发展潮流中始终秉持中华民族的文化理想，展现中华民族的文化定力和文化情怀。

坚持创新性原则，实现传统文化资源创造性转化。创新性是打破固有思维方式，不拘泥于传统模式，以全新的角度、方式来思考和行动，以获得具有创造性的结果。坚持创新性原则传扬中华优秀传统文化，就需要赋予传统文化资源以时代内涵，创新文化要素表达形式、呈现形式、传播形式，使中华优秀传统文化以崭新形象适应现代社会需求，激活传统文化活力。在时代新人培育中坚持创新性原则，一方面创新意味着文化内容、形式本身的创新，要使文化以新形式嵌入到培育过程中，使中华优秀传统文化资源与教学内容有机整合，如以动画、戏剧、电影等时代新人喜爱、接纳的方式融入教学内容，充分运用 VR、AR、人工智能等新技术为传统文化课堂提供载体和技术支持；另一方面，创新还意味着创新文化展现方式、教育方式，依托文化实践活动采取沉浸式、体验式文化教育，如在辩论、演出、实践调研等活动中设计文化韵味十足的互动环节，采用具有丰富思维启发和情感体验的项目，引导时代新人在中华优秀传统文化情境中产生思考和感悟，从而更加全面深刻地认知传统文化，增强文化认同与文化自信。

三、以中华优秀传统文化培育时代新人的方法

教育方法是遵循一定指导思想、教育理念、教育规律而形成的教育策略和教育方式。采用有效的教育方法，能够在中华优秀传统文化培育过程中更好地释放传

统文化感染力、影响力，进而提升时代新人的主动性、创造性，激发其文化认知和内化需求，提升时代新人学习中华优秀传统文化的兴趣和热情。

坚持实践教育法，理论学习与实践锻炼相结合。实践教育法是通过社会实践活动接触社会实际，提高受教育者思维认知、提升活动体验的教育方法。古诗讲“纸上得来终觉浅，绝知此事要躬行”，就是强调理论学习内容不能只停留于书本，停留于理解领会，而应该落实到行动中，以实践锻炼增长才干。在中华优秀传统文化培育中实施实践教育法，就是引导时代新人参与到弘扬中华优秀传统文化的活动中，在实践体悟中使优秀传统文化沁入人心。如开展传承民俗、工艺等非物质文化遗产活动，使时代新人能够亲自参与活动举办、民俗工艺品制作，感受传统民俗文化魅力，深化文化记忆；如在文化故地举办以“书圣”“诸葛亮”等名人典故为主题的文化节，集中展示地方传统文化历史与成就；如学校与社会机构、家庭联合举办“感恩孝亲”“孝贤文化”等活动，使时代新人在活动中感受尊老爱幼、孝敬父母、兄友和睦的道德观念和文化氛围；再如充分利用各地博物馆、文化馆、纪念馆、图书馆等文化资源，引导时代新人以主题文化活动的形式参与了解、学习和研讨。实践教育法使时代新人将记忆里的传统文化印象与活动体验中的传统文化感知建立联结。

坚持对比教育法，比较鉴别与探索研究相结合。比较教育法是将不同事物的特点、属性、价值进行比较甄别，在对比中判断和评价事物间的差异，从而辅助做出价值抉择和价值判断，提高思想价值认知的教育方法。在中华优秀传统文化培育中坚持对比教育法，关键是使时代新人在不同维度的文化形态对比中，树立正确历史观、文化观、大局观，升华对中华文化的情理认同。一是在中华文化与其他文化形态的对比中建构本民族文化认同。在全球文化格局中，不同文化形态之间的博弈主要表现为各自内涵的文化价值观及其背后的支撑性制度模式之间的差异，甚至衍化为文化意识形态之间的对弈。西方文明模式下衍生的文化帝国主义、文化殖民主义与文化霸权等文化矛盾与冲突，源自其文化传统中的对立思维等文化基因，而中华文明中“和合”思维方式推崇的是不同文明平等交流的和谐状态；二是在中华传统文化的历史和现实的对比中建立文化情感。全面了解中华文化的千年发展史，能够在中华民族文化历史的兴衰成败中了解文明发展与民族命运间的关联，能够总结文化发展规律过程中了解中华文明在千年传承中的发展变化，能够在中华文化与当代中国文化的对比中明晰差异、寻找共性，进而发现当代中国文化繁荣发展的根基仍然在于中华优秀传统文化的传承与创新。此外，对比教育还可将中华传统文化价值观与西方价值观的具体内容进行对比和反思，如“小我”和“大我”的义利观、集体主义和个人主义的社会关系等进行对比，从而引导时代新人认同和弘扬中华文化的价值理念与道德规范。

坚持启发教育法，价值引领与案例启发相结合。启发教育法是一种注重激发受教育者内在潜力、培养受教育者独立思考能力的教育方法。这种教育方法不仅注重文化知识传授，更注重受教育者思辨能力和创新精神的培养，能够规避掉灌输教育只注重知识传授本身而忽视知识由来的机械性、枯燥性。在中华优秀传统文化培育中坚持启发教育法，主动设置研讨话题和探索主题，搜集、呈现历史文化典故和历史事件作为关键教育素材，意在引导时代新人主动探索、分析和研究中华文化的历史脉络、思想智慧、价值理念的文化意蕴，激发时代新人的求知欲和好奇心，培养其传统文化兴趣和独立思考能力。如讲授文化理念内涵形成和演进轨迹，可以引导其查阅史书，结合历史背景探究社会文化条件对文化理念形成的原因和影响，并在此过程中引导学生主动分析和解决问题，让其主动探索、获取知识，激发其创新思维、文化想象力与创造力。启发教育法将传统文化价值理念教育贯通于案例素材之中，以探究性学习的方式使时代新人“知其然并知其所以然”，不仅在中华优秀传统文化浸润中提升文化水平，更能塑造其深度思考能力和创新创造能力，使其成为具有优秀综合素质的合格公民。

坚持因材施教法，集体教育与个体教育相结合。因材施教是中国传统教育智慧，朱熹在为《论语·雍也》作集注时引用张栻“圣人之道，粗精虽无二致，但其施教，则必因其材而笃焉”的论述，指在教育过程中根据受教育者的实际特征和个体差异，有的放矢地进行有差别的教育，使教育内容深度、广度能适合每个人知识水平和接受能力，从而使每个人都可以扬长避短，获得最佳发展。在中华优秀传统文化培育过程中坚持因材施教法，需要了解受教育者的个体差异，根据时代新人不同的文化基础和学习天赋，有针对性地进行中华文化教育，不同的个体可能分别对史学典故、诗词曲赋、修齐治平、哲学智慧等不同文化内容感兴趣，亦可能适应于不同的文化内化方式，因此中华优秀传统文化教育应尊重学生特征和学习风格，在集体推进课程进度的同时，多样化设计教学组织形式和实践活动，针对性地为有传统文化学习需求的同学选择性地推荐传统文化学习资料和研究方向，充分调动时代新人对传统文化的学习兴趣，有意识地开发时代新人对中华优秀传统文化的兴趣和潜能。

坚持隐性教育法，言传身教与文化熏陶相结合。隐性教育法与我国古人所重视的“潜移默化”理念具有一致性，是指通过内隐的、间接的方式来设计教学活动、教学环境、教学实施过程，使教育内容隐身于日常生活中或其他非显性的教育内容中，以润物无声的方式对受教育者的思想观念、价值取向、情感态度产生影响。坚持隐性教育法开展中华优秀传统文化培育，需要在时代新人所处的生活环境、文化娱乐、服务管理等各类场景中，灵活生动地融入中华优秀传统文化元素，从而潜移默化地引领时代新人感受传统文化魅力，体悟传统文化对日常实践中思想、行为、方式的深刻影响，使其在耳濡目染的文化环境中成长，不断在个人思想品格中融入中华文化血脉。

四、以中华优秀传统文化培育时代新人的路径

“潮平两岸阔，风正一帆悬。”百余年前，西风东渐之风正盛，百余年后，中华文化迎来全面复兴的新局面。立足新时代，中华优秀传统文化创造性转化、创新性发展拥有了广阔而充分的条件，培育具有优良文化素质的时代新人以担负民族复兴的历史使命，是新时代文化建设的关键任务。以中华优秀传统文化培育时代新人，需调动各方力量共同构建文化育人体系，实现全社会协同育人的良好局面。

全员全过程全方位协同推进传统文化育人。“三全育人”是党和国家面向新形势下高校思想政治工作提出的教育要求，即坚持全员全过程全方位育人，把立德树人的根本任务贯穿于思想道德教育、文化知识教育、社会实践教育各环节，把思想政治工作贯穿教育教学全过程，把思想价值引领贯穿教育教学全过程和各环节，形成教书育人、科研育人、实践育人、管理育人、服务育人、文化育人、组织育人长效机制。以“三全育人”机制推进时代新人的中华优秀传统文化教育，需要调动专业课教师、思想政治工作者、具有传统文化素养的专家学者等各类主体的积极性，将教

书与文化育人相结合，言传与身教相统一，共同担当弘扬中华优秀传统文化的责任，实现知识传授与传统文化引领同频共振；需要全社会遵循时代新人的成长成才规律，在小学、中学、大学等各阶段循序渐进地开设传统文化课程，采用与相应学龄阶段相适应的文化教育方式，不断培植时代新人的中华文化情感；需要学校教育各门课程、各个环节与传统文化课程有机结合，在课程安排、教学活动中合理嵌入传统文化要素，把了解和学习传统文化同专业课教学、社会实践教学以及社会调研联系起来，做到文化浸润与文化践悟有机统一，培养对中华优秀传统文化有深刻理解和深厚情感的时代新人。

善用新媒体新技术加强文化浸润与引领。伴随着智能时代数字技术的发展，VR、AR、5G通信、人工智能、全息技术等，互联网数字技术为中华优秀传统文化传播提供了丰富的艺术呈现形式，提高了传统文化的表现能力，带给观众丰富的身心体验，引发观众强烈的精神共鸣。善用数字技术赋能中华优秀传统文化培育，是数字技术时代文化传承发展的必由之路，一方面需要将丰富广泛的各类物质和非物质文化资源转化为数字影像、文字、音频、视频动画等便于展示和传播的数字资源，不断积累、构建传统文化数字教育资源库，从而与学校课程设置相结合、相配套，使优质数字文化资源成为辅助时代新人培育的有力技术支持；另一方面，充分利用数字技术在文化表现和传播方面的优势，运用数字技术创新发展传统文化产业，推动传统文化元素内容数字化、网络化，推出高质量电影、戏剧、拟真体验馆、数字博物馆等文化作品、产品，让传统文化生动地贯穿于时代新人日常生活，从而使其承载的文化价值、文化理念更好地内化于心。

建立制度保障机制使育人效果不断优化。传承和发展中华优秀传统文化是一个长期系统工程，时代新人培育亦是一个关系千秋万代的世代功业，因而保障中华优秀传统文化培育时代新人的效果和水平，需要以制度赋能传统文化教育事业，不断提升文化育人效果。以制度保障中华优秀传统文化教育，需要积极落实党和国家出台的各项政策文件、指导意见，严格执行国家传统文化课程计划，推进中华优秀传统文化进课程、进教材，完善传统文化育人体系机制建设；需要制定中华优秀传统文化培育课程、队伍、管理的考核与评价体系，落实政府、学校各级单位督导工作，及时评估和反馈教学进程中传统文化培育效果，督促文化育人方式与机制不断优化。

| 第四章 |

高校时代新人培育路径探究

习近平总书记在党的十九大报告中宣布中国特色社会主义进入新时代，提出实现中华民族伟大复兴中国梦的奋斗目标，并提出要培养担当民族复兴大任的时代新人这一重要任务。要想培养出担当民族复兴大任的时代新人，关键在于教育，而高校作为培养国家未来建设者和接班人的重要阵地，承担着为各行各业输送新鲜血液的使命。随着知识经济和全球化的深入发展，对高等教育质量的要求日益提高，如何探究一条科学、合理的高校时代新人培育路径，成为教育工作者和社会各界共同关注的焦点。

第一节　深刻认识高校培育时代新人的重要意义

培养什么样的人、怎样培养人、为谁培养人，关系“党之大计、国之大计”。正因如此，党的二十大报告明确提出，要着力“培养担当民族复兴大任的时代新人”①。高校肩负着培养担当民族复兴大任的时代新人的历史重任。因此，探究高校如何培育时代新人培养尤为重要。

① 习近平：《高举中国特色社会主义伟大旗帜 为全面建设社会主义现代化国家而团结奋斗——在中国共产党第二十次全国代表大会上的报告》，《人民日报》2022 年 10 月 26 日，第 2 版。

一、培育时代新人是实现中华民族伟大复兴的需要

当前的全球竞争形势下，中国作为世界第二大经济体，经济已进入高质量发展的新阶段，需要有高级人才来适应这一转型，需要有创新能力和国际视野的高素质人才来进一步推动国家的发展，而这些高级人才的培养与塑造就需要通过高等教育来实现。

过去几十年来，中国经济取得了巨大的发展和进步，但与此同时也出现了一些社会问题和挑战。例如，在迅速发展的背后，环境污染、贫富差距扩大、文化价值观念多元化等问题逐渐引起了人们的关注。这些问题需要我们关注培养时代新人的任务，因为只有具备正确的价值观念和高尚的品德素养的时代新人，才能为社会的长治久安和国家的长期繁荣作出积极贡献。

正如习近平总书记在庆祝中国共产党成立100周年大会上的重要讲话中强调，“未来属于青年，希望寄予青年”①，“新时代的中国青年要以实现中华民族伟大复兴为己任，增强做中国人的志气、骨气、底气，不负时代，不负韶华，不负党和人民的殷切期望！”②高校是培育青年成才的摇篮，是时代新人成长的重要磨砺场。高校培育的时代新人要具备较高的知识水平、专业素养和创新能力，能够适应时代要求和社会发展需求。高校培育的时代新人要有立志报国的坚定理想信念，有建设中国特色社会主义的扎实本领，有勤奋踏实、艰苦奋斗的责任担当，他们是社会发展的主力军，能够为国家发展注入新的活力。

二、培育时代新人是应对充满挑战的国际环境的要求

当前世界正处在极其重要的变革时期，国际形势正在发生深刻的变化，这对年轻一代来说既是机遇又是挑战。为了适应全球竞争，应对西方价值体系的侵蚀，高校需要培育具备正确国际视野的青年人才，为中国的高质量发展创造有利的外部条件。

首先，这是应对国际社会竞争的必然选择。在当前全球化的背景下，国际社会

① 《习近平谈治国理政》第4卷，北京：外文出版社，2022年，第14页。
② 同上。

的竞争越来越激烈，一个国家的经济和科技实力在一定程度上决定了该国的综合实力、在国际上的地位和竞争力。回顾我国的发展历程，我们坚持改革开放，以经济建设为中心，推动国民经济持续增长，实现了从一个生产力较低的国家到世界第二大经济体的跨越式发展。我们大力推动科技创新，在越来越多领域全球技术创新竞争中的地位从最初的"跟跑"到"并跑"，再到"领跑"，取得了巨大的进步。然而，我们不能忽视在国际格局和国际关系调整的背景下，国际竞争变得日益激烈的现实。在经济竞争方面，一些实力强大的资本主义国家仍然以"丛林法则"为依据，在全球经济体系中霸占话语权，无视国际法，兴起了单边主义和贸易保护主义的思潮。经济竞争也已经发展到了更高层次的资本和技术的竞争，尽管国际局势总体上保持稳定，但仍然会出现局部冲突和动荡。在科技竞争方面，科技创新在一定程度上有助于资本主义大国占领国际市场，与经济竞争形成合力，对其他国家的安全和稳定构成威胁。此外，国际政治角力、文化的冲突与融合以及军事竞争等方面也表现出越来越激烈的趋势。全球范围内的知识经济逐渐崛起，知识技能成为国际社会竞争的核心要素之一。培养新一代年轻人成为时代的中坚力量，对于国家应对复杂多变的国际形势至关重要。

其次，这是对西方意识形态渗透的必要应对。随着经济全球化的推进，在促进经济繁荣的同时，意识形态领域的斗争也变得更加隐秘和复杂。不少西方资本主义国家一直怀有不良意图，企图对中国青年进行意识形态渗透。面对这种渗透，培育时代新人是一个必然的选择，因为他们承载着国家和社会的未来。

高校是社会知识和文化传承的重要机构，是青年学生接受教育和培养的主要场所。在高等教育中，培育时代新人的任务十分重要。通过高等教育，学生将接受系统和全面的教育，培养批判性思维、独立思考能力和辨别意识形态的能力。这有助于学生从容应对并抵制来自西方意识形态的渗透。通过高等教育，可以加强对国家的宪法、法律、文化传统和历史发展的教育，提升学生对国家的认同感和自豪感。这将帮助培育时代新人具有坚定的国家意识和文化身份，从而抗拒西方意识形态的侵袭。高等教育可以为学生提供国际化的视野和平台，使他们加深了解不同国家的文化和思维方式，对于抵御西方意识形态的渗透具有积极意义。

综上所述，高校时代新人培育，是应对复杂的国内外发展形势的需要，应具备全球视野和国际情怀，秉持构建人类命运共同体的目标，扮演世界和平的缔造者、全球发展的贡献者和国际秩序的维护者的角色，推动中国在世界舞台上发挥越来越重要的作用，并以包容互利的宽容态度为全人类的繁荣和进步作出更大的贡献。

三、培育时代新人是推动新时代大学生全面发展的要求

不同的时代对于人才的要求不断变化着，高等教育应该引导新时代青年人才的发展目标和方向。随着时代的发展，新时代青年的成长和发展不再仅仅是物质追求，还包括对于美好生活的向往。高等教育可以帮助新时代的年轻人明确自己的定位，通过先进的思想理念和正确的价值观来塑造自己的行为准则，推动年轻一代在德、智、体、美、劳等各个方面全面发展，从而帮助他们更好地实现个人价值，满足他们对幸福美好生活的渴望和追求。

当代大学生身处互联互通、信息发达的时代，他们怀着强烈的求知欲和好奇心，能够迅速接受新事物。然而，有时候他们也会缺乏辨别能力，容易被负面舆论误导，导致迷失自我、行为偏离正轨等严重问题的出现。例如，当某个有争议的事件在社交媒体上广泛传播时，大学生可能会受到来自各方的不同声音和观点的冲击。由于信息过载和缺乏批判性思维的训练，他们可能很难准确判断何为真实，何为虚假，何为有价值的信息。另外，在网络社交平台上，大学生也面临着网络暴力和负面言论的困扰。由于对自身社会价值的不确定性，他们在受到他人的攻击和批评，会自尊心受损，内心感到困惑和沮丧。在这种心理状态下，大学生容易受到消极情绪和不良行为的引导，进一步偏离正轨。通过提供先进的思想理念和价值观，高校教育可以帮助大学生克服成长过程中的困惑和挑战。通过引导和教育，大学生可以建立明确的行为准则，指导他们在实现个人成长的同时为社会作出积极贡献。高校的培育还可以帮助年轻人塑造自信心，使他们能够准确定位自己的能力和价值。在实践中，大学生可以培养出勇于担当的信念和勇气，以及创新的能力，从而更好地应对生活和工作中的各种挑战。

四、培育时代新人是优化高校思想政治教育工作的现实需要

高校思想政治教育工作的育人目标和育人使命就是把青年一代培育成符合时代发展要求的“时代新人”。第一，时代新人的培育可以促进高校思想政治教育的针对性和有效性。时代的变革和发展带来了新的思想观念和价值观念，对高校思想政治教育工作提出了更高的要求。培育时代新人要求我们在思想政治教育中紧跟时代步伐，关注学生的兴趣、需求和关注点，使思想政治教育更贴近学生的实际，更有针对性和有效性。第二，培育时代新人可以提升高校思想政治教育的实践性和创新性。时代新人的培育需要高校思想政治教育工作注重实践和创新。通过组织学生参与社会实践、社团活动、志愿者服务等形式，引导学生将思想和知识应用于实际中，增强学生的实践能力和创新意识，使思想政治教育更具实效性和生活化。第三，培育时代新人可以拓宽高校思想政治教育的视野和内容。时代新人的培育要求我们在思想政治教育中关注国际视野、多元文化和全球发展。培育时代新人要求高校思想政治教育工作涉及经济、政治、科技、文化等多个领域，开拓学生的知识广度和深度，培养综合素质和全球意识，使学生更加全面地认知和理解时代的多样性和复杂性。最后，培育时代新人可以加强高校思想政治教育与社会需求的对接。时代新人的培育要求我们关注社会需求和发展方向，培养符合社会需求和发展的人才。高校思想政治教育工作应该与社会需求和发展紧密结合，培养具有国家责任感和社会担当的新一代人才，使他们能够为社会发展和进步作出贡献。

第二节　担当民族复兴大任，时代新人应具备的基本素质要求

中国特色社会主义进入新时代，时代新人必须适应时代要求，为实现中华民族伟大复兴、在本世纪中叶建成社会主义现代化强国勇担历史责任。时代新人肩负实现民族复兴的重要使命，需要具备一系列的基本素质。这些素质包括但不限于：

一、坚定的理想信念

习近平总书记指出，“人民有信仰，民族有希望，国家有力量”①。而青年学生的理想信念如何，在很大程度上决定了未来整个社会的政治走向。崇高的理想、坚定的信念，既是中国共产党人的政治灵魂，也是时代新人能否经受住各种考验的精神支柱。

何为理想？何为信念？习近平总书记指出，理想因其远大而为理想，信念因其执着而为信念。理想，通常是指人们对符合社会历史发展规律，经过努力奋斗能够实现的未来目标的追求和向往。它既不同于幻想，也不同于空想，而是一种理性的预想，是客观实际的正确反映，具有前瞻性和远大性。信念通常是指人们内心确信和秉持的观念，是对理论的真理性和实践的正确性的信服与尊崇。中国共产党人讲的理想，就是为实现共产主义最高理想和中国特色社会主义共同理想而奋斗；中国共产党人讲的信念，就是对马克思主义的信仰、尊崇。在我国现阶段，坚定理想信念，就是要坚定对马克思主义的信仰、对中国特色社会主义的信念、对改革开放和社会主义现代化建设的信心、对党中央的信赖。

高校大学生正处于人生发展的关键时期，处于世界观、人生观和价值观的巩固和修正时期，需要面对各种选择和挑战，崇高而坚定的理想信念可以为大学生指引前进的方向，让他们知道自己为何而学、为何而努力，以此驱动自己追求目标并取得成就。坚定理想信念可以增强大学生的自信心和毅力，使其在面对困难和挫折时，可以坚守初心、保持信心，勇往直前。坚定理想信念可以提高大学生的社会责任感和担当精神，使大学生明确自己的价值观和社会使命，使他们有意识地为社会发展和进步作出贡献。他们会关注社会问题，积极参与公益活动，发扬爱国主义精神和社会主义核心价值观，为实现中国梦和民族复兴贡献力量。理想信念是人们追求美好生活和社会进步的内在驱动力，坚定理想信念可以培养大学生的道德品质和优秀品行，可以激励大学生树立正确的道德观念、崇尚正义和真理，以及培养高尚的品德和行为习惯。他们会注重道德修养，秉持诚实、守信、勤奋、进取的品质，成为社会主义建设者和接班人。因此，大学生要牢记“空谈误国、实干兴邦”，志

---

① 《习近平谈治国理政》第 2 卷，北京：外文出版社，2017 年，第 365 页。

存高远、脚踏实地、埋头苦干，立为国家奉献之志，立为人民服务之志，为祖国和人民的利益而奋斗，在实现社会理想而奋斗的过程当中实现个人理想。

二、深厚的爱国情怀

爱国是个人对自己国家和民族的深厚情感，是对国家以及民族文化认同感、归属感、荣誉感的统一，爱国主义是中华民族精神的核心。热爱中华人民共和国是对每一位中华儿女的基本要求，也是成为时代新人的必备条件。

“培养社会主义建设者和接班人，首先要培养学生的爱国情怀。要把青少年作为爱国主义教育的重中之重”①，“在厚植爱国主义情怀上下功夫，让爱国主义精神在学生心中牢牢扎根”②。这些重要指示，为新时代厚植爱国主义情怀提出了要求、明确了重点、指明了方向。

首先，爱国情怀是大学生作为国家建设者和未来社会主义事业的接班人的应有责任所在。作为国家的栋梁之材，大学生应当怀揣着对祖国深沉的情感，为国家的繁荣、稳定和发展而努力奋斗。只有在爱国情怀的驱动下，他们才能真正意识到自己的使命和责任，为国家的美好未来作出贡献。

其次，爱国情怀可以增强大学生的国家意识和民族自豪感。爱国情怀意味着对国家的历史、文化、传统和价值观的认同和尊重。通过了解自己的国家，大学生可以更好地认识自己的民族身份，在学习、工作和生活中始终铭记和传承中华优秀传统文化，培养自豪感和责任感。

再次，爱国情怀可以激发大学生对国家发展和社会进步的热情。当大学生深刻体会到国家面临的挑战和机遇时，他们会对实现国家繁荣富强充满渴望，同时也会对社会问题和不公平现象产生关注和担忧。这种情感驱动的力量将激发大学生积极主动地参与社会实践和公益事业，为国家的发展和进步作出积极贡献。

最后，爱国情怀可以加强大学生的国际视野和全球责任感。在全球化的背景下，大学生需要具备拓宽国际视野和增强国际竞争力的能力。然而，只有在深刻理

---

① 《新时代爱国主义教育实施纲要》，北京：人民出版社，2019 年，第 15 页。

② 习近平：《坚持中国特色社会主义教育发展道路 培养德智体美劳全面发展的社会主义建设者和接班人》，《人民日报》2018 年 9 月 11 日，第 1 版。

解和热爱自己国家的基础上，他们才能真正了解和尊重其他国家和民族的文化和发展，同时在国际事务中发挥积极的作用。

新时代厚植青年爱国主义情怀必须“坚持爱国、爱党、爱社会主义的高度统一，培养青年至信深厚的爱国情感、国之大者的责任担当和心系天下的胸怀格局”①。要引导青年学生树立强烈的民族责任心和自尊心，自觉承担对国家的责任及义务，拥护国家统一及领土完整、严格抵制一切有损国家声誉的行为，不崇洋媚外，时刻以祖国为荣、以自身作为中国人为荣。始终坚持将民族利益放于首位，自觉为实现国家富强、为实现人民幸福美好的生活而贡献自身的智慧与力量。

三、高尚的道德品质

国无德不兴、人无德不立。道德品质反映一个人整体的道德素养。良好的道德品质不仅体现于一个人的内在修养上，也可以通过人的实践活动展现出来。新时代的道德品质要求主要是“以社会主义核心价值观为基准，将以爱国主义为核心的民族精神和以改革创新为核心的时代精神相互结合，从提升公共领域中的社会公德，以及职业道德、家庭美德、个人品德着手，加强公民的社会主义道德建设”②。

随着市场经济的蓬勃发展和我国全面深化改革开放，思想文化领域呈现出日益多样化的趋势。然而，一些落后腐朽的思想观念，如享乐主义、物质主义和个人主义等，正对青少年的身心健康发展产生不良影响。随着社会的不断进步和变革，人们对价值观念的认识也越来越多样化。在这种多样化的背景下，道德冲突也日益显著，对于个体来说，面临着更加复杂的道德认知和道德行为的选择。尤其是在我国社会由以熟人为主导转向以陌生人为主导的过程中，这种挑战更加凸显。因此，我们需要更高的道德素养和道德觉悟，以适应这一转型，并做出正确的道德判断和行为选择。因此，深入了解高校学生的道德素质状况，并加强有效的道德教育，对于促进大学生健康成长、培育合格的时代新人，以支持社会经济发展具有重

---

① 廖小琴：《新时代厚植青年爱国主义情怀的核心要义和实践路向》，《青年学报》2022 年第 6 期。

② 鞠凤琴、张双燕：《高校培养担当民族复兴大任时代新人的策略研究》，《太原城市职业技术学院学报》2021 年第 11 期。

要的现实意义。

首先，高尚的道德品质是大学生成为社会主义建设者和社会进步推动者的基础。作为新时代的大学生，他们应该具备正确的价值观和道德观，始终遵循社会公德、职业道德和家庭美德，维护社会秩序和人与人之间的和谐关系。只有具备高尚的道德品质，他们才能更好地履行自己的社会责任，为社会发展作出积极贡献。

其次，高尚的道德品质可以提升大学生的自我修养和社会形象。道德品质是一个人品位和修养的重要体现。具备高尚的道德品质的大学生，不仅会注重自身的道德修养，做到言行一致，而且在与他人交往中表现出温文尔雅、尊重和关爱他人的态度。这样的品质和形象必将赢得他人的尊重和认可。

再次，高尚的道德品质可以加强大学生的社会责任感和公民意识。通过培养和弘扬高尚的道德观念，大学生会发展出一种积极的社会责任感，关心他人、关注社会问题，并主动参与到社会公益、志愿者服务等活动中去。他们会以身作则，带动周围人积极参与社会公益事业，共同建设和谐社会。

最后，高尚的道德品质可以帮助大学生在面对诱惑和困难时保持原则和坚守信仰。大学生在成长的过程中会面临各种选择和挑战，有时也会遇到诱惑和困难。具备高尚道德品质的大学生会保持良好的行为操守，坚守自己的原则和信仰，不轻易屈服于利益诱惑，勇往直前。

高校作为立德树人重要阵地，在大学生的发展过程中扮演着重要角色。高校要不断培养大学生爱国奉献、明理遵规、勤劳善良、宽厚正直、自强自律的个人品德，要注意培养学生的道德认识、道德情感和道德意志力，使学生形成基本的道德是非判断能力。大学生拥有高尚的道德品质，能够不怕艰苦、抵挡诱惑、积极阳光、健康向上，为实现民族复兴勇担重任，拼搏奉献。

四、过硬的专业本领

习近平总书记指出："培养造就大批德才兼备的高素质人才。"①这也是高校培

① 习近平：《高举中国特色社会主义伟大旗帜 为全面建设社会主义现代化国家而团结奋斗——在中国共产党第二十次全国代表大会上的报告》，《人民日报》2022年10月26日，第2版。

育时代新人的基本要求。当今国际竞争的核心在于基于经济和科技实力的综合国力竞争。一个国家的劳动力素质直接决定了该国的整体竞争力。在我国处于发展关键时期的背景下，高素质的人才变得更加珍贵。高水平的劳动力队伍直接决定着我国社会主义事业的兴衰成败。他们是实现创新和技术发展的基础，能够为经济发展和社会进步提供有力支撑。作为我国发展主力军的青年大学生群体，对于处于高校学习时期的时代新人来说，只有掌握扎实的知识和能力，才能真正为中华民族的伟大复兴发挥作用，实现个人价值和社会价值的真正融合。当前，高校大学生最显著的优势在于他们具备较高的科学文化素养。这使得他们能够为我国新时代中国特色社会主义事业提供强有力的智力支持，并为实现中华民族伟大复兴奠定坚实的劳动力基础。

因此，在当前新时代的背景下，高校的科学文化教育需要进行全面升级，不再仅仅停留于传授书本知识。更加重要的是，要注重培养学生具备创新能力的素养，要鼓励学生将个体的前途与国家的未来密切结合起来，将对国家前途的责任感内化为自身创新动力的源泉。

五、不懈的奋斗精神

习近平总书记在党的二十大报告中首次明确提出要在全社会弘扬奋斗精神，强调“在全社会弘扬劳动精神、奋斗精神、奉献精神、创造精神、勤俭节约精神，培育时代新风貌”①。奋斗精神是中华民族的传统美德。新时代是奋斗者的时代。新时代新征程上，奋斗精神主要包括“艰苦奋斗、顽强奋斗、团结奋斗、接力奋斗、永远奋斗”②五种样态。

不懈的奋斗精神是实现个人理想和目标的必要条件。大学生要想实现追求和理想，往往需要经历长期的艰苦奋斗和付出。只有具备不懈的奋斗精神，才能坚持努力，克服困难，最终达到自己的目标。不懈的奋斗精神可以提升大学生的自我价

① 习近平：《高举中国特色社会主义伟大旗帜 为全面建设社会主义现代化国家而团结奋斗——在中国共产党第二十次全国代表大会上的报告》，《人民日报》2022 年 10 月 26 日，第 2 版。

② 陈勇、许颖：《新时代新征程奋斗精神的多维诠释、育人价值与培育进路》，《思想理论教育导刊》2022 年第 12 期。

值和成就感。大学生时期是个人成长和发展的关键阶段,他们应该有追求卓越、追求进步的态度。通过不懈的奋斗,大学生可以不断提升自己的能力和素质,实现个人的全面发展,并获得自我价值和成就感。不懈的奋斗精神可以培养大学生的创新能力和适应能力。在现代社会中,变化是常态,竞争也日益激烈。只有具备不懈的奋斗精神,大学生才能不断学习和适应新的知识和技术,以及社会的变革和发展。同时,不懈的奋斗精神可以激发创新思维和创造力,帮助他们在面对复杂问题和挑战时,寻找出新的解决方案。最后,不懈的奋斗精神可以推动社会的进步和发展。

大学生是社会的希望和未来,他们的努力奋斗可以为社会带来积极的影响和变革。通过不懈的奋斗,他们可以创造新的价值、推动社会发展和进步,为建设美好社会作出贡献。因此,在新时代的历史方位下,培育担当民族复兴大任的时代新人,必须培养大学生不懈的奋斗精神。要引导大学生提高理论素养,明确奋斗志向;要引导大学生增强政治方面、学习方面、实践方面的才能和能力,提升奋斗本领;要领导大学生坚定信心、不忘初心、积蓄力量、突破创新、勇攀高峰,保持奋斗姿态;要引导大学生在坚定理想信念中涵养奋斗的精神风貌,涵养奋斗品格;要引导大学生担当时代责任,助力新时代中国式现代化建设,投身奋斗实践。

六、开阔的国际视野

在全球化的经济背景下,各国之间的联系日益紧密。中国借助改革开放的机遇,取得了经济、政治等各领域发展的历史性突破。为了满足国际合作互利共赢的需求,以及适应国内持续扩大开放的要求,我们迫切需要一批具备广阔国际视野和卓越国际事务处理能力的新时代人才。

首先,开阔的国际视野有助于拓宽大学生的知识和视野。通过了解和学习其他国家和文化的知识,大学生可以拓宽自己的视野,了解世界的多样性和复杂性。这有助于他们更好地理解全球事务、跨文化交流和国际合作,展示出高度的学习能力和思考能力。

其次,开阔的国际视野可以提高大学生的全球竞争力。在全球化时代,具备国际视野的大学生更具有竞争力。他们具备了解国际社会的趋势和发展动态的能力，能够适应跨文化交流和国际合作的环境。这样的能力使他们在就业市场上具有独特的优势，并更可能担任国内外融合的工作岗位。

再次，开阔的国际视野有助于培养大学生的全球责任感和意识。作为全球公民，大学生应该意识到他们所承担的责任不仅仅是国家的发展，还包括全球社会和环境的可持续发展。通过开拓国际视野，大学生可以更好地了解和思考全球性问题，并积极参与到国际组织、社会公益活动和国际合作中去，为全球社会的发展贡献力量。

最后，开阔的国际视野有助于促进不同国家和文化之间的交流和友谊。借助国际视野，大学生可以主动寻求国际交流的机会，结识来自不同国家和文化的朋友，拓宽自己的人际网络。这种跨文化的交流和友谊有助于解除误解和偏见，促进和平与合作的发展。

此外，开阔的国际视野还要求时代新人要树立全球视角，将中华民族伟大复兴置于人类命运共同体中去把握，并从国情实际出发，深刻理解我国在国际社会中的发展战略选择，进而坚定中国道路，不断增强比较优势和创新创造能力，不断提升国际交往能力，在全球化进程中为实现民族复兴贡献力量。

第三节　高校培育时代新人的原则遵循

原则是事物发展的一般规律，它是人们认识和改造客观世界的基本准则。不同事物有不同的发展原则。原则遵循是指按照事物的一般发展法则来观察和处理问题的方法。在高校时代新人培育进程中，需要立足于实际，坚持方向性、时代性、创新性和实践性的原则。

一、方向性原则

正确的方向是指引我们前进的灯塔，只有坚持正确的方向，才能实现我们的最终目标。因此，高校在培育时代新人时，必须始终坚持方向性原则。这意味着要关注时代发展的趋势和社会需要，为学生提供符合时代要求的教育和培训，培养出有能力、有素质、有潜力的人才，为实现国家和社会的发展作出贡献。同时，高校也应该注重学生的全面素质培养，包括知识、技能、思维、情感等多个方面，让学生具备更加全面的素质和能力,成为具有社会责任感和创新精神的时代新人。

首先,要始终坚持党对时代新人培育工作的全面领导。高校是培育时代新人的重要阵地,肩负着为党育人、为国育才的使命。高校要始终坚持以习近平新时代中国特色社会主义思想为指导,全面贯彻党的教育方针,落实立德树人根本任务,把党的领导贯穿到育人的全过程、各环节,确保高校始终成为落实立德树人根本任务、培育堪当民族复兴重任的时代新人的坚强阵地。高校应当坚决贯彻党对育人工作的领导,坚守为党育人、为国育才的总体方针。在培育时代新人时,要重视他们的政治觉悟和爱国主义精神,使他们具备正确的定位,始终坚持党的意识形态教育的主导地位,保持定力和坚守原则,努力成为党和国家所需要的合格人才。

其次,要以马克思主义科学思想和历代中国共产党人的育人思想为具体指导,坚持以人的全面发展为最终目标。马克思主义科学思想是高校进行时代新人培育工作的理论基础,它能够从历史和实践中总结经验教训,提升人的思想觉悟、道德素养、知识结构和创新能力等方面的素养。同时,历代中国共产党人的育人思想是宝贵的党的智慧和经验,要深入研究和运用它们,将其融入实际工作中,为培育时代新人提供有力的指导和支撑。此外,还要根据时代特点和青年的需求,全面推进时代新人的培育,为他们的全面发展创造条件和提供支持。只有这样,大学生才能自觉树立正确的理想信念,才能主动投身于中国特色社会主义伟大事业,从而更好地成为合格的新时代人才。

二、时代性原则

每个时代和阶段的发展都对育人工作提出了不同的要求,育人工作是一个不断发展和完善的过程。时代新人作为时代进步的产物,不仅需要具备传统文化的积淀和人类智慧的传承,还要掌握现代科学技术、面对全球化挑战、关注环境保护等新兴要求。因此,高校在时代新人培育中要审时度势,充分了解时代新人的特点和需求,需要紧跟时代步伐,把握时代脉搏,不断适应时代发展的需要,才能更好地履行历史使命。

首先,在培育内容上,应强调鲜活的时代性特征。高校培育时代新人应紧密结合我国经济社会发展的长远目标,持续更新和完善育人内容。高校应致力于优化课程设置,紧跟时代发展趋势,将最新的科技成果、社会动态和行业需求融入教育教学。通过密切关注国内外发展形势,把握新时代下各领域的变革态势,使育人内容具有强烈的时代针对性。此外,还应注重培养学生的批判性思维和跨学科素养,使他们能够在复杂多变的社会环境中保持敏锐的洞察力和应变能力。

其次,在培育方式上,要体现话语转换的先进性。互联网和市场经济的快速发展改变了全社会的语言模式和话语生态。时代新人作为新生力量和时代的先锋,极易受到个性化、多元化语言模式的吸引。这意味着,教育工作者应着力调整教育教学方法,使之更具时代特色。在教学过程中,要注重引导学生关注时代发展动态,培养他们的创新意识与批判性思维。高校应致力于构建与时俱进的话语体系。教育工作者需要善于运用人文化和大众化的语言,使之更贴近时代特征,激发学生的学习兴趣和参与热情。

最后,还应关注学生的个性化发展。在培育过程中,尊重学生的兴趣和特长,鼓励他们发挥自己的潜能,以适应新时代对多样化人才的需求。需要注重培养学生的综合素质和能力,包括思想道德素质、文化素质、专业技能等方面。同时,也需要注重培养他们的团队合作能力和人际交往能力,使之更好地适应社会发展的需要。需要注重培养学生的创新精神和实践能力,让他们能够紧跟时代发展的步伐,把握时代发展的机遇和挑战。同时,也需要注重社会责任感和使命感的培养,让他们能够关注社会热点问题,积极参与社会实践,为社会发展作出贡献。

总之,时代新人培育需要遵循时代性原则,注重培养他们的综合素质和能力,让他们能够紧跟时代发展的步伐,为社会发展作出贡献。

三、创新性原则

创新是国家和民族发展进步的动力源泉,也是一个国家强盛的关键所在。《国家中长期人才发展规划纲要(2010—2020 年)》中指出,要"努力造就一批世界水平的科学家、科技领军人才、工程师和高水平创新团队,注重培养一线创新人才和青年科技人才,建设宏大的创新型科技人才队伍"①。一个国家的繁荣和发展离不开

---

① 《国家中长期人才发展规划纲要(2010—2020 年)》,北京:人民出版社,2010 年,第 8 页。

具有创新能力的人才。

首先，时代在不断变化和发展，社会需求也在不断更新。传统的育人方式可能无法满足时代新人的多样化需求。因此，我们需要创新育人理念和方法，以便更好地培养新一代人才，使他们适应和引领时代的发展。

其次，新时代要求人才具备创新能力和创新思维，能够主动适应变化并解决问题。这些具有创新能力的人才能够推动科学技术的进步，推动社会进步，创造出更加优秀和有竞争力的产品和服务。只有培育具有创新能力的人才，国家才能够在时代的浪潮中屹立不倒，才能够在国际社会的竞争中取得优势地位。

此外，创新不仅仅是指科技和创业方面的创新，还包括思维方式、人际交往、领导能力等各个方面的创新。通过创新思维的培养，可以激发时代新人的创新潜能，培养他们成为具有创新意识和创新能力的人才。

因此，时代新人的培育需要注重创新性，注重培养他们的创新思维和创新能力，以适应和引领时代的发展，为国家的繁荣和发展作出贡献。

四、实践性原则

实践观是马克思主义理论中的核心要素之一，具有至关重要的地位。马克思主义认为，人类的认识和思维是通过实践与世界相互作用而形成的，只有通过实践才能够不断积累知识、改变认识、实现理论和实践的统一。实践观强调实践的主体性、创造性和实践与认识的辩证关系，指导人们实践变革社会、实现自我价值的过程。在马克思主义的理论体系中，实践观为我们提供了认识世界、改造世界的根本方法和思路，引导着我们积极投身于实践活动，并通过实践来不断完善和发展我们的理论，以实现人类社会的进步和民族的复兴。因此，实践观的重要地位不可忽视，它是马克思主义理论的生命力之源，也是我们指导实践和推进社会发展的重要依据。可以说，实践是人类存在的基本方式，要培养一个人正确的思想，必须立足于具体的实践活动。高校时代新人培养之所以要坚持实践性原则，主要有以下几个原因：

首先，实践是认识世界和改造世界的基础。只有通过实践，学生才能真正理解和掌握知识，将学到的理论付诸实践，实现理论与实践的有机结合。其次，实践培养人的能力和素养。通过实践性教育可以培养学生的动手能力、团队合作能力、创新思维能力等。通过实际操作，学生能够提高解决问题的能力、应对挑战的能力，并形成批判性思维和创新性思维。再次，实践促进学生的全面发展。实践性教育可以让学生积累实践经验，了解社会、了解自我、了解自己的兴趣和潜能。通过参与各类实践活动，学生可以发展多元智能，培养综合素质，实现全面发展。最后，可以培养学生的社会责任感和担当精神。通过实践，学生能够感受到社会问题和需求，培养社会责任感和担当精神，能够培养其为社会作贡献的意识和行动，成为社会发展的能动力量。

总之，坚持实践性原则是为了培育具备实际能力和创新能力的时代新人。通过实践性教育，学生能够将理论知识转化为实践能力，逐步适应社会需求，更好地为国家和社会的发展作出贡献。同时，实践性教育还能够培养学生的社会责任感和担当精神，使他们成为具有全面素养和社会价值观的时代新人。

第四节　高校时代新人培育的路径探究

高校在国家教育体系中扮演着重要角色，对于个人成长发展至关重要，是青年学生步入社会前的重要时期。高校肩负着培育时代新人的历史使命，能够在整合各方面教育力量的基础上，利用自身教育资源和优势，全面促进青年学生的科学发展，实现个人价值和社会价值的互相促进。习近平总书记指出："要以培养担当民族复兴大任的时代新人为着眼点，强化教育引导、实践养成、制度保障。"①这为高校培育时代新人提供了基本的路径遵循。

一、教育引导：培育时代新人的基本策略

习近平总书记指出："'两个一百年'奋斗目标的实现、中华民族伟大复兴中国梦的实现，归根到底靠人才、靠教育。"②教育引导是培育时代新人的关键步骤。为

---

① 《中国共产党第十九次全国代表大会文件汇编》，北京：人民出版社，2017 年，第 34 页。
② 《习近平关于社会主义社会建设论述摘编》，北京：中央文献出版社，2017 年，第 50 页。

了实现对时代新人的教育引航，我们需要从多个方面入手，包括理想信念教育、思想道德建设、中华优秀传统文化教育、社会主义核心价值观教育等，构建完善的教育体系。

第一，加强理想信念教育，让青年在对科学理论的深入理解和伟大梦想的积极追求中成长为时代新人。

一方面，通过纵贯古今的理论讲解与观照东西方的实例，向青年全面普及马克思主义理论的科学性。马克思主义的科学性体现在其对社会历史发展规律的把握、对社会现象和问题的解释以及对社会变革的指导作用上。在对社会历史发展规律的深刻把握方面，马克思主义通过对资本主义社会的分析，揭示了资本主义社会的内在矛盾，并预测了社会主义取代资本主义的必然趋势。这一预测在实践中得到了验证，正是在马克思主义信仰的引领下，中国共产党坚持以人民为中心的思想，完成了近代以来各种政治力量都不可能完成的艰巨任务，实现了中华民族从站起来、富起来到强起来的伟大飞跃。通过对历史唯物主义和辩证唯物主义的运用，马克思主义能够对社会发展过程中的各种现象进行系统地分析和解释。例如，在探讨资本主义社会中阶级矛盾和社会不平等问题时，马克思主义强调了经济基础和上层建筑之间的相互作用，并指出了资本主义经济制度本身所带来的不平等现象。在对社会变革的指导作用上，马克思主义通过对社会历史发展规律的把握，提供了实现社会主义和共产主义社会的指导原则和路径。例如，在中国革命的实践中，马克思主义指导下的中国共产党成功地进行了农村包围城市、武装斗争等战略部署，最终实现了中国社会主义革命。

讲清讲透马克思主义理论，使这些经典理论走进青年学生的头脑和内心，使青年学生真懂、真信、真行，引导时代新人运用马克思主义的基本立场、观点和方法深刻把握习近平新时代中国特色社会主义思想的思想内涵与理论实质，坚定时代新人的马克思主义理想信念和共产主义远大理想，引导时代新人“树立正确的历史观、民族观、国家观、文化观”①。

另一方面，需要加强中国梦的教育，让广大青年深入了解中国梦的内涵和价

---

① 《习近平谈治国理政》第 3 卷，北京：外文出版社，2020 年，第 33—34 页。

值，将其视作自己的奋斗目标和责任担当。中国梦强调了中华民族伟大复兴的目标和中国特色社会主义的前进方向。通过加强中国梦的教育，旨在传承和弘扬中华民族的优秀传统文化，培养青年人对中华文化的热爱和自豪感，培养和造就更多作为中国特色社会主义事业合格建设者和接班人的人才。党的十九大以实现中华民族伟大复兴中国梦为奋斗目标，作出了“两步走”战略安排，这是掌握中国特色社会主义进入新时代的重要基础。要使时代新人充分认识到，在实现“两个一百年”奋斗目标的过程中，中国特色社会主义事业取得了历史性的成就，并展现出了光明的未来前景；引导时代新人继承爱国传统，坚守中国精神，将对国家的热爱、对报效祖国的情怀和对国家强大的梦想转化为思想引领、理性自觉和实践行动，努力成为实现中华民族伟大复兴中国梦的生力军和见证者。

第二，加强思想道德建设，让青年在获取正确思想和健康道德中成为时代新人。青年人是国家的未来和希望，他们的思想观念和道德品质对社会发展和进步具有重要影响。加强时代新人的思想道德建设需要借助师生、家庭、社会等多种资源，涵盖教学、课程、培训等各类教育元素。要坚持校内要素与校外资源的协同建设，形成时代新人思想道德建设的协同体系。

要建立全面、系统、科学的思想道德教育体系。教育部门可以加强对学校教育的管理和指导，推动思想道德教育纳入学校课程体系，并且注重形成系统的培养方案和教材。要加强思想道德教育的内容和质量，包括增加道德伦理课程、思想政治教育课程等，使青年学生有更多机会接触和学习正确的思想和道德观念。通过宣传道德模范的先进事迹和道德行为，引导青年向他们学习，提高道德观念的认同感和行为规范的自觉性。

加强家庭和社会的道德教育。家庭教育对培养孩子的品德、价值观念和行为习惯起着决定性的影响。一个良好和谐的家庭能够为孩子提供健康成长的环境，培养他们良好的家庭观念、家庭责任感和家庭关系。鼓励家长关注子女的思想道德教育，通过家庭教育的方式给予正确地引导和塑造正面的家庭价值观。同时，社会各界也应该加强道德建设，形成浓郁的社会文化氛围。社会各界加强对青年的思想道德教育和引导，例如通过开展主题教育活动、推动志愿服务、组织群众性道德实践活动等，让青年参与到社会建设中。

创设思想道德建设平台。通过建立社区、学校、企事业单位等不同层面的思想道德建设平台，提供交流、讨论和实践的机会，鼓励青年交流思想，互相启迪，共同提升道德修养。通过培养青年的自信心、自主精神和责任感，激发他们形成正确的道德判断，养成崇高的道德品格，激发他们的社会参与意识，让他们积极参与社会事务，关心社会问题，为社会作出贡献，争做新时代道德规范的坚守者、道德责任的践行者。

第三，加强中华优秀传统文化教育，让青年在传统文化的滋养中成长为时代新人。“优秀传统文化是一个国家、一个民族传承和发展的根本，如果丢掉了，就割断了精神命脉。”①青少年时期是人生的重要阶段，也是塑造灵魂和培养人才的关键时期，需要受到悉心引导。中华优秀传统文化所包含的思想理念、人文精神和道德规范等教育内容以及培养品德修养、文化熏陶和实践锻炼等教育方法，是中华民族智慧的结晶，在当代教育中具有重要参考作用，是新时代塑造人的宝贵财富。

我们要向青年全面介绍中华优秀传统文化的核心内容。优秀传统文化是中华民族的瑰宝，具有深厚的历史底蕴和独特的价值。通过教育青年学生了解和传承这些传统文化，可以培养他们对中华文化的热爱和认同感，增强他们的文化自信。为此，可以在学校课程中加入中华优秀传统文化相关的专题课程，如经典诵读、书法绘画、传统音乐舞蹈等，让学生亲身体验传统文化的魅力。同时，组织学生参观博物馆、文化遗址、艺术展览等活动，深入了解传统文化的历史渊源和艺术特点。在社会教育方面，可以开展传统文化讲座、研讨会、展览等形式的活动，邀请专家学者进行解读和讲述，让青年学生更全面地了解传统文化的内涵和意义。同时，可以鼓励青年学生参与传统文化艺术表演、文化交流活动，激发他们的创造力和艺术才能。除了学校和社会教育，家庭也是传承传统文化的重要环节。家长可以与孩子一起学习、欣赏传统文化，共同参加传统节日庆祝活动，培养孩子对传统文化的情感认同。总之，通过向青年学生全面介绍中华优秀传统文化的核心内容，我们可以让青年人从小就接触、感受和理解传统文化的魅力，培养他们对文化传承的责任感和使命感，从而更好地传承和弘扬中华优秀传统文化，成为具有文化自信和民族自

① 《习近平谈治国理政》第 2 卷，北京：外文出版社，2017 年，第 313 页。

豪感的时代新人。通过深入领悟中华优秀传统文化的内涵，青年应自觉承担起推动中华优秀传统文化创造性转化和创新性发展的时代使命。

实践证明，中华优秀传统文化具有重要的价值，它是社会主义核心价值观的重要源泉，也承载着伟大民族精神。中华优秀传统文化能够德润身心，通过培养人的文化素养发挥作用，对于促进青少年的精神成长和全面发展、培养家国情怀、开拓精神格局都起到了有效的作用。此外，中华优秀传统文化还能够引导青少年树立正确的审美观，巩固和加强社会的主流审美观念；对于实现民族文化自信和价值观自信的根基建设，也有着非常重要的意义。

第四，加强社会主义核心价值观教育，让青年在高尚品行的垂范中成长为时代新人。

社会主义核心价值观的培育关系到社会主义主流意识形态的安全、社会公序良俗风尚的建立、公平正义和道德良知的传承、诚信友爱和爱岗敬业的坚守。党的十八大以来，培育和践行社会主义核心价值观取得明显成效，但立物易、立心难，做好这项工作关键在“长”“常”二字。现在，社会上有一些消极的东西，有的传递不思进取、颓废悲观等不良情绪，有的把财富标准同成功标准简单画等号。这些情绪观念同时代新人应有的精神风貌格格不入。要把社会主义核心价值观融入社会发展各方面，引导全体人民自觉践行；抓住青少年价值观形成和确定的关键时期，引导青少年扣好人生第一粒扣子；广泛开展先进模范学习宣传活动，营造崇尚英雄、学习英雄、捍卫英雄、关爱英雄的浓厚氛围，才能激浊扬清、扶正祛邪，使社会主义核心价值观像空气一样无处不在、无时不有，成为百姓日用而不觉的行为准则。培养时代新人，还要大力弘扬时代新风，在推动社会文明进步中实现群众的自我教育、自我提高。

二、实践养成：探索多元支撑的实践渠道

第一，发挥第一课堂主导作用，让青年在学校教育中成长为时代新人。学校作为青少年的主要学习场所和知识传授中心，承载了重要的责任。第一课堂是学校教育的重要渠道，是培育时代新人的重要途径。第一课堂可以提供系统的知识教育，帮助时代新人掌握必要的知识和技能，提高他们的综合素质。第一课堂可以开

展思想教育，帮助时代新人树立正确的世界观、人生观和价值观，培养他们的创新精神和实践能力。此外，第一课堂还可以开展文化教育，帮助时代新人了解和传承中华优秀传统文化，增强他们的文化自信和民族认同感。因此，培育时代新人需要充分发挥第一课堂的主导作用，加强学校教育，提高教育质量，培养出具有创新精神和实践能力的时代新人。

第二，关注第二课堂的实践作用，让青年在实践活动中成长为时代新人。第二课堂是指学生在校外参与的各类课外活动，如社会实践、志愿者服务、社团活动等。这些实践活动能够拓宽学生的视野，增强他们的实际操作能力和解决问题的能力。在社会实践中，青年学生可以亲身体验社会，了解现实状况，增强社会责任感和公民意识。志愿者服务可以培养学生的奉献精神和团队合作意识。而参与社团活动可以锻炼学生的协作与领导能力。通过这些实践活动，青年学生能够提升自身素质，培养综合能力，成为具有社会责任感、创新能力和实践能力的时代新人。此外，第二课堂的实践也能促进理论知识与实践经验的有机结合，让学生在实践中感受并应用所学，更好地学以致用。教育部门和社会组织应积极提供相关平台和机会，鼓励青年参与实践活动，使他们有机会在实际情境中锻炼自己，为将来的工作和社会角色做好准备。

第三，强化网络技术的辅助作用，让青年在信息化环境中成长为时代新人。随着互联网和数字技术的快速发展，网络已经成为青年生活中不可或缺的一部分。有效利用网络技术，可以为青年提供更广阔的学习、交流和创新的平台。一方面，网络技术可以为青年提供丰富的学习资源和教育内容。在线课程、教育网站以及开放式在线课程（MOOCs）等形式，可以让青年学生在任何时间、任何地点进行学习。这种学习方式可以使学生个性化学习，根据自己的兴趣和需求选择适合的课程，提高学习效率。另一方面，网络技术可以促进青年之间的交流和合作。社交媒体和即时通信工具使得青年能够与朋友、同学和老师保持紧密联系，分享学习和生活的经验。通过在线合作平台和项目管理工具，青年可以远程协作，参与各类团队项目，培养团队合作和沟通能力。因此，时代新人的培育要与时俱进，不断利用新技术，尤其是网络技术来辅助我们的教育培育工作。

建立健全网络育人平台。网络育人平台是一种很好的教育工具，可以扩大教育的覆盖面，提高教育的效率和效果。建立网络教育平台，可以让学生随时随地接受教育，同时也可以让教师和学生进行更高效的交流和互动。

创新网络育人载体。网络育人载体是教育者和受教育者之间的桥梁，可以更好地传递教育信息，提高教育效果。因此，我们应该积极探索和开发新的网络育人载体，比如网络课程、网络比赛、网络作品征集等，以更好地满足学生的需求和期望。

加强网络精品课程建设。网络精品课程是网络育人工作的重要组成部分，可以提供优质的教学资源和学习体验。我们应该加强对网络精品课程的研发和推广，鼓励教师参与网络精品课程的研发和分享，同时也要引导学生利用网络精品课程进行自主学习。

提高信息化水平。时代新人的培育需要紧跟时代发展的步伐，提高信息化水平是紧跟时代发展的重要举措之一。我们应该加强学校数字化教学资源建设工作，提升专业、课程教学信息化水平，以满足时代发展的需要。

第四，要加强校园文化的熏陶作用，让青年在丰富多彩的校园文化中成长为时代新人。校园文化是一种潜藏的文化形态，通过潜移默化、深远持久的影响，促进人才的发展。校园文化是学校内部所独有的文化氛围和价值观念，它体现了学校特有的教育理念、校训精神和学术传统。校园文化在全校范围内通过各种方式渗透和影响着师生的思想、行为和价值观。校园文化对人才的发展有着深远的影响。

校园文化是塑造个体品格和道德修养的重要环境。学生在接触和融入校园文化时，会受到积极向上的影响，学习到正确的价值观念、道德准则和行为规范，培养出良好的品德和健康的心理素质。校园文化也是促进学生学术成长和创新能力的重要因素。学校通过营造积极向上的学术氛围，激励学生对知识的追求和创新能力的培养。校园文化中的学术讨论、学术交流、科学研究等活动吸引学生参与其中，拓展知识面和培养解决问题的能力。此外，校园文化还能够激励学生树立远大志向和积极向上的人生态度。通过校园文化活动和经验分享，学生能够接触到各种成功的故事和典范，激发他们追求卓越、实现自己梦想的动力。

因此，培育时代新人，不仅要注重知识和技能的传授，还要注重校园文化的熏陶作用。校园文化是学校软实力的重要组成部分，它可以为学生提供丰富多彩的文化体验和精神滋养。

要加强校园文化建设。高校应该注重校园文化建设，积极推动多样化的文化活动和艺术表演。例如，可以举办文艺比赛、科技竞赛、讲座、论坛等丰富多彩的文化活动，让学生参与其中，感受到校园文化的魅力。

要推广体育文化。体育文化是校园文化的重要组成部分，可以增强学生的身体素质和心理素质。高校应该注重推广体育文化，开展各种类型的体育活动和比赛，让学生积极参与其中，感受到体育文化的魅力。

要增强学生社团活动。学生社团是校园文化的重要载体，可以为学生提供展示自己才华和兴趣的平台。高校应该鼓励学生积极参与各种类型的社团活动，让学生自主组织、策划和实施活动，提高学生的组织能力和文化素养。

要加强校风建设。校风是校园文化的核心，可以反映出一所学校的精神风貌和文化底蕴。高校应该注重校风建设，营造积极向上、勤奋好学的氛围，让学生受到良好的文化熏陶。

要打造文化品牌。高校应该结合自身特色和优势，打造属于自己的文化品牌。

三、制度保障：培育时代新人的保障机制

作为一项涵盖广泛且长期的伟大事业，培育时代新人不仅需要依赖教育引导和实践养成，还需要有科学的制度设计来支撑。制度保障是培育时代新人的重要基石。在时代新人的培育过程中，制度起着规范、保障和引导的作用。换句话说，在国家、社会和学校这三个层面上实施制度保障，能够确保时代新人教育培育环节的协同性、规范性和约束性，有效统筹协调各方面和各要素资源，为培育时代新人提供制度上的支持。

第一，国家需要制定良好的教育管理政策，为时代新人提供全面的保障和发展机会。

培育新时代的人才对于国家未来的发展和民族的前途命运至关重要。这是党和国家为实现中华民族伟大复兴和建设社会主义现代化强国而制定的重大战略。习近平总书记强调："加强党对高校的领导，加强和改进高校党的建设，是办好中国

特色社会主义大学的根本保证。”①具体来讲，应该着重从以下几个方面展开：

应确保教育资源的合理配置和公平分配，消除教育发展的地区差距和贫困地区教育的滞后问题。通过优化教育布局、加大投入、完善补助政策等措施，让每一位青年学生都有平等的接受良好教育的机会。应该制定明确的教育政策，明确时代新人培育的目标和任务，并与国家发展战略相协调，以确保时代新人培育与国家发展需求相适应。

应加强对学校的管理和监督，推动教育质量的提升。要制定全面的教育规划，明确教育发展的目标和路线图，并提供充足的优质教育资源，建设良好的教育设施。要着力优化课程设置，将学科知识与实践能力培养相结合，以促进学生全面发展。

应积极推动教育创新和课程改革，适应时代发展的需求。推动教育教学模式的创新，结合信息技术的发展，加强线上线下融合的教学方法，为时代新人提供更具有创造力和实践能力的教育。同时，推动课程改革，更新教材内容，引入前沿知识和新兴科技，培养时代新人的综合素质和创新能力。加强通识教育和实践教育的设立，积极促进学生参与跨学科学习和实践项目。通过引入创新、创业和领导力等相关课程，培养学生的创造性思维和实践能力。

应加大对教师培训的投入和支持，提供更多有针对性的培训课程，提高教师的教学能力和教育创新能力。同时，加强教师职业发展的支持，提高教师待遇和职业尊重，吸引更多优秀人才从事教育工作。鼓励教师积极参与实践项目和产学研合作，提高教师的实际操作能力和实践经验。应建立和完善综合素质评估体系。

第二，社会需要创建一个环境，保障培养人才所需的良好氛围。

创造稳定和谐、积极健康的社会氛围对于培育时代新人具有重要的保障作用。社会环境对时代新人的成长和发展具有重要的影响，它可以激发他们的潜力、塑造他们的品格，为他们提供机会和资源，促进他们实现个人价值和为社会作出贡献。

营造积极向上、和谐包容的氛围，让青年能够感受到社会的温暖和支持。通过

① 韩卉：《新时代保持中国高校马克思主义鲜亮底色研究》，北京：人民出版社，2019 年，第 7 页。

各种宣传媒体、文化艺术和社会活动，弘扬社会主义核心价值观，宣传和倡导正能量的思想和行为，鼓励时代新人勇敢担当，追求真理和进步。

创造一个开放包容的社会环境，为时代新人提供广阔的发展空间和平等的机会。鼓励他们参与各种社会实践、公益志愿活动、创新创业等，丰富他们的经验和能力，培养他们的综合素质和创新精神。鼓励和支持人才参与各种学术研究、科技创新、文化艺术等领域的活动，为其创造良好的展示和实践的机会。可以设立各种奖励和资助机制，鼓励和支持他们在各个领域的发展和成长。同时，提供多样化的职业发展途径，鼓励人才在各个领域发挥自己的才华。

营造一个尊重知识、尊重人才的文化氛围。尊重知识是社会文明进步的基础，应树立崇尚学识和创新的价值观念，鼓励人们追求知识、注重学习。只有在这样的文化氛围下，人才能得到应有的尊重和发展。

树立激励创新和担当精神的价值观念。应鼓励人才勇于创新、敢于担当，培养他们从事实践和社会服务的意识和行动能力。对于创新和担当的价值的高度认可和奖励，将激励更多的人才投身于社会发展和进步的事业中。

第三，高校需要充分发挥育人队伍的主导作用。

高校需要提供多样化的教育课程和学习机会，以满足时代新人的不同需求和兴趣。通过开设丰富多样的专业和选修课程，帮助学生培养广泛的知识和技能，同时也要鼓励跨学科的学习和研究，培养时代新人的综合能力和创新思维。此外，高校应该提供丰富的实践机会，如实习、实验、社会实践等，帮助学生将所学的理论知识应用到实际中。

高校还应该建立良好的学习环境和发展支持体系，以保障培养人才所需的条件。高校应提供先进的教学设施和资源，如实验室、图书馆、计算机中心等，为学生提供便捷的学习和研究条件。同时，高校也应提供良好的生活条件，如学生宿舍、餐厅、体育设施等，为学生提供舒适和安全的生活环境。

高校还应注重素质教育，培养时代新人的道德品质和社会责任感。通过开设道德伦理、公民教育等课程，引导学生树立正确的价值观念和道德观念，培养他们的社会担当和责任意识。同时，高校也应开展和设立相关的社会实践活动和志愿服务项目，让学生深入了解社会问题和工作，并积极参与社会公益活动，培养他们的社会责任感和乐于助人的精神。

最后，高校还应加强学生指导和职业发展支持。建立完善的学生指导机制，为学生提供个性化的学业指导和职业规划，帮助他们明确自己的兴趣、优势和发展方向。高校可以开设职业规划、创业教育和就业指导等课程，提供实用的技能和知识，帮助学生顺利就业或者创业。

综上所述，高校需要提供多样化的教育课程和学习机会，建立良好的学习环境和发展支持体系，注重素质教育，以及加强学生指导和职业发展支持，从而全方位地保障培养人才所需的条件。只有高校提供全面的支持和良好的环境，时代新人才能充分发展自己的能力和潜力，为社会的发展作出贡献。

高度重视青年的培养一直是我们党的优良传统。对于高校而言，培育“时代新人”是立德树人工作的新方向。这项任务对高校来说既紧迫又复杂，这不仅与当代大学生成才的实际需求相契合，也关系到新时代教育发展和国家综合实力提升。进入新时代，中国特色社会主义对青年一代提出了新的要求和期望，急需“时代新人”承担起时代重任，并为国家的发展和民族的未来作出贡献。

高校培育时代新人是一个与时俱进的过程。我们需要汇聚各方力量，共同致力于高等教育培育工作，并进一步优化培养体系。在此基础上，我们还有很多需要研究的现实困境和解决方法。因此，我们必须继续前进，在新时代长征的道路上不断探索。

| 第五章 |

乡村振兴视域下的时代新人培育

中共中央在1982—1986年连续五年发布以农业、农村和农民为主题的中央一号文件，对农村改革和农业发展作出具体部署。2004年至今连续二十年发布以“三农”(农业、农村、农民)为主题的中央一号文件，通过实施一系列措施来改善农村、农业和农民的状况，如城市支援农村、工业反哺农业、免除农业税以及增加农民收入等。然而，仅仅依靠免税和补贴无法解决农村问题的根本性困难。习近平总书记强调，“任何时候都不能忽视农业、忘记农民、淡漠农村”①，“中国要强，农业必须强；中国要美，农村必须美；中国要富，农民必须富”②。要实现乡村振兴战略，我们必须从提升农村人才资源入手，大力培育乡村时代新人，使他们成为推动农村经济发展的主体力量，成为实施乡村振兴战略的主力军。

习近平总书记在党的十九大报告中作出中国特色社会主义进入新时代的重要政治论断，提出实施乡村振兴战略的重大历史任务，同时也提出“培养担当民族复兴大任的时代新人”的要求，为广大青年群体参与乡村振兴提供了一个全新的历史机遇。党的二十大报告强调了全面推进乡村振兴，特别是农业强国建设的重要性。

---

① 《中共中央国务院关于落实发展新理念加快农业现代化 实现全面小康目标的若干意见》，北京：人民出版社，2016年，第3页。

② 中共中央文献研究室编：《十八大以来重要文献选编》(上)，北京：中央文献出版社，2014年，第658页。

要实现农业强国的目标，必须克服科技和人才的瓶颈，充分发挥青年人才在农业科技创新中的作用，以促进农业科技和生产水平的持续进步和可持续发展。乡村振兴战略在近年来的全面推进中取得了显著进展，乡村产业蓬勃发展，乡村面貌得到极大改善，城乡发展更加协调。越来越多怀揣理想、勇于创新的年轻人选择回到农村，以“新农人”的身份为乡村振兴贡献力量，共同实现乡村振兴的梦想。

培育时代新人是为党育人、为国育才，巩固党的执政基础的必然要求，事关党和国家的前途与命运。而当前做好新时代乡村人才工作，要深刻把握培育乡村时代新人的价值意义、角色定位和现实困境，不断探寻培育时代新人的实践逻辑。

第一节　乡村振兴视域下时代新人培育的价值意义

乡村振兴视域下时代新人培育不单是对个体能力的培养、对个体的全新塑造，更是直指农村精神贫困的根本问题，具有强烈的现实指向性和价值目标性，是规律性和价值性有机统一的实践活动。

一、时代新人是农村青年发展的重要力量

随着中国全面建成小康社会目标、任务的如期完成，全面推进乡村振兴成为目前乡村发展的重要战略指导。而全面推进乡村振兴的关键又在于培育时代新人。但就现阶段乡村发展现状而言，人才匮乏、人才难留、人才外流等问题仍然存在，需要引起重视。全面建成小康社会后，中国发展站在了更高的历史起点上，我们急需破解乡村人才短板难题，要尽快打造一支能够引领乡村高质量发展的人才队伍，这对于科学巩固脱贫攻坚成果，推进农业现代化，稳定农村经济具有重要的价值意义。

习近平总书记曾指出：“要坚持以促进人的全面发展的理念指导扶贫开发。”①

① 中共中央党史和文献研究院编：《十八大以来重要文献选编》（下），北京：中央文献出版社，2018 年，第 50 页。

全面建成小康社会后，农村消除了绝对贫困的情况，但仍旧面临着返贫的风险。时代新人的培育，将涌现出一批“新农人”助力乡村振兴，降低农村返贫风险，稳定农村经济发展与收入。“新农人”可以被理解为高素质农民群体的2.0版本，是高素质农民群体的先行者和领路人，是未来高素质农民群体的进化方向和发展趋势，也是急需有关部门重点关注、鼓励和支持的关键从农群体。

首先，“新农人”具有较强的创新意识和长远发展的全局意识。他们投身于农业经营，不仅仅是为了满足基本生计需要或过上简单的生活，更是为了追求更大的目标和价值。具体来说，他们有三个方面的长远追求：一是专注于实现农业的绿色生产。他们高度重视生态保护，追求人与自然的和谐共生，并努力避免农业生产对土地、生态和环境的破坏和污染。他们深知，单纯追求经济效益而忽视环境安全无法实现农村长期发展和乡村振兴的目标。因此，在追求农业兴盛的同时，他们充分考虑生态环境的安全性。这种发展理念与国家倡导的新发展理念相契合，通过走绿色发展之路，既致力于提升农民的财富和生活水平，又致力于打造宜居的生态农村环境。二是致力于追求产品的优质化。他们希望通过采用绿色种植方式，使消费者能够享受到高质量、优良品质和独特特色的精品农产品。优质的农产品更容易获得广大消费者的青睐，同时也能增加国民对国产农产品的信心，降低对进口农产品的依赖程度。三是致力于重塑故乡的面貌。他们希望通过发展农业生产，帮助周边的农民增加收入，使故乡的每一片绿叶、每一栋房屋、每一座山水景观都更加美丽，以实现农业强、农村美、农民富的目标。这使他们已经超越了传统的小农生产者或小商小贩的角色，成为一群更具信仰和情怀的现代农民。

其次，“新农人”具有更强的综合素质。作为改革开放后崛起的新农人群体，他们接受了更多的知识教育，拥有广泛的知识面和开阔的视野。他们对新事物有着天生的敏感性，具备强大的学习能力，能够灵活消化吸收并开拓创新。他们积极将其他行业的经营理念、管理方式、技术手段和商业模式应用到农业领域，推动农业的改革创新和转型升级。他们善于合理利用新型科学技术和绿色种植方式，为农业生产和农产品深加工提供支持。新农人在生产过程中更加注重采用自然农法和有机农业等环保的生产方式。他们合理安排耕作休耕，注重土壤改良，控制用水量，保持土壤肥力，并减少化肥和农药的使用。他们注重精细、生态和科学的生产过程，以确保农产品的绿色和安全性。他们更加深入融入互联网信息产业和现代机械装备行业的发展，将智能手机、电脑等终端设备以及电商、社交、金融支付等App工具，以及摄像头、无人机、传感器等现代化农机装备和物联网产品充分应用于农业生产经营的各个环节，使其成为他们日常工作和生活不可或缺的一部分。

再次，“新农人”具有较高的管理水平。与传统农民相比，新农人更倾向于以法人化经营为主，他们更愿意将自己的农业经营以家庭农场、合作社、公司等法人组织形式进行注册。这种法人化经营的方式有助于规范农业经营，提高生产效率和管理水平。同时，法人化经营也为新农人提供了更多的机会和资源，可以更好地融入市场经济体系，参与农产品流通和销售。通过法人化经营，新农人能够更好地与政府、企业、金融机构等进行合作，获取资金、技术和市场支持，为农业的可持续发展奠定了基础。新农人在农业领域也具备较高的管理水平。他们通过接受更多的知识教育和开阔的视野，具备了良好的管理能力。他们善于运用现代管理理念，将各行业的经营理念和管理方式灵活应用到农业领域。他们注重团队合作和人力资源管理，能够合理分配资源、优化农业生产流程，并制定规范的经营计划与管理策略。他们的管理水平对于推动农业的改革创新和发展至关重要。

最后，“新农人”具有较强的品牌意识。相比传统农民，新农人对于品牌意识更加重视。他们认识到农产品的品牌价值，注重打造自己的农产品品牌。通过注重产品的质量和形象，努力在市场上塑造有竞争力的农产品品牌。通过品牌建设，提升产品的附加值和市场竞争力，达到产品差异化的效果。注重产品的包装、标识和宣传，通过品牌营销策略和推广活动，吸引消费者的关注和认可。新农人的品牌意识使得他们更加注重产品的品质和形象，为农产品行业的发展注入了新的活力和竞争力。

二、时代新人是实现乡村振兴的实践主体

人才兴则事业兴，人才强则乡村强。习近平总书记强调：“要推动乡村人才振兴，把人力资本开发放在首要位置，强化乡村振兴人才支撑，加快培育新型农业经营主体，让愿意留在乡村、建设家乡的人留得安心，让愿意上山下乡、回报乡村的人更有信心，激励各类人才在农村广阔天地大施所能、大展才华、大显身手，打造一支

强大的乡村振兴人才队伍。”①

首先，乡村振兴需要大量“爱农业、懂技术、善经营”的新农人。“爱农业”，是指新农人具备对农业的热爱和情感认同，能够为农业事业投入更多的精力和热情。“懂技术”，是指新农人具备一定的农业技术和专业知识，能够灵活运用现代科技手段进行生产和管理，引领和推动农业科技创新，提升农业生产效益和质量。他们关注当前农业发展趋势和市场需求，运用先进的科学技术手段，研发和推广适应乡村发展需求的新品种、新技术和新工艺。“善经营”，是指新农人具备良好的经营和管理能力。他们能够根据市场需求调整农业生产结构，提高农产品质量与附加值，开拓农业产业链条，积极推动农产品的加工、流通和销售。他们注重全产业链协同发展，善于利用市场化机制进行资源整合和合作，实现农业规模化、专业化和集约化发展。他们能够根据市场需求和消费习惯，分析农产品的市场前景和潜在机会，并通过电子商务运营模式进行市场分析和推广。能够运用互联网技术和平台，搭建农产品的销售渠道和品牌形象，推动乡村产业的发展和农产品的上市。只有充分发挥人才的作用，才能实现乡村产业的转型升级，进而推动乡村经济的发展、农民收入的提高，最终实现乡村人民生活富裕的美好目标。

其次，乡村振兴需要本土人才和外来人才。2018 年 6 月 14 日，习近平总书记在济南市章丘区双山街道三涧溪村考察时指出，乡村振兴，人才是关键。“要积极培养本土人才，鼓励外出能人返乡创业，鼓励大学生村官扎根基层，为乡村振兴提供人才保障。”②本土人才长期扎根在农村，熟悉家乡的人文环境、资源优势和社会关系，能够准确分析和把握当地的特点和需求，有针对性地制定发展战略和政策，是全面推进乡村振兴的重要力量。因此，要健全选拔、培养、使用本土人才机制，搭建干事创业平台，努力建设一支懂“三农”、懂市场、懂管理的本土人才队伍。乡村振兴不仅需要本土人才，也需要引进更多高素质专业化的外来人才，以促进乡村的发展和创新。引进外来人才可以带来新的思维方式和管理经验，注入新的观念和理念，推动乡村经济转型升级。通过本土人才与外来人才的合作，可以形成乡村振

① 中共中央党史和文献研究院编：《习近平关于“三农”工作论述摘编》，北京：中央文献出版社，2019 年，第 150 页。
② 何兴道主编：《大学生思想引领的路径与载体》，北京：人民出版社，2020 年，第 40 页。

兴的良性循环，实现农村社会的协调发展。

最后，乡村振兴需要一批能够促进新型农村经济组织、农业产业联合体高效运营的经营管理人才。在乡村产业振兴过程中，新型农村经济组织和农业产业联合体的建设和运营非常重要，而这就需要一批能够推动其高效运营的经营管理人才。这些经营管理人才在农村产业振兴中发挥着关键作用。他们了解现代农业经济组织的运作规律和市场机制，能够规划和组织农业生产，合理配置资源和资金，提高农产品供给的稳定性和市场竞争力。他们能够引领和推动农业产业联合体建设，帮助农民组织起来，形成统一的经营管理体系，实现规模化、专业化和集约化经营。除了管理经济运营方面，这些经营管理人才还应具备一定的农业产业知识和理论基础，能够帮助农民科学制定种植和养殖计划，提供农技咨询和指导，提高农业生产效益和质量。此外，这些经营管理人才还应具备市场营销和品牌建设的能力，能够帮助农产品打造优质品牌，提升市场竞争力，开拓更广阔的销售渠道。

三、时代新人是中华民族伟大复兴的时代主体

民族要复兴，乡村必振兴。乡村振兴是实现中华民族伟大复兴的关键一环，当前，中国正处于社会主义初级阶段，社会主要矛盾已转化为人民日益增长的美好生活需要和不平衡不充分的发展之间的矛盾。而中国最大的发展不平衡是城乡发展不平衡，最大的发展不充分是农村发展不充分。乡村时代新人培育是实现中华民族伟大复兴的重要组成部分和基础条件。

首先，培育乡村时代新人是农村发展的保障。过去一段时期里，我们通过以城带乡、以工促农，在一定程度上避免了工农、城乡差距的进一步扩大，但由于更多侧重于服务城市现代化，忽视了乡村的整体现代化，一些农村地区出现了青壮年人口锐减、基础设施衰败、发展后劲不足等问题。乡村振兴战略正是针对这些农村发展问题而出台的，因为农业强不强、农村美不美、农民富不富，决定着亿万农民的获得感和幸福感，决定着中国全面建设社会主义现代化国家的质量。

全面推进乡村振兴，是新时代所需，更是基于中国的基本国情和社会发展的阶段性特征所考虑的。乡村振兴不是一种短期行为，它贯穿于农业农村向现代化社会转型和整个国家现代化的进程之中，尤其是贯穿于改革开放 40 多年中国特色社

会主义建设的进程之中。因此，全面推进乡村振兴，需要多批时代新人的接续努力奋斗。

其次，乡村时代新人培育是中华民族文化传承的重要力量。乡村是中华民族优秀传统文化的根源和基础。乡村人才振兴需要培养具备深厚文化素养和传统文化传承能力的人才，才能够传承和弘扬乡村优秀传统文化，推动乡村文化的繁荣与发展。

最后，乡村时代新人培育是乡村治理现代化的重要支撑。中华民族伟大复兴要求建设现代化的国家治理体系和能力。乡村时代新人培育需要培养具备组织和管理能力的人才，才能够推动农民组织起来，形成乡村治理的新机制和新模式，提升乡村治理的科学化、规范化和智能化水平。

乡村时代新人培育是构建社会主义新农村的必然要求。中华民族伟大复兴的目标是建设富强民主文明和谐美丽的社会主义现代化强国。乡村时代新人培育是实现社会主义新农村建设的重要动力，通过培养和引进一批乡村人才，建设一支素质高、能力强的农村人才队伍，可以提升农村社会的文化、教育、卫生、服务等方面的综合水平。

第二节　乡村振兴视域下时代新人的角色定位

党的十九大报告明确提出要大力实施“乡村振兴战略”，尤其是要重点“培养造就一支懂农业、爱农村、爱农民的‘三农’工作队伍”①，这意味着乡村振兴战略的统筹推进工作与时代新人的培育密切相关。党的二十大报告再次强调要“着力培养担当民族复兴大任的时代新人”②。当前，我们站在新时代新征程的历史起点上，时代新人是承担民族复兴大任的实践主体，全面推进乡村振兴离不开时代新人的接续奋斗。当代青年应与新时代同向同行，将民族振兴作为自身的责任与使命。青年是社会发展的先锋力量，也是现代化建设的中坚力量，以中国式现代化全面推进中华民族伟大复兴，实现农业农村现代化的目标任务，需要青年接续奋斗和拼

① 《中国共产党第十九次全国代表大会文件汇编》，北京：人民出版社，2017 年，第 26 页。
② 习近平：《高举中国特色社会主义伟大旗帜 为全面建设社会主义现代化国家而团结奋斗——在中国共产党第二十次全国代表大会上的报告》，《人民日报》，2022 年 10 月 26 日。

搏。作为乡村振兴的中坚力量，时代新人在新时代下扮演着关键的角色。

一、时代新人是具有共产主义政治信仰的理想新人

全面建成小康社会标志着中国社会发展进入了新的阶段。在全面建成社会主义现代化强国的阶段，乡村振兴是实现国家现代化的重要任务和战略举措。因此，乡村振兴中的时代新人必须把实现社会主义现代化强国作为己任，坚定远大的共产主义理想。

培养担当民族复兴大任的时代新人，重中之重是要以坚定的理想信念筑牢其精神之基，坚定他们对马克思主义的信仰，对社会主义和共产主义的信念，对中国特色社会主义道路、理论、制度、文化的自信。在全面推进乡村振兴的伟大新征程中，需要时代新人的大批涌入与奋力拼搏，而在面对复杂多变的现实状况中，需要筑牢乡村振兴人才队伍的理想信念之魂。

首先，要具有强烈的爱党爱国精神。爱党、爱国是每个公民应有的责任和担当，对于乡村时代新人来说更是必不可少的品质。乡村振兴中的时代新人要拥护党的领导，坚决支持和执行党的路线方针政策，积极参与党组织，发挥党员的模范带头作用。要将国家利益置于首位，具有强烈的民族自尊心和荣誉感，为国家的繁荣富强贡献力量，对任何违背这一原则的思想和行为都要坚决抵制。

其次，要坚守共产主义信仰和理想。乡村振兴的时代新人应当坚定信仰马克思主义、坚持共产主义远大理想，深入学习传承党的先进理论和思想，用马克思主义的世界观和方法论指导实践，始终保持崇高的革命理想和精神境界。

最后，要坚持人民立场和群众路线。乡村振兴的时代新人要始终站在人民群众的立场上思考问题，紧紧依靠广大农民群众，听取他们的意见和需求，用群众的智慧和力量推动乡村振兴。要积极参与基层组织和群众工作，倾听农民的心声，关注他们的利益，努力解决他们的实际困难，用实际行动回应和满足农民的期待。同时，乡村时代新人应该有社会责任感和奉献精神，应当关注乡村社会的发展问题，积极参与社会公益事业，解决农村的实际困难和问题，为农民谋福祉，为乡村社会稳定和谐贡献自己的力量。

坚定理想信念是一项持久的任务，需要持续修炼和坚守。我们今天已经远离

战争和混乱的时代，长期享受和平的生活。然而，面对各种引诱和诱惑，我们更容易患上理想信念缺失的“软骨病”。因此，我们必须坚定地信仰我们的理想，并在一生中坚持守护和追寻。只有如此，我们才能够不断克服挑战，保持对美好未来的追求。所以我们必须时刻保持警醒，如果没有坚定的理想信念，就可能在乱云飞渡的复杂环境中迷失方向、在泰山压顶的巨大压力下退缩逃避、在糖衣炮弹的轮番轰炸下缴械投降。时代新人只有坚定理想信念，始终葆有赤子之心，明大德、守公德、严私德，坚定奋斗意志、坚定恒心韧劲，平常时候看得出来、关键时刻站得出来、危难关头豁得出来，才能让鲜红的党旗始终凝聚起磅礴力量，带领广大农民群众走上乡村发展的致富之路。

二、时代新人是具有“三个务必”精神的奋斗新人

1949 年 3 月，在党的七届二中全会上，毛泽东同志向全党发出“两个务必”的号召：“务必使同志们继续地保持谦虚、谨慎、不骄、不躁的作风，务必使同志们继续地保持艰苦奋斗的作风。”①习近平总书记在党的二十大报告中指出：“全党同志务必不忘初心、牢记使命，务必谦虚谨慎、艰苦奋斗，务必敢于斗争、善于斗争，坚定历史自信，增强历史主动，谱写新时代中国特色社会主义更加绚丽的华章。”②“三个务必”与“两个务必”既一脉相承，又与时俱进。“三个务必”是在中国共产党和中国人民赢得历史性胜利的重要时刻提出的重大理论创新成果，深刻揭示了中国共产党在实现以中国式现代化全面推进中华民族伟大复兴的新征程中的历史传承和时代要求，生动诠释了新时代坚持和发展中国特色社会主义对培育时代新人的精神指南，凝聚着中国共产党的百余年奋斗历程，汇聚着全面建设社会主义现代化国家的深远而重大的历史意义和现实意义。

首先，“务必不忘初心、牢记使命”要求时代新人要始终保持初心，不忘自己加入乡村振兴事业的初衷和目标。要坚守初心，始终将人民的利益放在首位，始终保

① 《建党以来重要文献选编（1921—1949）》第 26 册，北京：中央文献出版社，2011 年，第 171 页。

② 习近平：《高举中国特色社会主义伟大旗帜 为全面建设社会主义现代化国家而团结奋斗——在中国共产党第二十次全国代表大会上的报告》，《人民日报》，2022 年 10 月 26 日，第 2 版。

持对共产主义事业的初衷和信念，始终为乡村的繁荣发展而努力。共产主义追求的是社会的公平正义、人民的福祉，乡村时代新人应该秉持这一信念，为农民争取权益、促进农村发展而努力奋斗。牢记使命，即时刻铭记自己的责任和使命。时刻明确自己的定位和角色，深入了解乡村发展的实际需求，以实际行动践行自己的使命，为推动农村经济发展、农业现代化和农村社会治理作出积极贡献。

其次，“务必谦虚谨慎、艰苦奋斗”要求时代新人要保持谦虚的态度，不骄不躁。谦虚谨慎是指对待自己的能力和成就要保持谦虚态度，虚心学习；艰苦奋斗是指在乡村发展中要具备坚韧不拔的意志，克服困难，勇往直前。保持谦虚谨慎的态度，要求时代新人要时刻保持学习的姿态，虚心听取他人的意见和建议，不断提升自己的知识和能力。要勇于承认自己的不足，不骄不躁，与他人相互学习、交流、合作，共同推动乡村发展。具备艰苦奋斗的精神，要求时代新人们要有坚韧不拔的意志，在面对各种艰难困苦时坚持不懈，勇敢面对挑战。要有追求卓越的精神，不满足于现状，不断努力提高自己的能力和素质，为乡村振兴作出更大的贡献。同时，在乡村振兴工作中，还要求时代新人注重实际行动和务实精神，具备自我奋斗和自我担当的意识，以实际问题为导向，脚踏实地，不虚浮、不浮夸，扎实推进各项工作，实现个人与乡村发展的共同进步。

最后，“务必敢于斗争、善于斗争”要求时代新人要具备敢于斗争的勇气和决心、善于斗争的能力和智慧。敢于斗争指的是在推动乡村振兴过程中，要有勇气和决心与各种不利因素和问题作斗争；善于斗争则是指要具备解决问题的智慧和能力，善于协调各方利益，找到合适的斗争方式和策略。

敢于斗争，意味着时代新人要勇于面对挑战和困难，敢于与不公正、不合理的现象进行斗争。在推动乡村振兴的过程中，要敢于提出问题、发现问题并解决问题，不畏困难，坚持原则，为乡村的繁荣发展而奋斗。善于斗争，意味着时代新人需要具备解决问题的智慧和能力，在斗争中灵活运用各种手段和策略。要善于协调各方利益，处理各种复杂的关系，以实际行动推动农村的改革和发展。要善于发动群众，要积极组织和引导农民群众参与到乡村建设和发展中，激发农民的积极性和创造力。要广泛宣传和普及乡村振兴的理念和政策，形成多方共同发力的合力。

同时，乡村时代新人要注重斗争的方向和目标。应该以推动乡村振兴、实现农民富裕为斗争的方向和目标，坚持正确的政治方向，坚守社会主义核心价值观，始终站在人民的立场上，以人民群众的利益为最高追求。

三、时代新人是具有可持续性发展能力的致富新人

时代新人的最基本要求就是成为具有可持续性发展能力的致富新人。因为，没有可持续性发展能力便摆脱不了贫困，也无法从根本上摆脱精神贫困。尽管当前农村的绝对贫困问题已经解决，但“现阶段农村地区的收入高速增长更多的是依靠农民外出打工的工资性收入和政府的转移净收入，单纯依靠农业产业经营性收入的占比相对较小”①。所以，乡村振兴中的时代新人必须具有可持续性发展能力和创新精神。

首先，时代新人要具有敏锐的市场意识。这对于乡村振兴至关重要。市场意识是指对市场的敏感性和认知能力，包括对市场需求、竞争环境、消费趋势等方面的洞察和把握。敏锐的市场意识可以帮助时代新人了解乡村的发展机遇和潜力，了解农民的消费需求、乡村产业的发展方向，把握市场的发展趋势；通过积极关注市场动向和消费趋势，进行市场调研和分析，可以及时发现农村市场中的新需求和新机会，推出适应市场需求的产品和服务，为乡村经济发展带来新的活力。敏锐的市场意识可以帮助时代新人及时调整经营策略，降低经营风险，保持竞争优势。时代新人要具备敏锐的市场意识，真正了解市场，才能实施有针对性的战略，推动乡村振兴。

其次，时代新人要掌握先进的科学技术。在乡村振兴中，科学技术发挥着重要的推动作用。时代新人掌握先进的科学技术可以帮助实现从传统农业向现代农业转型，提高农业生产效率和质量，创新农村经济发展模式。一方面，现代农业技术包括农业机械化、精细化农业、数字化农业等。乡村时代新人需要了解和应用这些技术，以提高农业生产效率，减轻农民的劳动负担。掌握机械化操作可以减少人力投入，采用科学的农业管理方法提高作物产量和质量；掌握数字化技术优化农业生

① 范和生，武政宇：《相对贫困治理长效机制构建研究》，《中国特色社会主义研究》2020 年第 1 期。

产流程，可以实现智慧农业的发展。信息技术的应用可以提升农村管理和服务水平。乡村时代新人通过学习和应用数字化技术，可以推动农村电商、农村金融、农村电子商务等的发展。利用互联网和移动互联网等技术手段，可以拓展农产品的市场渠道，提供便捷的农村服务，促进乡村经济的发展。另一方面，农产品加工是农村产业升级和转型的关键环节。通过学习和应用先进的食品加工技术，将农产品加工成高附加值的产品，可以提升农产品的市场竞争力。掌握农产品贮藏、运输和销售技术，延长农产品的保鲜期，可以提高物流效率，确保产品品质。同时，乡村时代新人要积极参与乡村科技创新。他们可以关注农业科研成果和技术创新，积极参与乡村科技创新项目。通过与科研机构和企业的合作，推动农村科技创新的转化和应用。

最后，时代新人要秉持绿色发展理念。绿色发展理念是指在经济、社会和环境可持续性的基础上，通过推动资源节约和环境保护，实现经济发展和环境保护的良性互动。乡村发展不仅要注重经济增长，更要兼顾生态环境的保护与可持续发展。时代新人需要意识到“绿水青山就是金山银山”的理念，理解经济发展与生态环境保护的相互依赖关系。一是要重视生态环境保护。时代新人应该关注农村生态环境的状况，通过合理的农业生产方式、农村规划和土地利用，保护和修复生态环境。可以提倡农业可持续发展，推广有机农业、生态农业等绿色农业模式，减少对土壤、水资源和生态系统的损害。二是要倡导节约资源和能源的理念。时代新人应该通过推广节约型农业技术和生产方式，降低资源的消耗和浪费。可以倡导农民合理使用水、土地、能源等资源，并引导农民开展资源循环利用，减少农业对资源的依赖。同时，他们还可以推动农村能源革命，发展清洁能源，减少对传统能源的依赖。三是要推动农村绿色产业发展。可以推广绿色农产品的生产和销售，鼓励农民发展绿色农业、有机农业、特色农业等绿色产业。可以倡导农业多元化经营，减少对传统农业产业链的依赖，发展绿色农产品加工、农村旅游、生态农业等新兴产业，实现农业产业结构的升级和转型。四是要提倡绿色生活方式。可以在农村宣传环保知识，倡导低碳、节能、环保的生活方式。引导农民改变生活习惯，减少对一次性塑料、化学农药等环境污染物的使用，提倡垃圾分类和资源回收利用。通过推广绿色生活方式，增强农民对环境保护的意识，形成良好的社会氛围。

第三节　乡村振兴视域下时代新人培育的现实困境

时代新人作为乡村振兴的主力军，其培养、管理与有效运用构成乡村人才振兴的关键使命。然而，在全面推动乡村振兴的进程中，我们必须认识到，时代新人的培育在组织建设、文化环境、教育环境以及制度构建等方面遭遇诸多挑战。

一、基层党组织不健全，干部队伍执行力不足

党的基层组织应该是乡村振兴中时代新人培育的主要力量，但目前仍然存在一些问题。

第一，农村基层党组织建设不够健全，无法起到示范带头作用。一是农村基层党组织体系不够完善，干部配备不均衡，组织凝聚力较弱。这导致一些党员没有得到有效的培养和引领，无法成为时代新人的榜样和领导者。二是基层党组织的服务意识和能力相对欠缺。一些基层党组织对农村居民的需求和问题认识不深入，服务水平不高，存在形式化、敷衍的问题，缺乏实质性、有针对性的工作，无法满足群众的基本需求，也无法提供有效的引导和指导。这种情况下，很难通过基层党组织来培养和引导时代新人，让他们树立正确的世界观、人生观和价值观。三是基层党组织的组织生活形式单一，缺乏创新，难以激发党员的积极性和创造性。四是基层党组织的民主管理比较薄弱，党员参与决策和管理的机会有限，难以达到充分发挥党员作用和凝聚集体力量的效果。

第二，农村基层党政干部队伍年龄偏大，工作方法有待创新。一是农村基层党政干部队伍存在年龄偏大的问题。许多干部的工作经验丰富，但年龄偏大也带来了一些问题，如相对保守的思想观念、工作方式和管理方法等，难以与年轻一代建立起良好的沟通和理解。二是基层党政干部的工作方法有待创新。由于缺乏新观念的引入和更新，一些干部仍然依赖传统的工作模式和方式，无法满足时代发展对于农村青年的需求和期待。需要引入更为现代化的工作手段和方法，以更好地适应农村青年的成长环境和发展需求。

二、乡村文化建设不足，精神文明落后

当前，在中国经济发展迅猛的背景下，农村居民的物质生活条件得到显著的提高。然而，精神文明的发展与经济发展之间存在一定的差距，农村青年的精神文化需求没有得到充分的保障。这是一个亟待解决的问题。

首先，农村某些地方封建思想沉渣泛起，这对农村青年的思想观念和精神境界的健康发展带来不利影响。具体表现在，一是部分农村地区在社会发展和观念变革方面存在滞后性。由于历史原因、文化传统以及经济社会发展水平的差异，一些农村地区的居民对现代思想观念和社会价值产生了一定程度的抵触或不适应。这种封建思想的存在，使得一些农村青年在世界观、人生观和价值观的形成过程中受到了限制和束缚。二是传统习俗和观念限制了青年的自我实现和价值追求。在一些农村地区，仍然存在着封建礼教、男尊女卑、世俗教派等传统观念和作风，对农村青年的自由思考和自主发展产生了压抑和约束。三是存在地方权力的滥用和官僚主义现象。一些地方官员干部利用封建思想对农村地区进行社会控制和政治操纵，使得一些农民对于新观念的接受和改变持有怀疑态度，陷入束缚和被动的局面。

其次，部分青年的金钱观和荣辱观扭曲，出现极端的个人主义现象，只关心自己的利益，不关心群众集体，严重阻碍了乡村青年的成长发展。这种现象与社会经济发展的不平衡和人际交往方式的改变有关。随着社会的快速发展和市场经济的兴起，个人物质利益的追求成为人们关注的重点。这种环境下，一些青年很容易被金钱和物质所诱惑，陷入盲目追求个人利益的怪圈，忽视了集体利益和社会责任。这种现象也与家庭教育和社会价值观的转变有关。一些家庭过度关注金钱和地位的追求，忽视了品德教育和社会责任的培养，导致青年的金钱观和荣辱观扭曲。此外，社会对于个人成功和利益最大化的倾向也加剧了青年个人主义现象的出现。

再次，在互联网的冲击下，部分青年会因为发现生活水平的悬殊而产生一些不良心理，如埋怨不公平、不求上进等。互联网带来的信息爆炸和社交媒体的虚幻表象往往会给年轻人带来误导和不切实际的期望。部分青年会通过社交媒体上的虚假信息来评价自己的生活和价值，导致对现实生活的失望和不满。他们常常认为自己的生活不如他人，并产生负面情绪。在互联网时代，机会和资源的分配更为公

平和透明，但也更加激烈和充满竞争。一些青年面对激烈的竞争和压力，可能会感到无力和失落，认为努力没有价值，从而产生一种不求上进的心理。

最后，一些乡村青年存在“等、靠、要”的心态，对事物的看法目光短浅，生活处于“躺平”状态，这种心态削弱了乡村青年战胜困境的决心，减弱了助力乡村振兴的青春力量。乡村地区的资源相对有限，经济条件较为困难，一些青年可能因为长期处于落后和贫困的环境中，对改变现状持有怀疑和消极的态度。一些地区的教育资源相对较为匮乏，导致乡村青年在知识和视野上存在欠缺。

三、乡村教育发展落后，教育体系不全面

首先，乡村教育资源相对缺乏且人才流失严重。乡村地区对教育资源的投入相对较少，学校设施和教学设备相对落后，师资力量相对不足。这导致乡村学校的教育质量无法与城市学校相媲美，限制了学生的学习和发展。由于教育资源相对不足，一些乡村家庭会把他们的孩子送到城市接受更好的教育。这导致乡村教育资源的进一步流失，加剧乡村教育的发展落后情况。

其次，乡村青年缺乏道德教育、法制教育和科学文化知识的教育。由于乡村教育资源相对有限，缺乏道德教育的引导，乡村青年没有形成良好的道德观念和价值观，容易出现不规范的行为，甚至违法犯罪。由于缺乏科学文化知识的教育，农村青年在追求知识和信息时存在较大的障碍，难以跟上时代的发展潮流。由于教育资源的限制和教育内容的不全面，乡村青年在学校中接受的法制教育相对较少。他们没有获得关于法律体系、法治原则和法律意识的充分教育，缺乏对法律的基本认知和理解。由于缺乏对法律的正确认识，乡村青年往往无法合理维护自己的权益，合法权益容易受到侵害，甚至在社会生活中违法乱纪。

再次，乡村中模范榜样示范较少。相比城市地区，乡村地区的资源匮乏，包括教育、就业、文化等方面。因此，乡村中往往难以找到具有良好行为和价值观的模范榜样。缺乏这样的榜样，农村青年很难受到积极的引导和激励，也难以找到目标和方向。此外，乡村地区的阶层结构和社会关系也可能影响到模范榜样的出现。一些农村青年可能生活在较为封闭的环境中，接触范围有限，很难获得外部的正面榜样示范。

最后，乡村教育体系建设不完善，教育内容不全面。乡村地区的教育资源相对有限，学校数量少、学校规模小、师资力量不足等问题普遍存在。这导致了教育机会不均衡，乡村青年很难获得良好的教育机会和教育资源。乡村教育往往局限于传统的文化教育，缺乏对现代科学技术、综合素质和实用技能的培养。这导致乡村学生在面对现实生活和职业发展时面临巨大的挑战。一些地区偏重基础知识和技能培训，但是对道德法制教育、科学文化知识的重视程度不够。缺乏道德法制教育与科学文化知识的全面覆盖，使得乡村青年无法获得良好的道德引导和法治观念的培养，也限制了他们的科学文化素养的提升。此外，教育设施的落后也是一个问题，缺乏先进的教育设备和技术，影响了教育质量和教育效果。

四、乡村人才政策不足，制度建设落后

人才是乡村发展的内在动力，没有人才的支撑，乡村就失去了发展的基础。

首先，缺乏有效的资金政策支持。人才培养涉及教育、职业培训、创业支持等多个方面，这些都需要资金的支持。然而，乡村地区的经济相对较弱，相比城市地区财政收入有限，资金投入不足成为乡村人才培养的一大障碍。乡村人才培养需要优化资金分配机制。目前，乡村人才培养的资金分配机制存在不合理的现象，一些资金往往集中在少数发达地区，而乡村地区得到的资金支持相对较少。这导致乡村人才培养的资源优势无法得到充分发挥。

其次，缺乏完善的激励制度。与城市地区相比，乡村地区的薪酬待遇、职业发展机会和福利待遇有一定差距。一些有潜力和能力的人不愿意留在乡村发展，这使得乡村人才培养的动力不足；由于乡村地区的产业结构相对单一，职业晋升空间有限，乡村人才往往无法得到合适的职业发展机会。缺乏职业晋升和发展的通道和机制，使得人才培养的积极性受到限制。有些地区尽管存在一些激励政策，如奖励政策、补贴政策等，但由于政策宣传不够到位、执行不够严格等原因，激励效果不显著。

最后，乡村人才评价机制缺乏系统性和有效性。当前，乡村人才评价往往过于依赖数量化指标，如学历、职称、论文数量等，忽视了对乡村发展的实际贡献和能力。这样的评价指标使得乡村人才的特殊需求和特点无法得到有效考量，导致评

价结果偏离实际情况，评价的准确性和可信度不高。另外，乡村人才引进的相关规划和统筹规划不明确也是一个问题。没有明确地引进青年力量的数量、工作领域和到岗后效果等规划，容易导致工作重心的不统一和人才资源的浪费。

第四节　乡村振兴视域下时代新人培育的实施路径

乡村振兴中的时代新人培育应着眼于全面推进乡村振兴的特点，瞄准制约培育时代新人的文化、教育、人才、体制等因素，在组织建设、文化环境、教育环境、制度建设上对症下药，找到培育时代新人的现实路径。

一、加强基层党组织建设，完善培育时代新人的工作机制

首先，加强组织架构建设，提升基层党组织的组织力量和凝聚力。一是完善基层党组织的组织结构。建立科学合理的组织架构，明确各级党组织的职责和权责，确保党的组织体系的稳定性和质量。同时，构建"村党支部—网格—党员联系户"的村党组织体系，合理划分工作范围，明确工作职责和业务骨干，提高党组织的工作效率和执行力。二是加强基层党组织的人员队伍建设。培养选拔优秀党员担任各级党组织职务，提高干部的素养和业务水平。同时，注重培养基层党员的领导能力、组织能力和沟通能力，不断提升基层党组织的组织力量和凝聚力。三是强化基层党组织的组织管理。建立健全党组织内部的规章制度，明确党员的权利和义务，形成严明的组织纪律。同时，强化对党员的教育培训和引导，加强组织生活制度的执行，增强党员的组织观念和纪律意识。

其次，提高基层党组织的服务质量，深入了解群众需求，积极协助解决问题。一是发挥党员先锋模范作用。注重培养党员的服务意识和服务技能，鼓励党员积极参与基层党组织的服务工作，树立良好形象。提高服务的专业水平和质量。二是细化服务内容。根据群众的需求和实际情况，制定具体的服务计划和项目，例如，开展困难群众帮扶工作、社区文化建设、儿童教育等，具体满足群众的各类需求。三是提供便民服务。设立党员服务站点，方便群众咨询、提出问题。开展群众关切问题的调研，并及时提供解决方案。鼓励党员干部主动走访群众，了解他们的

实际需求和困难，主动提供帮助。四是加强信息化建设。建立党组织与群众之间的信息沟通渠道，利用互联网和移动通信技术，提高服务的便捷性。通过建立党员在线平台、社区 APP 等方式，方便群众随时随地获得党组织的服务和信息。五是加强培训和学习。加强对基层党组织干部的培训和学习，增强他们的服务意识和工作水平。鼓励党员干部参加相关培训课程，提升服务技能和管理能力。

再次，加强乡村监督治理，促进乡村治理的规范化和民主化。一是充分发挥村务监督委员会作用，强化与基层纪检监察组织的沟通协调，实现对村"两委"成员监督监察全覆盖。二是培育壮大村级自治，推动村民自治的参与，完善村务公开制度，广泛征求村民意见和建议，提高村民对决策过程的知情和参与程度。全面落实党务、村务、财务"三公开"、村干部经济责任审计、村账乡代管等制度，推动村级事务在阳光下运行，为人才培育提供坚实有力的服务保障。三是制定适应乡村特点的治理制度，建立民主决策机制，加强村民代表大会和村民议事会的作用，推动民主决策和监督。推动信息技术应用，建立乡村治理信息平台，提升信息的公开度和透明度。四是通过互联网和移动通信技术，方便群众参与决策和监督，加强信息的沟通和交流。五是鼓励社会组织和媒体对乡村治理进行监督。支持社会组织参与农村公共服务，提供独立公正的监督。加强媒体对乡村治理的宣传和报道，引导公众舆论监督。

二、加强乡村文化建设，优化培育时代新人的文化环境

习近平总书记强调指出："贫穷并不可怕，怕的是智力不足、头脑空空，怕的是知识匮乏、精神委顿。"①

首先，树立坚定的理想信念，弘扬乡村优秀传统文化。一是培育乡村精神文明。加强对乡村的宣传教育工作，培育乡村精神，引导村民树立正确的价值观和信念。倡导劳动精神、勤俭节约、创新拼搏等乡村优秀传统，树立发展乡村的自豪感和责任感。二是增强乡村文化自信。加强乡村文化保护和传承，挖掘和发展乡村

① 中共中央党史和文献研究院编：《习近平扶贫论述摘编》，北京：中央文献出版社，2018 年，第 137 页。

独特的文化资源。组织文艺演出、展览等形式，激发乡村居民的文化创造力和创新精神。通过文化活动，增强乡村居民对乡村发展的自信心。三是弘扬先贤风范。传承乡村先贤的精神和作风，弘扬他们勤劳、正直、勇敢的品质。通过宣传先贤的事迹和成就，激发村民的责任感和使命感。鼓励村干部以身作则，做到清正廉洁、为民务实。四是培养村民文化素质。加强乡村教育，提升村民的文化素质和综合素养。开展农民文化素质培训，提供职业技能培训，帮助村民提升自身的能力和竞争力。

其次，利用互联网，引导乡村青年讲好乡村故事。一是创建乡村文化传承平台。建立专门的网站或社交媒体账号，专注于乡村文化和故事的传播。通过发布乡村故事、传统技艺和乡土风貌等内容，吸引年轻人的关注和参与。二是培养乡村故事讲述人才。开展乡村故事讲述的培训和比赛，激发年轻人对乡村的热情和创造力。提供讲述技巧和创作方法的指导，鼓励他们深入乡村，挖掘故事资源并将其生动地讲述出来。三是组织乡村故事活动。举办乡村故事讲述比赛、文化节、座谈会等活动，鼓励青年参与并分享自己的乡村经历和见闻。通过这些活动，激发更多年轻人关注和传承乡村文化。四是通过短视频和直播平台，展示乡村的美丽风景、传统技艺和民俗活动等。利用新媒体形式，吸引更多年轻人关注乡村，同时鼓励他们使用互联网技术来讲述和传播乡村故事。五是引入互动元素。在互联网平台上引入互动元素，鼓励年轻人和观众参与评论、提问和分享自己的乡村故事。通过互动，促进乡村故事的传播和交流。

再次，加强乡村青年心理健康教育。加强乡村青年心理健康教育是提升乡村青年的心理素质和促进他们全面发展的关键。一是要提供心理健康知识教育。开展心理健康知识的培训和教育活动，向乡村青年提供关于情绪管理、压力缓解、心理调适等方面的教育资源和指导，传授如何认识和管理自己的情感、压力和心理问题的知识。二是要建立心理咨询与支持体系。在乡村设置心理咨询中心或机构，提供心理咨询和支持服务。组织心理咨询师团队，为乡村青年提供咨询、辅导和心理支持。同时，加强与乡村医疗卫生机构的合作，为需要专业治疗的心理问题提供转介服务。三是要开展心理健康宣传活动。通过举办心理健康讲座、工作坊、主题活动等形式，宣传心理健康知识，增强乡村青年的心理健康意识。通过互联网、社交媒体等渠道广泛传播相关信息，让更多的人了解心理健康的重要性。四是要提供心理支持与辅导平台。建立线上心理支持平台，为乡村青年提供心理咨询、辅导和交流的平台。通过在线聊天、电话咨询等方式，解答他们的疑惑，提供针对性的建议和支持。五是要强化心理健康教育资源建设，在乡村学校和社区设立心理健康教室或角落，提供心理健康读物、资料和信息。为乡村青年提供多样化、易于获取的心理健康教育资源。通过对乡村青年的心理健康教育，教导他们正确看待社交媒体上的虚幻表象，并培养自尊、自信的价值观。同时，倡导积极的心态和奋斗精神，引导他们理性对待自己的生活和成就。

最后，加强乡村青年的就业培训和职业规划指导。加强乡村青年的就业培训和职业规划指导是帮助他们提升就业竞争力和实现个人职业发展的关键。一是要提供职业技能培训。针对乡村青年的职业需求，开展适应性强、实用性高的职业技能培训课程。这包括农业技术培训、农村电商运营、创新创业、电子商务等相关领域培训。通过提供职业技能培训，增强乡村青年的就业竞争力和市场适应能力。二是要强化实习和实践机会。与企业、农业合作社、政府等机构合作，提供丰富的实习和实践机会。通过实践，帮助青年了解工作环境、培养实践能力和解决问题的能力。同时，鼓励乡村青年在实践过程中注重职业道德和职业素养的培养。三是要开展职业规划指导。提供个性化的职业规划指导服务，帮助乡村青年了解自己的优势、兴趣和职业发展潜力。通过职业咨询、评估和辅导等方式，引导他们合理规划自己的职业目标和发展路径。四是要提供创业支持和指导。为有创业意愿的乡村青年提供创业支持和指导服务。包括提供创业培训、创业项目评估、创业资金支持等。通过提供创业资源和指导，鼓励乡村青年积极创业，促进乡村经济发展和就业机会创造。五是要加强职业信息和就业服务。建立健全的职业信息平台，提供就业市场、岗位需求和薪酬情况等相关信息。同时，提供包括求职指导、简历制作、面试技巧等服务，帮助乡村青年顺利就业和职业发展。

此外，也需要乡村青年自身的自觉和努力。他们应该正确认识到自身的潜力和机会，勇于面对困境和挑战，并努力提升自身的素质和能力，通过勤奋学习、积极创业等方式改变自身的生活和乡村的现状。

三、加强乡村教育发展，完善培育时代新人的教育环境

习近平总书记指出，要“紧紧扭住教育这个脱贫致富的根本之策”①。由此，需要在培育时代新人的过程中把握以下几个方面：

首先，坚持马克思主义指导思想，对时代新人进行社会主义核心价值观的培养教育。一是要增强思想政治教育的力度。通过开展理论学习、思想交流、讲座等形式，加强对马克思主义基本原理和社会主义核心价值观的教育。引导乡村时代新人从马克思主义的角度认识世界和社会，树立正确的世界观、人生观和价值观。二是要加强对社会主义核心价值观的宣传教育。通过各种媒体和平台，积极宣传社会主义核心价值观的内涵和表现形式。倡导乡村时代新人崇尚集体主义、诚实守信、勤奋创业、关爱他人等美德，引导他们践行社会主义核心价值观。三是要实施德育活动。通过组织社会实践、志愿服务、文化活动等形式，培养乡村时代新人的社会责任感、家国情怀和集体意识。注重培养他们的社会良知和行为规范，促进他们积极参与社会建设和公共事务。四是要建立典型示范引领。通过宣传先进事迹和典型人物，激励乡村时代新人学习先进的思想、精神和行为模范。引领他们向德、智、体、美、劳全面发展，培养乡村时代新人的优秀品质和道德风尚。五是要加强青年组织引导。通过建立青年团体、党员组织等，为乡村时代新人提供学习、交流和成长的平台。组织开展政治理论学习、文化活动、志愿服务等形式多样的教育培训，帮助他们加深对社会主义核心价值观的理解和实践。

其次，加强乡村教育改革。一是要增加教育投入。增加农村教育经费，改善农村学校的硬件设施和教育资源。提供更好的校舍、教学器材和图书馆，并提供丰富的教育资源，以提高教育质量。二是要加强教师队伍建设：加强农村教师培训和教育，提高他们的教育水平和专业能力。同时，提高农村教师的待遇和福利，增加他们的职业吸引力，留住优秀的教师人才。三是要推进课程改革。根据乡村发展需求和学生的实际情况，优化课程设置，注重培养学生的实践能力、创新精神和职业技能。开展与农业、农村经济和社会发展相关的实践教育，提高教育的针对性和

① 中共中央文献研究室编：《十八大以来重要文献选编》(上)，北京：中央文献出版社，2014 年，第 682 页。

实际效果。四是要引进先进教育理念和技术。学习借鉴国内外先进的教育理念和技术，引进先进的教育教学方法和技术手段。通过现代化的教学手段和科技设备，提高教学效果，并丰富学生的学习方式和体验。五是要加强与社会的联系。鼓励农村学校与当地企业、农业合作社等社会资源进行合作，提供实践机会和实习机会。通过与社会的联系，帮助学生更好地了解农村发展需要和就业机会，提高他们的就业竞争力。六是要充分发挥职业院校培养农村专业人才的作用。作为培养农村高层次人才的主要力量，各类农业院校、职业技校应把乡村人才培养作为首要任务，结合农业大学生定向培养等各项扶持政策，采用多层次、多形式的教育和培训模式，积极开展“双证”制教育。针对各地实际，调整专业设置，改革教学内容和方法，注重培养人才的学习能力、实践操作能力，使学员在发展农村经济，推动乡村振兴中能够学有所长、学有所用。通过加强乡村教育改革，可以提高农村教育水平，为乡村青年的发展提供更好的教育支持，进一步推动乡村振兴战略的顺利实施。七是要充分利用网络信息技术来扩展农民教育渠道。通过远程教育网络平台，将农业技术及时、便捷地传递给农民，帮助农民掌握一技之长，为乡村振兴贡献力量。

最后，完善乡村教育体系。一是要健全农村学前教育。加强农村学前教育的普及和发展，建设更多的农村幼儿园和托育机构。提供优质的学前教育服务，满足乡村儿童的学前教育需求，为他们的学习打下坚实的基础。二是要发展优质乡村小学。加强农村小学的建设和管理，提供良好的教育环境和资源。注重培养学生的基本学习能力和素质教育，关注乡村特色和文化传承。提供优质的师资力量和教学资源，提高乡村小学的教育质量。三是要加强初中阶段教育。加大农村初中教育的力度，优化教学管理和教育资源配置。提供全面的学科教育和综合素质教育，培养学生的创新能力和实践能力。鼓励乡村学校与城镇学校合作，共享教育资源和优质师资。四是要建设综合化乡村高中。推进乡村高中的建设，提供高质量的高中教育。注重培养学生的学术能力和职业技能，为学生提供多样化的教育选项和发展路径。加强与高等教育和职业教育的衔接，为学生的升学和就业提供支持。五是要增强农村教育管理能力。提高乡村教育管理者的能力和水平，加强教育规划和政策执行。优化教育资源配置，提高教育经费使用效益。建立健全的评估机制，监督和评估乡村教育的质量和效果。

四、加强乡村人才建设,完善培育时代新人的政策环境

首先,健全工作机制,保障乡村人才工作稳步推进。一是要设立专门的组织机构或人才管理部门,明确职责和分工。该机构可以负责人才培养、选拔、引进、评价等工作,统筹协调各项工作,确保乡村人才工作的顺利开展。二是要建立健全的人才培训体系,包括丰富多样的培训课程、专业的培训师资和先进的培训设施。为乡村人才提供持续学习和专业发展的机会,提升他们的技能水平和综合素质。三是要设立激励措施和奖励制度,为乡村人才提供各种激励和回报,激发他们的积极性和创造力。例如,可以设立乡村人才奖励计划,表彰在农村发展和乡村振兴中作出突出贡献的人才。四是要加强政策支持。制定有利于乡村人才发展的政策和措施,鼓励人才向农村流动和扎根,提供更多的发展机会和优越的工作环境。建立起良好的政策体系,包括财政支持、税收优惠等方面的政策,为乡村人才的发展提供有力支持。五是要建立健全的监督和评估机制,及时了解乡村人才工作的进展情况,发现问题并进行及时纠正。通过定期评估和绩效考核,激励和引导相关部门和个人积极参与乡村人才工作,确保工作落实到位。

其次,创新人才培养模式,灵活用好人才。灵活合理用好涉农人才,需要地方在用才时不拘形式。一是要引入多元化培养方式。除了传统的学历教育,还可以探索引入职业教育、技能培训、实践培训等多元化的培养方式。通过与企业、农业合作社等合作,提供实战锻炼机会,培养实用型人才。同时,鼓励乡村人才参与创业实践和项目实施,锻炼其创新能力和实践经验。二是要提供个性化发展路径。针对不同人才的特长和兴趣,提供个性化的发展路径。在培养计划中注重挖掘和培养个人潜能,鼓励乡村人才在自己擅长的领域发展,并提供相应的培训和支持。三是要建立师徒传承机制。重视传统技艺和经验的传承,建立师徒制度,让经验丰富的老一辈农民能够教授和指导年轻一代的农村人才。通过结合现代科技手段,将传统农业知识与现代农业技术相结合,提高农民的专业能力和创新能力。四是要加强企业与农业合作社的合作。积极鼓励乡村人才与农业企业、农业合作社进行合作,通过合作项目的实施,提供实践机会和发展平台。同时,农业企业和农业合作社可以提供技术支持、管理经验等方面的帮助,促进乡村人才的成长和发展。通过创新人才培养模式,灵活用好人才,可以更好地发挥乡村人才的潜力和创造

力，推动乡村振兴和农业现代化进程。

最后，充分开发本地人才资源，不断吸引外来人才。一方面，结合乡村人才分类，可以根据不同的特点和需求，开发本地人才。用好现有农业技术人才，开发农村基层党政管理人才，鼓励乡村企业家人才，培育乡土文化传承人才，开发乡村旅游人才。充分发挥他们的优势和潜力，形成“尊重人才、尊重知识、尊重创造”的良好氛围，以点带面，促进当地农村经济发展，推动乡村振兴。另一方面，优化乡村环境，吸引外来人才。需要“筑巢”，大力发展农业产业化，延伸农业产业链条，积极招商引资，鼓励当地乡村人才领办、创办农产品加工企业或各类合作经济组织，为吸引外来人才搭建舞台。需要建立人才流动的“绿色通道”。简化人才引进程序，为引进的乡村人才提供居住和生活便利，建立人才交流平台，完善人才评价认定机制。需要制定优惠政策，留住人才。对在乡村从事创业或相关领域工作的人才，给予税收减免或税收优惠，以降低他们的经济负担。在政治生活待遇，科研项目经费安排，子女、配偶、就业等方面制定优惠政策，解决他们的后顾之忧。建立完善的医疗保障制度，为乡村人才提供医疗保险和健康服务。同时，提供福利待遇，如休假制度、养老金等，增加他们留在乡村的稳定感和幸福感。这可以既激励人才留在乡村，也促进乡村经济的发展。

总之，乡村振兴视域下时代新人的培育是一项长期工程，随着时代的发展，还将面临许多问题和挑战，需要政府、社会各界加以攻克，探索新的培育模式，提升乡村时代新人的素质水平，最终实现高质量发展。

| 第六章 |

大国工匠与时代新人培育

大国经济要有大国制造，大国制造离不开大国工匠。制造业是实体经济的主体，是国家经济命脉所系。党的十八大以来，以习近平同志为核心的党中央高度重视发展制造业和实体经济，对推进制造强国建设作出一系列重要论述，强调制造业是立国之本、强国之基，深刻阐明制造业是实体经济的基础，实体经济是我国发展的本钱，是构筑未来发展战略优势的重要支撑。

当前，中国正处在由“制造大国”向“制造强国”转型升级的关键时期，围绕为全面建设社会主义现代化国家提供人才支撑的总体要求，大力造就支撑制造强国急需的大国工匠就成为时代新人培育的一项重要内容。特别是随着中国科学技术的现代化发展，大国工匠也已然成为我国由传统手工业社会向现代化社会演变过程中的一种特殊的文化遗产，是中华民族勤劳、富有智慧的集体形象的写照。在这一时代背景下，以爱岗敬业的职业精神、精益求精的品质精神、协作共进的团队精神、追求卓越的创新精神等为核心特征的大国工匠再次回归大众视野，成为社会各界的职业标准和精神导向，政府各级机构也都积极宣讲工匠精神的时代意义，希望用工匠精神服务于劳动者成才、制造业提质、社会风气改良，让追求卓越、崇尚质量成为全社会、全民族的价值导向和时代精神。

2020 年 11 月，习近平总书记在全国劳动模范和先进工作者表彰大会上着重强调，“技术工人队伍是支撑中国制造、中国创造的重要基础”，要“激励更多劳动者特别是青年人走技能成才、技能报国之路，培养更多高技能人才和大国工匠”。① 在这一时代背景下，探究如何在时代新人的培育中造就一大批大国工匠，对于中国产业结构转型升级、建设现代化产业体系和高质量发展具有重要的指导意义和现实意义。

第一节　大国制造需要造就一批大国工匠

从世界历史中大国兴衰的规律来看，现代化社会中制造业作为经济社会发展的基础性产业，是一个国家保持综合实力和较高竞争力的战略性支撑。当今，世界发展的全球化、多极化趋势势不可挡，各个国家和地区竞相发展的势头越来越强劲。其中，以综合国力较量为本质的各个大国之间的竞争更是愈演愈烈，大国制造作为综合国力竞争的重要组成部分，已然成为新一轮全球竞争的焦点和关注点。归根到底，当今世界各国综合国力的竞争是人才的竞争、劳动者素质的竞争。习近平总书记指出：“技术工人队伍是支撑中国制造、中国创造的重要力量。”②今天，中国经济发展比以往任何时候都需要大量专业技术人才，尤其是大国工匠这样的高技能人才。无论是突破“卡脖子”技术，还是建设制造强国，推动经济发展质量变革、效率变革、动力变革，都需要大力弘扬工匠精神，以培育大国工匠推动大国制造迈上新台阶、取得新突破。

一、制造业成为大国竞争的重要领域

从长周期的历史发展来看，自人类社会开启工业化进程以后，以制造业为标识的工业化一直是人类社会发展的基础，也是世界上各个国家和地区保持发展独立性、参与国际合作与竞争的重要支撑。一般来说，人们把蒸汽时代（机械制造时代）称为工业 1.0，这一时代的机器革命使人类能够使用非劳动力进行大规模的商品生产。英国通过第一次工业革命从一个相对边缘的欧洲国家一跃成为世界工业化的

---

① 习近平：《在全国劳动模范和先进工作者表彰大会上的讲话》，《人民日报》2020 年 11 月 25 日，第 2 版。

② 《习近平致信祝贺首届大国工匠创新交流大会举办》，《人民日报》2022 年 4 月 28 日，第 1 版。

领导者，并凭借着强大的工业制造能力和产品生产能力成为19世纪的“日不落帝国”。电气化、自动化时代，则被人们普遍称为工业2.0，电气革命产生于这个时代，正是从这时开始，电成为推进人类经济社会工业化进程最基本的能源之一。德国抓住了第二次工业革命浪潮，成为第二个世界现代科技中心，从一个相对落后的农业国迅速转变为一个强大的工业国。电子信息化时代，则被人们普遍称为工业3.0，产生于这一时代的信息革命通过自动化使机器实现的生产效能和智能水平得到了极大提升。美国正是在国家独立之后，抓住了第二次、第三次工业革命的机遇，在短时间内迅速发展成为一个先进的、强大的工业国。虽然这期间一些较早完成工业化的发达国家经历了“脱实向虚”——去工业化、去制造业的发展历程。但在2008年由美国引起的金融危机，以及2010年的欧洲债务危机之后，包括西方发达国家在内的政府、商界、学界等各社会阶层都意识到虚拟经济的发展离不开实体经济的支撑，制造能力的削弱会危害一个国家或地区的经济健康。制造业在一个国家经济社会发展当中具有基础性作用。在这样一个全球竞争的大潮流中，美国提出“再工业化”战略，德国提出并实施“工业4.0”，其根本目标就是巩固和强化国家的制造业根基，提升本国制造业的核心竞争力和制造水平，以期在新一轮的全球竞争中占据优势位置。在世界范围内，目前德国提出的“工业4.0”的概念，逐渐成为人们普遍接受和广泛讨论的热点。从整体上来讲，智能化是工业4.0时代的显著标志，它是在第三次工业革命基础上，不断对制造业的模式加以转变的过程中发展演变而来的，智能化时代实现了全产品生命周期和全制造流程的数字化，以及基于信息技术的模块集成。具体来说，就是人们在生产制造过程中利用互联网将生产设备、生产线、工厂、供应商、产品、客户等在内的上下游生态单元连接起来，并且在信息物理系统的基础上将传感器、嵌入式终端系统、智能操作系统、通信设施连接交织在一起，形成一个智能网络。不同设备之间、产品与设备之间、虚拟数字与物理世界之间实现互联互通，万事万物之间实现互联互通，从而达到从机器设备到操控系统，最终到人类社会的数字信息交流。可以说，工业4.0是将智能制造与智能服务交织融合发展的一场生产及服务方式革命，是“工业＋信息”的大融合，在这一发展趋势下，一种高度灵活、个性化、数字化的产品与服务的全新生产模式也在不断形成。这是一场从自动化生产到智能化生产的巨大革命，制造业在生产过程中的每一个环节都发生了翻天覆地的变化。

中国是一个人口大国和经济大国，制造业既可以创造众多的就业机会，又是构建和保持创新型经济的重要因素，同时对国家安全也至关重要。随着中华人民共和国成立特别是改革开放以来的快速发展，制造业已经是中国当前最大的产业，是经济发展的关键。虽然中国是世界第一制造业大国，21 世纪对于全球来讲已经成为“中国制造”无处不在的时代，但中国的制造业还不具备像世界制造强国那样整体上规模雄厚、技术创新能力强、发展质量好和在国际工业产业链中居于主导地位的特长和优势，还存在大而不强、多而不精的问题，表现在产品档次整体不高、产业结构性矛盾突出、国际市场竞争力较低、自主创新能力弱等方面。中国制造业在国际市场上的竞争性和吸引力，相比美国、德国、日本等发达国家还有不小的差距。此外，对中国而言，在西方国家和部分新兴经济体等力量的多重挤压甚至打压下，很多技术制造和技术创新方面的“卡脖子”问题愈发凸显，所以说，突出实体经济地位、加快制造强国步伐，能够促进中国经济高质量发展、继续发挥全球治理的关键作用。无论从哪个角度看，制造业都是构筑中国式现代化发展的基石，能否实现智能制造可以说是中国能否在新的发展环境中顺利推进中国式现代化的关键。

二、能工巧匠是建设制造强国的重要基石

面对新一轮世界大国竞争发展的新变化，党的十八大以来，以习近平同志为核心的党中央提出了一系列新理念新思想新战略，提出制造强国发展目标和战略规划，从注重速度到注重质量，建立中国自己的工业品牌。2015 年 5 月，中国制定并颁布了《中国制造 2025》，这是我国实施制造强国战略的第一个十年行动纲领，提出要通过“三步走”实现制造强国的战略：第一步到 2025 年，迈入制造强国行列；第二步到 2035 年，制造业整体达到世界制造强国阵营中等水平；第三步到中华人民共和国成立 100 年时，中国制造业大国地位更加巩固，综合实力进入世界制造强国前列。这一战略规划针对中国的制造业现状提出了未来制造业的发展前景以及发展方向，是中国制造业中长期发展的纲领性文件，将引领中国制造业提质升级。

“劳动最光荣，劳动最崇高，劳动最伟大，劳动最美丽。”劳动是创造一切财富的源泉，是推动人类社会进步的根本力量。可以说，正是在一代代新人的劳动创造中，我们的国家和民族才一步步走向富强和复兴。从制造业大国到制造业强国转变，需要千千万万劳动者的心血与汗水，更需要劳动群体中涌现出一大批大国工匠这一作为打造“制造强国”的关键力量、重要基石。在未来发展的二三十年中，对中国而言，如果要进入制造业的“至高领地”，在制造产业领域与“世界制造强国”相媲美，就要集中力量致力于培养具备丰富的知识储备、扎实的技艺功底、良好的职业素质以及崇高的工匠精神的新时代大国工匠，进而为制造业的转型、升级和经济社会的整体进步提供重要的推动力量和人才支撑。党的十九大明确提出，“建设知识型、技能型、创新型劳动者大军，弘扬劳模精神和工匠精神，营造劳动光荣的社会风尚和精益求精的敬业风气”①。立足全面建设社会主义现代化国家的战略布局，党的二十大提出“加快建设制造强国”“加快建设国家战略人才力量，努力培养造就更多大师、战略科学家、一流科技领军人才和创新团队、青年科技人才、卓越工程师、大国工匠、高技能人才”②，为我国从制造业大国向制造业强国迈进指明了方向、明确了路径。

时代新人拥有着得天独厚的良好资源，他们处在学习专业知识、汲取社会知识和塑造人格素养的成长关键时期，他们不仅是担负复兴使命、推动发展进步的“后备军”，也是我们在新时代培养大国工匠的“生力军”。总的来讲，通过在当代青年群体中间实施大国工匠培育计划和开展培育实践，对他们进行包括工匠精神在内的引导和培育，不仅能够让他们掌握一技之长，提升其专业素养和技术水平，也能够更好地强化自身的劳动情感、劳动意志和工匠意识，让辛勤劳动、诚实劳动、创造性劳动内化于心、外化于行，真正将他们培养成为能够担负起民族复兴和国家富强的时代新人，从而为国家发展输送大量的技艺精湛、品质优秀的大国工匠以及数以万计的技术技能型人才。

---

① 《习近平著作选读》第2卷，北京：人民出版社，2023年，第25页。

② 习近平：《高举中国特色社会主义伟大旗帜 为全面建设社会主义现代化国家而团结奋斗——在中国共产党第二十次全国代表大会上的报告》，北京：人民出版社，2022年，第36页。

第二节 大国工匠的时代内涵

从词源角度分析，在英语的语义中，“工匠”(artisan)一词可追溯至拉丁语，其本义是将某种东西“聚拢、捏合和进行塑形”(to put together, join, or fit)的人，人们就把这种体力劳动的操作称为“ars”。随着经济社会的发展，这种劳动形式的内涵不断演变，逐步丰富发展为“技能、技巧、技艺”之义，即“art”；相应地，在17世纪早期的西方社会，在借鉴法语“artisan”和意大利语“artigiano”的含义基础上，“artisan”一词逐渐演变并被广泛使用起来，其含义由“从事这种职业”逐渐固化为作为一种特定的职业和特定的社会阶层，被统称为工匠、手工艺人。① 亚里士多德在《形而上学》中也区分了大匠师(technitss)与一般工匠(cheirotechnitss)，认为前者比后者更受人尊敬、知道得更真、更为聪明，因为他们知道所做事情的原因。换言之，前者工作依靠理性，后者则依赖习惯。在汉语的语义中，“工匠”的概念和含义与中华民族的传统文化有着深刻而密切的关系。《考工记》是记载春秋战国时期的器物制造、工艺起源等方面的一部历史资料，是中国目前现存已知年代最早的手工业技术文献。这本书中对于掌握一技之长的群体有着鲜明的解释：“知者创物，巧者述之守之，世谓之工，百工之事，皆圣人之作也。”②在这里，“知者”是指通常指具有开拓精神、智慧的人，“巧者”是指携带标准技术，能够“描述”或“守护”拥有物的技能的人，其中蕴含着古人对于能工巧匠的生动认知。而其中的“圣人之作”则直接反映了古人对于创世的起源长期受到诸如“圣人创世”等神圣思想的影响，在中国历史文化中广为流传的“巢氏建屋”“黄帝造车”“嫘祖始蚕”“舜善制陶”和“大禹治水”等典故，正是契合了中国古代“匠人治国”的一种观念，构成了最早的手工制造业的“祖师”崇拜文化。后来，许慎在《说文解字》中记载：“匠，木工也，从匚，从斤，斤所以做器也。”③在此基础上，人们又引申为凡具有一技之长的劳动者皆为“匠”。段玉裁在所著的《说文解字注》中写道：“工者，巧饬也，百工皆称工，称匠，独

① 庄西真：《多维视角下的工匠精神：内涵剖析与解读》，《中国高教研究》2017年第5期。
② 佚名著，闻人军译注：《考工记译注》，上海：上海古籍出版社，2008年，第17页。
③ (汉)许慎：《说文解字》，北京：中华书局，1963年，第268页。

举木工者，其字从斤也。以木工之称引申为凡工之称也。”①在中国古代社会中，有着木匠、铁匠、泥水匠、石匠、灰匠、木匠、塑匠、画匠、厨师等各类工匠种类，他们共同构成了传统社会的匠人群体。由此可见，无论中外，“工匠”一般是指日常做工的普通人，工匠与体力劳动的关系密切，属于特定的职业，或处于特定的社会地位的阶级。同样地，中华传统文化中也有着对工匠精神独特的阐释，在《庄子》一书中，提出了“技进乎艺，艺进乎道”的观点，这更是把在感性经验层面的“技术”上升到普遍规律的“道”的层面。近代以来，随着经济社会的不断转型，人们对于工匠的认识和定义也随之发生变化。许多学者指出，工匠作为一个特定的社会群体，他们在精雕细琢、精益求精中会形成特定的精神理念、尚巧精神，其中秉承的工作态度、人生态度等即为工匠精神。②

工匠所传承的态度、精神和灵魂历久弥新，始终是推动时代进步、培养有用人才的丰富资源。随着时代的发展与科技的进步，数字化、信息化和智能化时代的到来，深刻改变了人们的生产方式和劳动方式，社会中新的行业层出不穷，新的业态不断涌现，如航空、航天、船舶工业、电子信息、软件工程、车辆工程、桥梁工程等，这些新行业、新业态非但没有使工匠黯然失色，反而产生了新的符合社会发展的时代新工匠。工匠自身所展现出来的精神也延伸到了社会各行各业中，即说，在一个行业中的个体如果能够注重细节、热爱岗位、专心工作、努力学习，以认真和坚持的态度将产品做到最好，我们都可以称之为工匠。这意味着，工匠在传统的基础上因为吸纳和融入了现代社会的特征而逐步转型，其中，既有着技术转型的趋势，即从经验导向转向科学力量导向，也包括角色转型的趋势，即技术主体从集体性智慧对个人化创造的替代。③ 换言之，新时代高质量发展的要求迫使我们必须逐渐取代传统重数量、求速度的发展模式，工匠的思想内涵在理论与实践的发展进程中不断丰富和深化，我们可以从以下几个方面概括分析大国工匠的当代内涵：

---

① （清）段玉裁：《说文解字注》，上海：上海古籍出版社，1988 年，第 635 页。
② 钱穆：《中国历史精神》，北京：九州出版社，2012 年，第 68 页。
③ 刘红芳、徐岩：《“工匠”源与流的理论阐析》，《北京市工会干部学院学报》2016 年第 3 期。

一、敬业乐业、专注执着是大国工匠的底色

俗话说“干一行，爱一行，专一行，精一行”。敬业是从业者基于对职业的敬畏和热爱而产生的一种全身心投入的认认真真、尽职尽责的职业精神状态，是一种高度的忘我、付出与追求极致的奉献精神和工作态度。敬业精神不仅是当代人的一种职业态度，而且也是古人的职业态度，在中华传统文化中，很早就有“敬业乐群”“忠于职守”的价值观念。孔子讲到人要“执事敬”“事思敬”“修己以敬”，其本意是指一个人行事要严肃、专心、认真、不懈怠，始终保持恭敬谦逊的做人态度。相比于敬业精神所体现的使命感，“乐业”则是一种在工作中获得享受的境界。所谓“好之者不如乐之者”，乐业者将自己的职业当作满足兴趣和获得乐趣的途径，这是一种对自身职业高度认同的境界。敬业乐业与专注执着相辅相成，一个人要想学有所成、行有所得，就必须专心致志、坚定执着，面对快速革新的技术，劳动者面临的一个问题就是如何静下心来学好一门技术，拥有一颗笃定淡然之心，执着专注地去做好一件事情，才能从容面对物欲横流的纷扰，不迷失于金钱名利的泥潭之中。作为日常工作中一对相辅相成的职业道德精神，敬业乐业、专注执着精神所包含的对自身技艺和从事职业的认同感正是工匠们安身立命的底色。

二、精益求精、技艺精湛是大国工匠的根基

“天下大事，必作于细。”虽然在不同的时代，对于工匠的定义和内涵有着不同的概括，但精益求精、技艺精湛的专业精神始终是工匠的核心内涵和突出特征。工匠在长期技术实践的积累和对技术方法的改进思索中，形成了对劳动产品臻于完美的价值追求，时时鞭策驱动着他们在专业领域内追求极致，不断提升对产品的精致要求，以至于无论对技术还是产品，都达到精益求精的地步，尽力将产品品质“从 99％提高到 99.99％”。中国古代工匠制作的许多精工细作的制品以其高超的工艺而闻名于世。例如，被称为镇国之宝的商后母戊鼎（也称司母戊大方鼎），是已知现存的中国古代最重的青铜器，在其塑造泥模、翻制陶范、合范灌注等环节中存在着一系列复杂且精细的技术流程和工艺，集中体现了中国早期社会的工艺水平和匠人精神。出土于长沙马王堆汉墓的素纱禅衣，丝缕纤细、薄若蝉翼，整件衣服用料约 2.6 平方米，而重量仅 49 克，具有极高的工艺水准。在“中国制造”走向“中

国创造”的进程中，科技的“高精尖”使得产业生产不断向着精细化生产和高端制造的方向转变，人们在不断追求美好生活的过程中，关注的重点越来越集中在产品的品质、服务的体验感、企业的品牌等方面，这些发展的新变化都要求生产者具有高度的产品意识、质量意识，以及对于工艺精雕细琢的追求。追求技艺精湛纯熟、产品精致细密不仅仅是工匠精神最直接的表现，更是工匠精神在新时代得以传承和发扬的关键所在。工匠们对每一件物品都认真细致，制作每一道工序时都耐心与细心，在这个过程中，他们坚持自己，用心努力地使自己不受外界环境的干扰，不断追求产品的完美，巧妙地运用技术经验创造出完美的器物，并在现有的标准下发展和创新。这种切磋琢磨、精益求精的精神，不仅是古代工匠安身立命的根本，也构成了当代大国工匠的立身根基。

三、追求卓越、勇于创新是大国工匠的灵魂

如果说敬业乐业、精益求精是对传统工匠的继承，那么追求卓越、勇于创新则是大国工匠新时代内涵的发展。创新创造是大国工匠的灵魂所在，工匠的“造物”能力和技艺不仅是衡量和决定工匠水平高低的先决因素，也是工匠智慧和灵感的集中体现。“在激烈的国际竞争中，惟创新者进，惟创新者强，惟创新者胜。”①对于传统工匠来讲，在家族代代相传的技艺中，通常每一代传人不仅要继承上一辈积累下来的经验，而且总是要加进自己的某种创新和突破。只有这样，一门技艺才能日益臻于完善，也才能得到更好的传承。当代大国工匠不仅要立足于传统基础上，还要大力提倡创新，只有创新才能推动产品的升级换代，才能满足新时代社会发展和人们日益增长的对美好生活的需要。在新时代，工匠精神中的创新内涵比任何时代都更为显著。当今时代的创新是起统领作用的，创新的广度和深度都是手工业时代的劳动者不可能想到和做到的。过去，创新可能只是一种生产活动的副产品，而现在创新是一种首要价值。因为飞速变化的世界，过去的经验已经远远不能应对未来的复杂挑战。创新意味着承担风险和拥抱失败，意味着非常规行为和打破

---

① 习近平：《在欧美同学会成立 100 周年庆祝大会上的讲话》，《人民日报》2013 年 10 月 22 日，第 2 版。

界限。一切创造性活动都是面向未来不确定性的行动，这其实也正是现代工匠活动的本质。对现代工匠来说，创新创造并不仅仅指轰轰烈烈的技术革命甚至产业革命，也不是只有英雄人物可以做到的事情，制造一个更好用的日常工具、提供一次更优质的服务也属于这个时代的创新价值所在。

总而言之，在培育大国工匠的过程中，我们应充分利用多种学科的知识，着重理解工匠、工匠精神的相关概念和理论内涵，通过借鉴融合国内外经验，在培育时代新人的实践中，不断完善新时代大国工匠培育的思路和方法。

第三节　着眼时代新人培育大国工匠的制约因素

着眼于时代新人培育的目标要求，如何培养和造就大批大国工匠是社会各界必须面对的一个重要课题。据有关方面数据，截至2022年，中国技能劳动者超过2亿人，其中高技能人才超过5 000万人。但另一方面，中国技能劳动者占就业人口总量不到三成，技能人才总量仍然不足。正因此，壮大技术工人队伍，培养更多高素质技术技能人才、能工巧匠、大国工匠，既是当前之需，也是长远之计。自中国提出建设制造强国、培养大国工匠以来，社会各个层面、各级机构都开展了相应的工匠精神宣传和培育活动。然而，由于主客观因素的影响，当前我国在大国工匠的培育方面仍处于比较原始的阶段，面临着很多制约因素，存在着各种各样的问题，面临着多方面的困难。从不同层面看，我们可以从青年自身、学校教育、社会环境和实践结合等角度进行分析探讨。

一、青年立志工匠事业的动力不足

一是对工匠的认识度、认同度不高。认知属于心理学概念，是由信息获取、编码、存储以及提取使用等一系列操作所组成的系统的信息加工过程，是个体将大国工匠这一概念内化到自我意识中的重要前提。目前一个较为普遍的现象是，青年群体对大国工匠有所认知，且有一定的认同程度，但是却难以将其与自身的专业联系起来，亦难以应用在实习与生活中，青年人对大国工匠的内涵语焉不详，对工匠的理解仍旧停留在体会的层面，难以将其用语言组织出来。尤其是在一些高职类院校，所招收的生源整体情况较弱，并且大部分青年学生选择高职院校进行学习并非出于兴趣，而是对自身成绩的无奈之举。可以说，大多数青年学生并不认同自身的专业，对于工匠的职业发展也产生了不利影响。二是生涯规划不够清晰。对于大多数企业来说，他们希望入职的青年人能够快速进入岗位角色，不仅要青年人能够适应新经济、新技术的快速发展，而且能够引领未来、创造未来。特别是进入新时代后，中国工业的发展面临着越来越多的重大挑战。这不仅仅要求当代青年人具有适应社会的能力，而且要求他们具有工匠精神，以适应经济的可持续发展。数据表明，相当数量的青年人对自己的职业生涯目标定位并不明确，对自己的未来发展方向没有非常清晰的认识，大多数人仍然徘徊在人生发展的道路上，即使他们有所思考，也并不深刻，甚至很快就被否定了，而这使得学生在学习与生活中缺乏合理的规划和目标。将其引申至工匠精神培育的角度，可以发现职业目标的模糊使得学生成就感和动机较差，难以真正理解工匠精神，更加难以将工匠精神予以践行。三是学习能力和态度还不够好。处于大学阶段的当代青年的约束力较弱，自由度稍高一些，学习专注度有待加强，存在学习时分心的情况。部分自律性较差的年轻人在此情境下容易丧失学习的动机与热情。部分学生仅完成老师的课业，甚至难以达到课业要求。并且，在面对困难的学习任务时，仅有少数青年人表示会坚持到成功，部分青年学生存在“看到别人在课上玩手机，我就也会玩”的情况，并且课堂中存在睡觉、聊天等情况，这说明当前部分青年学生的学习专注力较差，难以养成科学的学习习惯，不利于青年人的身心健康发展。可见，大多数青年人不会在课业之外进行自主学习，并且在面对较为困难的学习任务时会选择放弃，而这不仅不利于青年人的专业发展，而且并不符合工匠精神的内涵，不利于大国工匠的培育。

二、学校教育的方法与手段还较为传统

各级各类学校，尤其是职业类学校是培育大国工匠的“主战场”，学校教育的水平很大程度上影响着我国大国工匠培养的整体质量。依据“人职匹配理论”，只有开展有针对性的教育教学，才会达到“人职匹配”的效果。在当今的数字化、信息化时代，青年是受到移动互联网、云计算、社交网络等新技术影响最大、最深的一个群

体。但一个不容回避的事实是，目前各级各类院校对于工匠类人才选拔、培养的模式和以往并没有明显变化，高等技能人才培养目标和方式严重滞后，知识教育视野狭窄，专业教育内容陈旧，教育观念偏颇，人才培养质量与社会需求之间存在一定程度的脱节。调查发现，当代青年尤其是青年学生普遍认为当前的技术类专业的教育方式比较陈旧，这已经成为大国工匠培养的一个重要制约因素。具体来看，主要表现在以下两个方面：

一是重技术、轻德艺，思想教育相对不足。2018 年，习近平总书记在全国教育大会上强调："思想政治工作是学校各项工作的生命线。"①毋庸置疑，对于青年人来讲，学校的思想政治教育是培育社会主义核心价值观、涵养工匠精神的重要途径。当下大学生对专业课的重视程度普遍高于思政课，而主要是他们觉得思政课对专业学习和自己的职业生涯没有帮助。部分学生以逃课、不认真听讲等消极方式表达对忽视成才教育的思政课的不满，这种现象背后的深层次原因，一方面，在于大部分思政课教师强调了思政课程的"育德"功能，忽略了思政课程的"育才"功能。如同部分专业课教师将"立德树人"职责推给思政课教师，同样，部分思政课教师也有意无意地将学生的成才需求推给了专业课教师，使思政课程变成了"道理课"，满堂课贯穿"应该""必须""务必"等口号式教育，远离学生的生活实际，尤其是专业实际，导致学生认为"思政课无用""学不学都一样"。另一方面，从价值导向的角度上来讲，不少学校实际上存在着以"升学率""就业率"为导向的倾向，学校的教学重心主要集中在专业技能的学习与培训等方面，力求打造专业型人才，忽视了学生价值观、人文素质和职业素质的培养，或多或少地造成对于学生的培养表现出功利性倾向，致使青年人从大学毕业走向社会后，不仅专业能力没有占据优势，敬业精神也没有得到有效培育。尽管目前学校对于思想政治教育的重视程度越来越高，开展形式越来越多样化，但其模式的单一化、机械化和乏味性仍没有彻底改观，一些学校的思政课程设置较少，课时约为每周一节，除了工匠精神的教育之外，思政教师还需要完成其他部分的要求，比如爱国教育等。尽管工匠精神与爱国教育

① 习近平：《坚持中国特色社会主义教育发展道路 培养德智体美劳全面发展的社会主义建设者和接班人》，《人民日报》2018 年 9 月 11 日，第 1 版。

并不冲突，但教师在上课时难免有所侧重，真正属于工匠精神，集中讲授工匠精神的课程实质上不足十课时，这使得工匠精神相关的思政课程占据的课程比重较少，学生难以受到有效熏陶。除此之外，通过成立社团、举办活动等方式对学生进行思想政治教育，占用的主要是学生的课余时间，并且并不具备强制性，对学生的吸引力十分有限，因此参加的学生较为有限，效果更是不尽如人意。

二是从知识能力体系建设的角度上看，随着学科和专业化的不断发展，新技术和新产业的出现通常是跨学科整合的结果。然而，从大国工匠培育的角度看，当代青年大学生的知识结构一般比较单一，对职业环境和职业前景缺乏全面了解，缺乏运用理论知识指导实际工作的能力，这就直接导致了学校培养大国工匠的教育更新步伐缓慢、知识传授方式滞后、内容覆盖狭窄、实践教育淡化、脱离社会发展需要等问题。例如，一些学校对工匠精神只是一味宣传，将工匠精神放置在高屋建瓴的地位，主要通过学校网站、劳模墙、公众号以及讲座等较为传统的宣传方式来对工匠精神进行宣传，并未将其与学生的生活相联系，使学生认为工匠精神仅仅是一种精神追求，在现实生活中是很难实现的。并且，学校只注重宣传的行为，而并不注重宣传结果，不会对阅读人数以及讲座效果进行调查，而是仅抱着完成任务的心态来进行宣传，并未把学生当作工匠培育活动参与的主体，学生自始至终都处于被动接受的状态，很少进行互动交流与主动输出。显然，在这种情况下，学生难以自然地感知工匠精神与工匠文化，更难以去主动学习和自发培育。从综合能力培养的角度来讲，科技是第一生产力，创新是科技发展进步的源泉。当工匠的创新精神受到群体心理、同一性、刻板印象等因素的干扰时，其固有的思维方式会影响人的进步。这对于当代青年来说，需要站在巨人的肩膀上，通过不断地探索和改进来获得创新。而这一切的前提是对创新的热切渴求、对技艺的精益求精，以及对人、对己勇于负责的严肃态度。目前，青年群体尤其缺乏终身学习能力，导致在这一群体中普遍存在着问题意识不强、创新动力缺乏、获取知识和培养新能力的意愿缺失等现象。在大国工匠培育的实践上，只有打破固有的思维模式，摆脱经验主义，形成以好奇心、敢于质疑、勇于尝试的推陈出新的创新精神，才能拓宽青年人的视野，提升其能力。

三、社会大环境的营造还比较薄弱

任何一种形式的教育都与一定的环境相关联，受环境的影响，其中既有社会环境、家庭环境，也有文化环境、大众传播环境，影响最大也是最复杂的当是社会环境，它在大国工匠的培育中起着重要作用。因为，青年群体是社会的一分子，他们的职业价值观是全体社会成员的职业价值观在具体群体的折射，青年群体的职业观的形成与发展是社会环境作用于他们的主观世界进而不断内省、内化的过程。从这个角度看，社会环境对于大国工匠培育的不利影响主要表现在三个方面：

一是，在价值观层面，社会对于工匠的认知还存在盲区。一方面，一直以来，尽管中国大力发展职业教育、培养技能人才，引导全社会崇尚劳动、尊重劳动者，但在许多中国人的传统观念中，“学而优则仕”的思想观念依然根深蒂固，存在着重脑力劳动、轻体力劳动的错误观念，在不少人的认知当中，技术、技能仍然只能被称为一门手艺、一种谋生的手段。社会上长期对技术型工作存在的偏见和对工匠的认知盲区，无疑在无形中造成了很大障碍，其中一个直接的后果就是，当代青年人更愿意，抑或更“习惯”通过继续学习的形式获得更高学历。社会环境的这种“思想藩篱”，使得青年人难以切身感受工匠精神的熏陶，难以正确认识、理解大国工匠的价值和作用。另一方面，社会上的浮躁思想影响很大。浮躁不但是工匠精神养成的天敌，同时更是工匠精神缺失的内在因素，是导致滋养工匠精神的土壤贫瘠的重要原因。中华优秀文化传承了五千年，悠久灿烂的文化长河不乏工匠精神。中华人民共和国成立特别是改革开放后，中国经济走上了快速发展的道路，人们的工作生活节奏加快，缺少了静下来仔细研究思考的时间，很多人追求“短、平、快”，整个社会追求以最高的效率获得最大的经济效益，而忽视了精神层面的同步培育。工匠精神逐渐被忽视甚至丢弃，在手工制造业行业内，灵魂丧失、高品质产品缺乏、技术工人职业素质低下的情况屡见不鲜。而后伴随社会转型，经济发展使一部分人先富起来，社会贫富差距逐渐出现，人们的价值观也发生了巨大变化，各种利益的驱动使得人们的内心变得非常浮躁，很难静下心来踏实做好一件事。一些青年人渴望一夜成名、一夜暴富、一步登天，因此，脚踏实地、勤劳奉献的美德被忽视。走捷径、尽早出名、“无往不利”的想法在包括青年人的相当大的社会群体中很流行，工匠精神在浮躁的社会环境中无法得到有效传承和弘扬。此外，不少企业在对员工进行评价时也是偏重效益。这种对速度的追求、急功近利的想法导致精耕细作难以受到足够的重视、得到足够的回报，大部分人已经很难再有耐心去踏实地做一件事。

二是，在社会保障待遇和制度方面，我国对于工匠的各项措施尚不优厚和完善。一直以来，我国社会在技术的门槛上的要求较低，加之技术型人才的社会地位以及相关待遇无法得到应有的回报，让人很容易产生"技术低下"的错误想法。随着社会主义市场经济体制的逐步确立，社会经济成分、经济利益、生活方式、交往形式等发生了深刻变化，原有的分配制度也随之改变，市场主体的利益发生分化。但由于我国社会保障制度的不完善以及户籍制度的影响，一些一线大城市对青年技术人才设置限制条件，使得他们无法与本科生、研究生享受同样的社会福利待遇。这就加剧了青年技术人才择业的功利性和盲目性，将经济利益和短期物质效益作为择业首要标准，将满足个人的物质需求放在首位，而忽略了职业的其他功能。很多青年技术者表现出自卑和不自信，担忧无法在激烈的竞争中生存下来，担心最基本的安全需求无法得到满足，在选择职业时更趋向于收入高、福利优、待遇好的职位，通过短期的经济效益以弥补这种落差。当前，随着社会主要矛盾的转变，人民对美好生活的向往追求愈加丰富和强烈，社会更加鼓励自我价值的实现。工匠精神之所以可以培育至今，并继续培育和延续下去，技能型人才能否得到相应的社会待遇和社会地位直接关系一个国家工匠培育的水平与质量，而缺少了工匠精神培养的这片沃土，单单评价形象宣传和道德感化唤醒工匠精神，往往只能停留在形式上，是很难真正落到实处，取得良好效果的。因此，建立完善的社会保障制度是不断造就大批大国工匠的基础工作，也是成就青年人才实现出彩人生的重要保障。

三是，青年人的择业选择在数字化社会时代变得更加多样化。从历史发展的角度来看，中华人民共和国成立初期，国家建立了一套青年学生毕业后服从国家统一分配制度，这是与当时的计划经济体制相适应的，包括青年人在内社会各个群体的就业观念单一。然而，自党的十一届三中全会提出并实行了改革开放政策之后，青年人拥有了更多的就业和择业机会，职业价值观念进一步呈现多样化的趋势。党的十九大做出了中国社会进入新时代的重大政治判断。面对百年未有之大变局，青年人的择业、就业与创业也面临着诸多机遇和挑战。同样地，各级各类学校作为一个重要阵地，就成为各种政治观念和思想意识交流交融交锋的场所。作为青年人当中的重要群体，青年学生的一大特点就是思想活跃、个性鲜明，周围环境极易对其产生影响。当前，智能机器、互联网、物联网、自动化、数据信息实时采集和处理等新技术成为制造领域的新趋势。面对纷繁复杂的社会大环境，传统与现代、单一与多元相互交织、交融与共生的价值体系也在不断地形成。新的价值取向、职业标准、竞争意识、创新意识和创业意识等不断地影响和改变着人们的思想意识，青年人的思想观念也随之趋向多样化发展。个性化、品质化、多样化的需求成为人们对新市场需求环境的主导因素。“80 后”和“90 后”的一个显著特征就是，其是作为一代独生子女在富裕环境下成长起来的，随着他们逐渐成为人才市场的主要劳动力，使得他们对于文化需要、工作与生活平衡的需要等个性化的需求日益增加。这就决定了在全球制造业竞争中，每一个企业不得不更加依赖每一位员工的认真负责和精益求精，依赖他们的智慧与创造力。因此，工匠精神的新趋势也必然与人的变化、岗位要求的变化和技术支持的变化相呼应。总之，随着经济社会环境的急速变化，青年的职业理想追求也日益个性化。他们有更多的机会选择适合自己兴趣和能力的职业发展方向，不再受限于传统的就业观念。他们更加注重个人发展和价值实现，追求与自己的兴趣、激情和使命相契合的工作。

四、理论教育与实践教育的结合还不充分

如前所述，大国工匠是集“精神”与“技艺”于一体的高水平人才，这就决定了对于大国工匠的培育必定是一项系统工程，它应该是理论教育与实践教育的统一结合。但是在目前的各种培育模式中，都不同程度地出现了理论教育与实践教育不平衡的现象，或者是将工匠“精神化”，以“重视”之名将其列为独立的教育板块，无形中将其与专业技能的培养划分了界限，从而导致课程中技能与素养的培育融合度不高，或者是走向另一个极端。总的来看就是，学校层面的培育模式侧重于理论教育而轻视实践教育，与此相反的是，企业、工厂、家族等社会层面的培育模式则长于实践教育而短于理论教育。

一是学校的教学方法较为单一化、程式化。从学校层面来讲，课程是培养工匠

技能与素养的重要载体，但目前很多学校的工匠培育是停留在理论教育层面，实践培育很少，无论是专业基础课程、实训课程，还是公共课程，都难以很好地将工匠元素融入课程教学中。例如，教师在课堂讲授中较为普遍的教学方法是，以讲述知名工匠的案例、播放与工匠精神有关的视频等方式，把有关工匠精神的内容结合、融入进相关章节，以此强调工匠精神的必要性和重要性，或者在课程中设置一个关于工匠精神的专题板块，通过介绍杰出的工匠的人物故事，展示和分析正反面的典型案例等进行短期的集中讲授。具备一定条件的学校会定期或不定期地举行专题讲座，聘请“大国工匠”进入校园开设讲座，引导学生尊崇工匠、学习模范。这样的教育方式不能说不好，事实上在很多时候是必需的，反复强调是加深印象的重要途径。但是，如果没有后续的实践教学相配合，单一的理论教育使学生没有实践操作的真实感受，很难将工匠精神真正内化于心。这是因为，工匠的培育需要经历一个循序渐进的过程，让学生在长期的实践中设身处地地感受，深入地思考、领悟和总结，过硬的技能、娴熟的技艺是包含于其中的前提和基础，也是打造工匠成果的必要条件，这仅靠短时间的突击学习难以取得实质性的成效。

二是教师本身缺乏实践支撑。长期以来，“学中做”“做中学”已经成为各级各类学校教育的共识。作为实践课指导教师，自身的技能水平至关重要。在现实中我们很难想象，导游专业的教师没有当过导游，电焊专业的教师没有焊工经历，会计专业的教师没有真正做过企业财务。如果教师自身尚缺乏实践支撑，何来培育出大国工匠的职业技能与素养？纸上谈兵式地教育学生的结果就是追求“速成”，满足于完成实训环节，实践技能基本缺乏，更缺少追求卓越品质、精益求精的思想意识。虽然我国近年来在大力提倡和培养“双师型”教师，即同时具备理论教学和实践教学能力的师资力量，但从总体看，我国院校中“双师型”教师比重还是不高，对培育大国工匠来说仍显不足。加之，许多学校因为教学任务重，专业课教师很少有时间能真正进行实操体验，培训大多数局限于理论层面，深入企业锻炼的机会并不常见，导致教师“证书在手、实操不够”。一些教师仍沉浸在传统理论说教的主观感受中，让教育教学原地踏步。更值得注意的是，倘若这类教师规模较大，就势必会形成一支“非工匠型”教师队伍，培育新时代大国工匠也就没有了基础。

三是实践教学的方式和质量有待优化。一般来说，实践教学主要有两种方式，一类是校企合作、产教融合，一类是实践情境教学。从前者的情况看，当前很多学校的校企合作尚处于浅层次水平，校企合作的内容基本停留在接收学生实习期顶岗实习、毕业生就业、教师下企业锻炼、双方人员培训等相对低层次阶段。虽然校企双方都有意愿在人才培养方案的制订、校本教材的合作开发、高水平实践基地的建设、技术服务与技术开发等方面加强合作，但真正在实践推进中还存在着诸多影响因素，导致合作的层次难以深化，达不到预期的合作水平，也收不到预期的合作效果；从后者的情况看，当前，一些职业院校已经创设了先进的仿真教学情境，如建立了仿真车间、打造了 VR 虚拟教学实训系统等，但在利用情境、融合情境进行教学方面仍停留在初级阶段，并未真正实现教学内容与职业标准、教学过程与生产过程的对接。对于有效的情境教学，其每一个教学单元中必须包含着明确的工作任务，符合实际岗位所需的技能要求和标准，以及基于工匠型人才培养要求实施标准化、规范化的评价。事实上，有效的教学评价不仅能检验学生知识和技能的掌握程度，还能使学生形成判断力和自我监督能力，树立质量意识和责任意识，而这些工匠所必备的品质必须通过实践磨砺这个过程，才能真正成为一种素养。但多数职业院校仍沿用传统的评价标准和评价方式，缺乏对企业标准、要求的参照和对工匠精神的考察，也鲜有给出基于情境的过程性评价，这些因素叠加在一起，导致了我国当前工匠培育中的实践教学质量还有待提高。

第四节　着眼时代发展培育大国工匠的有效途径

在马克思看来："作为确定的人，现实的人，你就有规定，就有使命，就有任务。"①时代新人肩负着实现中华民族伟大复兴的大任，也是我们造就大国工匠、实现制造强国目标的重要力量。新征程上，在 5G、C919 大型客机、载人航天、探月工程、北斗导航、载人深潜、深海油气装备、极地科考装备等领域，我们需要培养造就大批把提高职业技能和培养职业精神高度融合的工匠型劳动者。基于前文对大国工匠培育的理论分析，着眼于解决培育大国工匠的现实问题，要找到培育大国工匠

① 《马克思恩格斯全集》第 3 卷，北京：人民出版社，1960 年，第 329 页。

的有效途径，我们必须围绕立德树人这个根本要求，同时结合当代青年群体成长成才规律，进一步整合协调社会、家庭、学校和学生个体等各类教育资源，发挥各方的合力作用，共同奠定造就大国工匠、培育时代新人的坚实基础。

一、强化个体的自我教育能力

根据辩证唯物主义原理，事物的发展变化是内外因共同作用的结果，而内因是发挥着决定性作用，外因对事物的发展起着重要影响作用。大国工匠的培育是一个动态发展的过程，在这一过程中，青年人的知、情、意、行等内在因素发挥着决定性作用。我们要高度重视青年人在学习成长过程中从“他律”向“自律”的转化，使他们在自省、自律、自觉中形成科学健康的工匠素养和高超技能。

一是提升兴趣和职业认知。认知是个体培养和形成正确价值观的基础，在一定程度上影响着青年人职业价值观的发展倾向和水平。良好的价值认知有助于帮助青年人更好地评价自己所学习的专业，进而调动他们学习的积极性和主动性，进一步实现自我认知、专业认知与职业认知的相互统一。兴趣是最好的老师，反映着一个人的态度和意愿，塑造着一个人的职业选择和职业精神。更进一步讲，兴趣与热爱是培育合格工匠、催生工匠精神的原动力，也是一个人职业生涯可持续发展的基础。对当代青年人来说，在现有的课程设置和学习氛围下，建立在兴趣和热爱基础上的学习效果才能达到预期，才能激发持久学习的动力，有效培养学生的技能和素养，真正感受和领悟工匠的价值和魅力，为其职业的长远发展奠定基础。在现代制造业、战略性新兴产业和服务业等诸多领域，一线新增从业人员70%以上来自技术工人，他们为经济转型和产业升级奠定了坚实基础。然而，社会大众对于技术劳动者的歧视仍然存在，导致一些青年人对工匠的价值认识不清，职业认知产生偏差。他们认为技术工人是体力活，低人一等，瞧不起普通劳动者，选择当技术工人大多是出于高考分数过低，无法升入本科的无奈。因此，引导青年人树立科学的职业认知，必须强化他们对使命担当的认知。“三百六十行，行行出状元。”大国工匠彰显的是一种精益求精的态度，承载着对梦想的追求和对所选择的职业的担当。这是青年人要坚信的职业信条并能在漫长的职业生涯中克服浮躁心和虚荣心的底气所在。要充分发挥网络媒体的教育宣传功能，引导青年正确看待职业教育的历史使命与时代担当，认清工匠型劳动者在中国式现代化建设大潮中不可替代的重大作用。面对国家经济转型、产业升级的时代背景，面对人民群众对美好生活的期盼，大国工匠的培育不仅为国家经济社会建设提供了智力支撑和人才保障，也为每一位青年实现人生价值提供了广阔舞台，成为阻断贫穷代际传递、实现家庭脱贫的重要途径。当代青年要从内心深处热爱技术，立志传承工匠精神，激发投身现代化制造业的热情与动力。

二是持续提升技术素养。要想成为一名合格的大国工匠，掌握专业理论知识、技术操作是打好基础的关键。工匠的根本意义在于，它不是简单地教给青年人的一种思想政治教育结果，而是应具备专业的知识、素质和能力——掌握专业基本理论、基本知识、分析方法和管理技术，掌握专业的基本操作技术，使之成为属于自己能够安身立命的独门绝技。当代青年人既要在学习中兢兢业业、锲而不舍，认真完成老师留下的任务，在实践中多动手，以准确的数据、谨慎的操作、严谨的材料佐证所学的知识，也要敢于打破常规的思维和操作，勇于创新创造，在不断的实践中提高技能、识别问题和解决问题，实现自我发展、自我完善。同时，要更多地掌握理论知识，熟悉经济建设和社会发展的相关方针、政策法规，了解专业理论、应用前景和发展趋势，掌握文献检索、信息查询的基本方法，能够进行科学研究和实际工作，才能更加深刻理解工匠精神的真谛，才会把工匠精神转化为具体的行动，使工匠的高尚精神落地开花结果。

三是培育健康乐观的心态。在当今社会，更需要的是综合性人才和全面发展的人才，这就要求青年人在德育和人才培养两方面都要做到内外兼修。对大国工匠的培育来讲，要教育学习者先学会做人，然后学会做事，帮助他们内化和外化工匠精神，使其在工作后能够更多地被企业认可，能够以工匠精神支撑自身的价值实现。一方面，涵养工匠精神要学会自我暗示。对于青年人尤其是大学生来说，在日常学习生活中需要具备情绪上的自我调节能力，适时调节自己的心态、情绪和行为，形成强烈的自我调节意识。这是因为，对任何一个工匠来说，在实践中都会经历无数次的失败，接触无数人不一样的目光，也只有这样，才有可能让自己到达技艺的顶峰。对当代青年人来说，遇到挫折时要懂得稳定情绪、改善心理和行为状态，要积极地进行自我暗示，在自我缓和、坦然面对中成长为“大国工匠”。另一方面，要学会转移注意力。当愤怒、悲伤的情绪产生时，心灵会产生强烈的兴奋源，此时，不妨做一些有趣的事情，比如读书、做运动等来寻找“新的刺激”，抵消原来的坏情绪，也可以在焦虑、无奈、悲伤时，选择和同学下棋、读书、绘画，努力保持乐观积极的进取心态。

二、巩固学校教育的主阵地作用

学校是培育大国工匠的主阵地，学校教育是培育大国工匠的主要形式。各级各类学校要坚持以立德树人为根本，以学生身心发展规律为依据，将工匠培育贯穿于教育教学的全过程，实现全员育人、全程育人与全方位育人。

一是拓展改进教学内容和方法。在工匠培养深受社会认可的背景下，相关专业课程不能被传统的技术人员培养模式所束缚，要凸显专业课教学的时代性，追求知识传授、能力培养和价值引领同步提升，要把培育具备工匠精神的高素质技能型人才作为教学的方向和目标。一方面，积极主动转变教学方式，把课堂交给学生，从过去的“以师为本”转为真正的“以学生为本”。教师要在深刻理解党和国家的重大决策、方针、制度的同时，深入了解青年学生的所思、所想和所感，引导青年学生主动学习工匠精神，把研究重点从“教师怎么教”转换为“学生如何学习”。例如，教师需要了解大国工匠的提出背景，在国家层面明确“建设知识型、技能型、创新型劳动者大军，弘扬劳模精神和工匠精神，创造劳动光荣的社会风尚和精益求精的敬业风气”的重要意义，同时了解“90 后”和“00 后”青年学生情绪浮躁、思想叛逆、独立自主、意志薄弱等特点，充分了解青年学生的学习和工作喜好，引导他们在教学中主动关注以敬业、精益、专注、创新为基本内涵的工匠精神，进而提高青年学生的精神境界，为培养德技双修的大国工匠打下坚实基础。另一方面，为了培养符合时代需求的工匠，专业课程体系应该根据现实发展进展不断跟进，确保课堂教学与社会实际需求同步。在定位专业课程目标时，工匠教育应该体现职业性特点，并尽可能满足行业企业对技能型人才的新需求。为了实现这一目标，教学管理者和骨干教师需要与企业专家、企业管理者和企业一线工作人员进行广泛的交流，以深入了解行业各类工作岗位的具体任务和内容，了解行业需求和企业对技能型人才的期望，了解行业的发展趋势和需求变化。在这个基础上，教育者结合不同专业的特点将这些一手调研信息运用到专业课程的设计和教学过程中，在研究和分析各个专业学生所必须具备的基本职业能力、职业素养的前提下，以就业能力为导向，考虑教学的有效性和价值性，深入研究和分析各个专业学生所必须具备的基本职业能力和职业素养，充分挖掘各个专业知识以及与之相对应的技术体系当中所蕴含的精神特质、文化品格，逐步将工匠元素渗透到专业课程的教学目标、教学计划和教学内容等各个环节中。

二是提升教师育人育才能力。马克思曾说："思想根本不能实现什么东西，为了实现思想，就要有使用实践力量的人。"教师是实施技术人才教育的主体，对于青年学生来说，教师是对学生的思想观念和知识技能影响最直接、最深刻的群体。大国工匠的培育，需要一支爱岗敬业、无私奉献的教师队伍支撑，他们既要有为党为国培养中国式现代化建设者和接班人的爱国情怀和育人使命，也要时刻保持端正的从教态度、海纳百川的真才实学和风清气正的教师形象。其中，最关键的是要不断夯实教师的专业基础。教师要永葆学习的动力和恒心，面对现代科学技术知识的聚变式更迭速度，不断更新自身的知识储备，将最前沿的科学技术传授给学生，既关注青年学生的综合素质的提升，也关注他们终身的职业生涯发展。当代教师要对标"双师型"教师标准，深挖专业知识和技术技能教学当中的工匠元素，既能上好课，又具备丰富的企业实践经历，用一丝不苟的言传身教去感召学生，笃定自己的专业、坚定职业信仰，激发学生的学习动力、开拓学生的视野、增强学生的本领，不断培养学生的工匠精神和劳动精神。基于此，一方面，应加强以实践需求为导向的专业培训，与企业联合培养专业教师，积极开展"双师素质教师"的认定工作，完善专业教师到企业实践锻炼和"双师素质教师"培养的长效机制。有条件的学校可以尝试搭建"工匠课程工作室"平台，组建包括思政教师、专业课程教师、辅导员和班主任在内的课程教学团队，通过教师之间的深入交流及统一意识，保障各类不同课程之间的同向同行、协同效应，全方位重视学生工匠精神的培养，切实增强专业教师的育德意识与育德能力，从而培养专业教师主动研究探索思想政治教育功能的自觉意识，善于挖掘专业课所蕴含的工匠教育素材，利用本专业领域内的优秀工匠故事感染学生，在潜移默化中发挥专业课的思想政治教育功能，塑造学生的工匠精神。另一方面，聘请专家学者、各行各业的先进人物以及企业优秀技术人才担任专业课特聘教师，他们既可以是社会公认的“大国工匠”，也可以是本校在各技能大赛中获奖的优秀学生代表，或是在专业方面取得了较大成就的优秀毕业生等。这些校外专业教师对热门问题、前沿动态、创新成果有着独特思考和深刻感悟，学生可以从中学到重要的思维方式和解决问题方法，从而激发在学习过程中的问题意识，改善原有的学习方法和学习习惯，在这一过程中，青年学生不但可以开阔眼界，更能深入了解当前的专业发展动态，对深化已有的知识具有重要作用。通过让学生近距离地接触这些有影响力的“工匠人物”，引导学生从他们的事迹和精神中获得启迪和鼓舞，让学生在听课的过程中，也能无形地被授课教师身上的专业精神、职业理念、行为习惯、个性特征等影响，在潜移默化中接受这些专家学者良好的精神熏陶，强化学生对工匠精神的认知、养成与传承。

三是积极营造崇技尚艺的校园文化。习近平总书记指出：“要更加注重以文化人以文育人，广泛开展文明校园创建，开展形式多样、健康向上、格调高雅的校园文化活动，广泛开展各类社会实践。”①校园文化是学校环境、学校活动、学校教学和学校精神的集中体现，是学校全体师生的精神家园，它是一所学校在长期发展过程中所形成的具有自身特色的传统习惯、行为规范和规章制度等。校园文化对于青年学生的思想、言行具有潜移默化的教育作用。培育大国工匠要充分发挥校园文化的导向、激励与凝聚功能。一方面，加强以工匠精神为基础的文化建设。精神文化是校园文化的核心部分，主要涵盖学校的价值标准、办学理念、文化传承、道德体系和学校精神等。工匠精神与时代精神、民族精神、职业精神所构成的校园文化潜移默化地涵养着青年学生的精神世界。要狠抓学风建设，特别强调树立和重视良好的学风意识，以优良学风带动引领校风、教风，把学风建设纳入学校整体工作加以规划实施，丰富学风内容，完善评价指标，将学风建设纳入学校相关部门和教师的年终考核中，切实丰富当代大学生培育工匠精神的内容。在塑造校风、教风和学风等学校特有的品质和风范的过程中，培养每一个学生浓厚的学校精神，将培养国家和民族所需的生产、建设、服务和管理一线技术技能人才的目标铭记于心，将立

---

① 张烁、鞠鹏：《习近平在全国高校思想政治工作会议上强调 把思想政治工作贯穿教育教学全过程 开创我国高等教育事业发展新局面》，《人民日报》2016 年 12 月 9 日，第 1 版。

志投身于社会主义现代化建设的使命牢记于心，进而在爱国爱校的情怀中为成为一名优秀的能工巧匠而感到自豪。另一方面，积极营造校园“第二课堂文化”。现实中，第一课堂存在一定的不足，因此我们要充分发挥第二课堂的拓展延伸作用。通过丰富多彩的校园文化活动，举办技能大赛和社会实践项目，为青年学生提供更广泛、更灵活、更开放的受教育途径，帮助他们实现自我塑造与自我突破，并不断提升可持续发展能力。为了实现这一目标，学校应有针对性地实施职业道德培养、职业价值内化和职业自信提升等系列活动，围绕岗位核心能力和职业素养，整合一切可利用的资源进行科学设计、统一规划校园文化活动。由于青年学生的成长和发展是动态的过程，在不同阶段、年级和性别下，学生在观念和技能等方面会呈现出显著的差异。因此，第二课堂应该体现差异化和个性化，以满足不同学生群体的多样化成长需求。举例来说，大一年级的重点可以放在专业认知和职业启蒙教育上，引导学生加强对自身和专业的认识，并为未来的职业发展奠定基础。而大二年级则需要注重提高学生的岗位核心能力和职业素养，特别着重培养学生的职业道德、职业品质和职业意志等。同时，我们也可以开设与生活息息相关的生活技能课程，如烹饪、维修、育儿、保健等，来提高学生的实际动手操作能力。通过这些课程的培养，学生们将能够与身边的老师和同学共同分享劳动的果实，从中感悟到劳动的幸福感和收获感。

三、推进社会环境改善和制度完善

大国工匠的培育是一项涉及社会各个部门的系统工程，它不是由学校、企业等培育主体单方面就能完成的，必须由社会各方合力共同推进，尤其是社会环境的改善和相关制度的完善，是培育大国工匠的重要保障和基本条件。

从改善社会氛围来看，要强化营造全社会尊重劳动和劳动者的文化氛围。社会风气是社会发展进步的风向标，很大程度上影响着社会的发展进步。当前，不利的社会氛围是困扰技工人才流失、断档的主要原因之一。技术蓝领被等同于脏累差、低工资、低地位，社会中的“有色眼镜”让普通的劳动群体体会不到和看不到足够的自豪感和成就预期。培育工匠、倡导工匠精神首先要宣传职业平等观念，挖掘和宣传各行各业贡献突出的劳动模范和先进人物事迹，加大对高技能人才的使用与奖励，彰显技能人才的社会地位，营造尊重劳动和崇尚技能的社会氛围，引导全社会尤其是青年群体树立正确的价值观、人生观、劳动观和偶像观，让各行各业劳动者以爱本行、干本行为荣。同时，要加大中小学生职业启蒙教育普及范围和实施力度，深入开展职业教育体验进中小学校园活动，让更多的中小学生能够了解自己的职业兴趣，实现职业价值观一体化培养。

从社会保障措施来看，一方面持续改善技术工人的社会评价，围绕社会福利、待遇等与劳动群体利益密切相关的要素深化改革，建立完善技能人才薪酬制度，完善收入分配机制，重视劳动者工资在初次分配中的比例，扩大技能要素在工资收入分配中的比重，平衡高技能人才和企业管理人才的薪酬福利，防止过大的偏差，缩小收入和待遇差距，保证广大劳动者能够同工同酬；提高普通技术人员和高技术人员的工资水平，最大限度地协调工资水平和劳动生产率，增强技术工人的成就感和价值感；进一步解决技术工人的医疗、退休保障问题，扩大保险受益面，加大退休金调整力度，最大限度地提高他们在医疗等领域的报销比例，努力使劳动者不再受衣食住行等基本条件的束缚，让广大技术人员更好地获得有体面、有尊严、有保障的生活，从而吸引更多青年人投身工匠行列。另一方面要进一步深化劳动力市场改革，完善公共服务平台，增加供求信息的透明度，减少技能人才的流动成本。如今社保体系的完善以及发达的互联网条件，完全可以实现开放而流动的人才市场，实现更好的公共服务，这不仅对于劳动者个体的自由流动会有帮助，也会刺激企业和地方政府为留住人才实施全面人才策略，更加努力满足技能人才的多元需要。

从社会培育途径来看，技术的快速更迭，使得终身学习成为必然，拓宽社会劳动者走出校门后的再学习、再培训的路径是培育工匠的必要补充，这就需要依托专业的培训机构。中国在 2018 年已经确定推行终身职业技能培训制度，以企业发挥主体作用，采取政府补贴培训、企业自主培训、市场化培训等方式，支持企业大规模开展职业技能培训，当前亟须的是进一步完善相关落实措施，继续强化社会领域的专业化、技能化职业技术培训，一方面大力发展民办职业技能培训，鼓励企业兴办职业培训机构，为中小微企业和单独个体提供现实的外部支持性培训，另一方面变革新的学徒制，与用人企业联手，从职业教育入手，提升人才培育效果，加强对企业培育新人的制度化设计和资金的支持，缓解和改善企业培育后备人才的困境，不断提升培育效果和扩大培育范围。

四、深化校企合作机制，更好平衡理论与实践教育

实践出真知、出真才。无论以何种方式培育工匠，都应充分考虑和结合社会实际需求。学校和企业相互合作，实行产教融合，对培育大国工匠具有重要的实践意义。“校企合作”是培育技术型人才独具特色的模式，这种模式是基于客观需要创建的，是培养经济建设所需要的应用型人才的有效途径。企业利用学校的教育资源，学校利用企业的先进操作设备，让学生在企业中身临其境感受生产过程，使他们在参与中能够产生使命感和责任感，并逐渐培养严谨、求实、创新的精神。学校可以根据专业知识和未来社会的发展趋势，主动与企业签订合作合同，通过建立联合培养站、校内校外双导师制、挂牌实习实践点等方式，将企业发展成为培育工匠的校外课堂；教师可以根据校园文化、知识结构、学生特点，结合企业的产品、流程和文化，将抽象的理论讲授与实践认知结合起来，让学生在企业一线进行实践学习和锻炼，通过带领学生熟悉技术环境和工作流程，引导学生在实践中了解企业对从业人员职业素养的要求，感受企业文化，激发学生的工作热情，感受工匠精神在未来职业发展中的重要性。学生在真实的工作情境中学习，可以很好地理解所学的知识技能之间的联系，他们由此更能理解学习的意义和价值，从而主动学习，并更有效地学习知识和技能。

| 第七章 |

时代新人的历史使命及其核心素养培育

中国特色社会主义进入新时代，中华民族迎来伟大复兴的新征程。“立足新时代新征程，中国青年的奋斗目标和前行方向归结到一点，就是坚定不移听党话、跟党走，努力成长为堪当民族复兴重任的时代新人。”①生逢新时代，时代新人肩负着实现国家强盛、民族繁荣的历史使命，这一历史使命对时代新人核心素质培育提出了高标准高要求，同时也为时代新人培育路径指明了方向。

第一节　时代新人肩负的历史使命

青年的前途命运总是与国家和民族的前途命运连在一起，总是与其所生逢的时代连在一起。中华民族的历史和现实表明，无论世界是风云变幻、惊涛骇浪，或是海晏河清、盛世太平，只有勇立潮头、争做时代先锋的有志青年，才能够以青春理想、青春奋斗、青春活力创造不凡的功业。“士不可以不弘毅，任重而道远。”新时代中国青年立足中华民族从站起来、富起来走向强起来的历史节点，面对的是国内外

① 习近平：《坚持党的领导传承红色基因扎根中国大地 走出一条建设中国特色世界一流大学新路》，《人民日报》2022 年 4 月 26 日，第 1 版。

各种风险挑战对党和国家的巨大考验，作为当代中国最有生机、最有干劲闯劲的青年群体，时代新人需要勇挑重担，主动肩负新时代中国青年的历史使命，合力接续将党和国家事业推向前进。

一、实现中华民族伟大复兴

实现中华民族伟大复兴是近代以来中华民族最伟大的梦想，亦是中国青年接续肩负的共同使命。纵观人类历史，只有曾经繁荣兴盛过的民族才有复兴的时代诉求，只有因历史原因而衰落的民族才有从苦难中觉醒并提出复兴的历史基础。回望近代以来，中华民族无数热血青年投身于救国救民、立国兴邦的历史洪流中，投身于认识世界并改变世界的中国实践中，投身于实现中华民族伟大复兴的历史任务中，参与历史并创造历史，为当代中国青年树立了行动榜样。时代新人立身于“比历史上任何时期都更接近、更有信心和能力实现中华民族伟大复兴的目标”的关键历史阶段，续写中华民族历史的宏伟诗篇，接续中华民族复兴的历史任务，是其责无旁贷的时代使命。

中华民族具有辉煌灿烂的发展历史。中华民族五千余年的浩瀚历史，创造了高度发达的璀璨文明，为人类文明进步和世界历史发展做出了卓越的贡献。思想文化层面，中华民族历史上很早便产生了老子、孔子、墨子、孟子、庄子、孙子、韩非等闻名于世的伟大思想家，经历了数个学术思想繁荣时期；在文艺成果层面，中国古代文人墨客创作了诗经、楚辞、汉赋、唐诗、宋词、元曲、明清小说等具有广泛影响的伟大文艺作品；技术工艺层面，中国古代发明了造纸术、火药、印刷术、指南针等深刻影响人类文明进程的伟大科技成果；建筑工程层面，中国古代人民修建了万里长城、都江堰、大运河、故宫、布达拉宫等气势恢宏的伟大工程，不仅如此，中华民族在音乐、中医、茶文化、佛教、民俗、服装等领域也创造有丰富的文明成果，中国古代大量文明成果中包含着丰富的哲学社会科学内容、治国理政智慧、生产生活技艺、文化价值理念，为古人认识世界、改造世界提供了重要依据，也为中华文明提供了重要内容，为人类文明作出了重大贡献，正是由于中华文明对世界文明进步影响深远、贡献巨大，历史上中华文化吸引了世界上无数学者来到中国交流学习，无数商人来到中国开展经济贸易，中华文明经由商贾、使节等在世界范围内广泛传播，形成了具有高度开放性、包容性的世界性文明。

中华民族遭到近代列强侵略，国家蒙辱、人民蒙难、文明蒙尘。鸦片战争以来，中华民族遭受了民族历史上史无前例的磨难，陷入了内忧外患的黑暗境地。两千余年的传统封建制度实行专制统治，高度集权的统治不仅造成经济社会发展水平低下，民众生活水平低下，形成社会阶层之间的贫富分化和不平等，埋下了政治和社会不稳定的祸根，而且故步自封的思想文化更造成统治阶层不思进取、闭关锁国，屡次错失富国强民的历史机遇，逐渐导致中国经济发展、科技与军事水平远落后于西方发达国家，国力孱弱、民生凋敝的状态下，中华民族成为外国列强侵犯、掠夺的对象。鸦片战争后，西方资本主义列强以战争、侵略、掠夺的方式强行进入中国，先后发动多场战争，逼迫清政府签订一系列不平等条约，操纵中国经济命脉，使中国逐步沦为丧失主权的半殖民地半封建社会，不仅给中国人民带来深重灾难，而且重创了中国封建经济，使历史上辉煌伟大的中华民族国际地位一落千丈，沦为被欺压掠夺的对象。“殷忧启圣，多难兴邦。”中华民族遭遇的挫折与磨难使中华儿女经受艰难困苦、信心失落，但也正是艰难困苦塑造了自强不息、不屈不挠、矢志不渝的中华民族后继者，激励着中华儿女不甘屈服、奋发图强，在一次次尝试中探索复兴中华的正确路径，在一次次失败中燃起斗争的坚强意志，实现了中华民族由近代不断衰落到根本扭转民族命运，进而走向富国强民的伟大飞跃。

中华民族百年奋斗史是由一代代中国青年共同写就的。中国共产党引领中国发展的百年历史，亦是党领导青年踔厉奋斗的百年历史，在革命、建设、改革的各个历史时期，中国青年踊跃投入争取民族独立、人民解放，实现国家富强、人民幸福的伟大事业而不懈奋斗，为中华民族伟大复兴奠定了坚实的基础。新民主主义革命时期，广大青年投身于反帝反封建的革命事业中，在生与死的考验中选择舍生取义、英勇献身，为国家、为民族、为人民奉献生命和热血，诠释了同仇敌忾、为正义献身的民族精神；在社会主义革命和建设时期，广大青年响应“把青春献给祖国”的国家号召，深入农村大山等社会基层积极参与经济社会建设，成为促进各项社会事业、推进社会发展的先锋力量；改革开放新时期，广大青年投身于中国特色社会主义伟大实践，参与到国家改革和对外开放的历史巨变中，成为经济发展、科技创新、文化创作等各领域的活跃力量，在国家发展中发挥了生力军的重要作用；中国特色社会主义进入新时代，党和国家迎来“两个一百年”奋斗目标，广大青年社会实践的广阔天地是在全球激烈竞争中为中国谋求发展机遇、提升国际影响力，在建设社会主义强国的新征程中团结拼搏、不懈奋斗，推动中国特色社会主义事业不断前进。中华民族走向复兴的百年历史由中国青年所铺就，中华民族伟大复兴也必将由未来的中国青年续写和实现。

当代中国青年是担当民族复兴大任的时代新人，其历史责任不仅表现为助推中华民族实现强起来的伟大飞跃，更体现为扩大中华文明影响力，使中华民族再度昂然屹立于世界民族之林，推动中华民族现代文明为人类发展作出更大贡献的宏伟使命。在中华民族发展的关键时期，时代新人需要将小我置身于国家和民族的大我之中，接过中华民族复兴的历史接力棒，谱写历史新篇章。

二、推进中国式现代化

以中国式现代化全面推进中华民族伟大复兴是新时代中国共产党的中心任务。从作为时代新人历史使命的维度来说，中国式现代化与中华民族伟大复兴是同一历史过程的不同表述，是同一历史使命的不同内涵，一方面，社会主义现代化是中华民族伟大复兴的核心要义，也是实现中华民族伟大复兴的唯一正确道路，中华民族伟大复兴就必然使中国各项事业达到现代化程度；另一方面，中华民族伟大复兴是中国式现代化的根本目的，即国家富强、民族振兴、人民幸福是中国式现代化目标的内在要求。中国式现代化是一项前无古人的开创性事业，对于时代新人来说，中国式现代化是实现中华民族伟大复兴的必经阶段，因而中国式现代化意味着更具体、更现实的任务，需要时代新人立足中国实际，推动实现更符合中国实际、具有中国国情特色的社会主义现代化。

中国式现代化是中国共产党领导的社会主义现代化，是不同于西方现代化的中国道路，牢牢把握中国式现代化的本质要求，推动中国式现代化为世界现代化进程以及人类文明进步做出更大贡献。习近平指出：“中国式现代化，深深植根于中华优秀传统文化，体现科学社会主义的先进本质，借鉴吸收一切人类优秀文明成果，代表人类文明进步的发展方向，展现了不同于西方现代化模式的新图景，是一种全新的人类文明形态。”①时代新人在中国式现代化中贡献力量，需要明晰中国式现代化蕴含的中华优秀传统文化基因和科学社会主义的先进本质，不断在与西方现代化模式的优势对比中增强战略定力，彰显中国式现代化的本质要求与突出优势，同时需要加强对其内含的世界观、价值观、历史观、文明观、民生观、生态观的研究与阐释、传播与弘扬，真正使中国式现代化的显著优势得到认同与肯定，从而为发展中国家实现快速发展提供理论参考和路径借鉴。

推进中国式现代化是一项系统工程，需要时代新人守好中国式现代化的本和源、根和魂，保持战略定力、掌握战略主动，始终确保中国式现代化正确方向。中国式现代化是人口规模巨大、全体人民共同富裕、物质文明和精神文明相协调、人与自然和谐共生、走和平发展道路的现代化，这项系统工程能否遵循经济社会发展规律、紧紧贴近人民群众愿望、能否按照规范循序渐进有序推进，不仅取决于作为社会主力军的时代新人能否在实践中保持定力和主动性，不断大胆探索和创新中国式现代化具体领域的工作方式方法；还取决于时代新人能否秉持强烈的民族意识、危机意识，坚持独立自主、自立自强，投身于科技创新、文化创新、经济发展方式创新等现代化事业前沿，以自身力量助推国家经济科技文化实力不断增强，拓展中国式现代化的发展空间。

推进中国式现代化面临着各种风险挑战，需要时代新人在复杂严峻的斗争中直面困难，担当作为。当今世界身处百年变局，世界政治经济格局深刻调整，经济全球化进程遭遇挫折，地缘政治冲突与大国竞争日益激烈，尤其伴随着中国综合国力的增强和国际地位的上升，中国现代化进程面临的外部环境压力增大，以美国为代表的西方国家对我国崛起充满敌意，肆意挑起意识形态对抗，对中国进行妖魔化和污名化。与此同时，中国经济发展不平衡不充分的问题明显，收入差距扩大，原始创新能力不足，科技创新发展质量及转化率偏低等问题成为推进中国式现代化必须直面和解决的难题。时代新人作为中国式现代化建设的实践主体，是直面新时代国内外风险挑战、解决中国式现代化难题的关键力量，因而培育担当民族复兴大任的时代新人，需要培养其洞察时代局势、保持战略清醒的思维与能力，使其自

① 习近平：《正确理解和大力推进中国式现代化》，《人民日报》2023 年 2 月 8 日，第 1 版。

党担当作为，主动应对挑战，敢于斗争、善于斗争，始终以昂扬向上的精神状态做中国式现代化的开拓者、奋进者。

三、坚持发展中国特色社会主义事业

道路问题关系一个国家兴衰成败。“一个国家实行什么样的主义，关键要看这个主义能否解决这个国家面临的历史性课题。”①中国特色社会主义是发展中国的必由之路，是历史的结论、人民的选择，只有坚定中国特色社会主义道路自信、理论自信、制度自信、文化自信，不断推动中国特色社会主义事业发展以至成熟，中国特色社会主义制度的优越性才能不断显现。立足中国特色社会主义新时代，当代中国青年必须清醒认知“中国特色社会主义是实现中华民族伟大复兴的必由之路”这一重要论断，科学把握新时代伟大事业与伟大工程间的内在关系，始终坚持马克思主义的指导地位，坚定共产主义远大理想，坚定不移走中国特色社会主义道路，不断推动新时代伟大事业推向前进。

坚持马克思主义指导地位，运用马克思主义立场观点方法认识世界、改造世界。马克思主义是党和国家的指导思想，坚持马克思主义指导地位是治国理政的根本性问题，是关系党和国家前途命运的根本性问题。“青年一代有理想、有本领、有担当，国家就有前途，民族就有希望。”②时代新人只有坚定马克思主义信仰，不断深化对马克思主义所揭示的人类社会历史发展规律的认识，不断深化对马克思主义理论科学真理性、历史必然性的认识，才能清醒深刻地观察世界、认识世界，从而用实践改变世界。时代新人做坚定的马克思主义者，就必须坚定信仰，自觉学习马克思主义理论，系统掌握马克思主义的立场、观点、方法，坚持用辩证唯物主义与历史唯物主义认识问题、解决问题，树立辩证思维、历史思维、底线思维、战略思维来看待国内外局势，正确把握世界历史发展趋势；做坚定的马克思主义者，需要投入到马克思主义理论体系的研究与阐释行列中，科学把握当代世界历史演变规律、未来发展方向及其与当代中国现实之间的关系，重点呈现马克思主义理论的科学

---

① 《习近平谈治国理政》，北京：外文出版社，2014 年，第 22 页。

② 习近平：《决胜全面建成小康社会 夺取新时代中国特色社会主义伟大胜利——在中国共产党第十九次全国代表大会上的报告》，北京：人民出版社，2017 年，第 70 页。

真理性和价值立场的崇高正义性，立足马克思主义与中华优秀传统文化相结合维度阐释当代中国特色社会主义的内在逻辑，不断推进马克思主义中国化理论创新；做坚定的马克思主义者，就要身体力行传播与弘扬马克思主义，做好马克思主义及其中国化成果的阐释工作，注重回答社会关切、群众关切，以理论宣讲的方式推进马克思主义大众化，增强马克思主义理论的生命力。

坚定共产主义理想信念。志存高远，方能登高望远；胸怀天下，才可大展宏图。青年的理想信念关乎国家未来，关乎民族前途。时代新人只有坚定理想信念，才能做合格的社会主义建设者和接班人；只有志存高远，才能激发奋进潜力，才能在人生航向中行稳致远。共产主义远大理想是致力于实现人的解放和自由全面发展的崇高理想，是中国共产党的最高理想和最终目标。时代新人坚定听党话、跟党走的政治信念，就必须树立共产主义远大理想，将为共产主义远大理想而奋斗作为终身使命和终身事业，清晰认知资本主义社会内在矛盾与社会主义必然胜利的历史趋势，科学把握共产主义远大理想与中国特色社会主义之间的内在关系，理性认知共产主义理想与当代中国现实间的辩证关系，全面把握共产主义理想与中国革命、建设、改革各历史阶段间的影响关系，真正站在理想信念高地，坚定人民立场，以科学理论武装头脑、抵御各种社会思潮冲击，正确处理理想和现实、主义和问题、利己和利他、小我和大我、民族和世界间的关系，清醒地应对社会和人生各种问题与困惑，发扬无产阶级精神，不断锻造自身、追求进步，延续革命薪火，传承共产主义理想之光。

坚持中国特色社会主义道路。方向决定道路，道路决定命运。中国特色社会主义道路是党和国家经过革命、建设和改革各个阶段实践检验而确立的正确道路，历史和实践证明，中国特色社会主义是实现中华民族伟大复兴的必由之路，坚定中国特色社会主义道路是民族复兴的关键保证，因而确保道路不变、方向不变，是社会主义接班人历史使命的内在要求。坚定不移走中国特色社会主义道路，需要始终坚持社会主义方向、目标、立场，始终沿着自己的道路前进，始终明辨不同社会发展道路的国情适应性、差异性，清醒而坚定地保持道路自信、理论自信、制度自信、文化自信，对老路、邪路、歪路、歧路保持警惕，对意图干涉，甚至颠覆我国道路选择的势力保持警惕，对意识形态侵蚀和干扰活动保持警惕。时代新人坚持中国特色社会主义道路，需要从中国历史、现实与文化出发来思考中国的发展问题，真正认识到中国特色社会主义道路是由现实国情、中华优秀传统文化传承以及中国历史积淀等因素共同决定的，并从经济建设、政治建设、文化建设、社会建设、生态文明建设“五位一体”总体布局中系统把握中国特色社会主义的目标追求和价值指向，进而立足现实，脚踏实地，投身于建设中国特色社会主义伟大事业中，以坚定不移的信心和信念，牢牢把握中国发展进步的方向和命运。

四、推动构建人类命运共同体

孟子曰：“立天下之正位，行天下之大道。”当代世界处于百年未有之大变局，各种全球性挑战层出不穷。中国站在人类历史的高度，秉持“为世界谋大同”的天下胸怀，深刻洞察人类前途命运和当今时代的发展趋势，倡导构建人类命运共同体，坚持对话协商、共建共享、合作共赢、交流互鉴、绿色低碳的理念和原则，同各方团结合作、共同应对世界的风险挑战，推动人类文明进步、世界和平稳定发展。当代青年身处世界各国紧密联系的时代，争做合格的时代新人，既要有家国情怀，也要有全球视野，只有紧跟世界局势变化、敢于担当奋斗，争做人类命运共同体的参与者、建设者，才能在世界大局中不断贡献青春力量。

中国与世界各国是紧密联系的整体。人类文明进入 21 世纪，世界各国发展站在了充满不确定性的十字路口，“世界经济增长乏力，金融危机阴云不散，发展鸿沟日益突出，兵戎相见时有发生，冷战思维和强权政治阴魂不散，恐怖主义、难民危机、重大传染性疾病、气候变化等非传统安全威胁持续蔓延”①，全球治理难题时刻拷问和挑战着人类文明的发展前途。世界各国相互联系、休戚相关，每一个国家如何抉择发展道路和方式，不仅关乎一个国家自身的出路和命运，更关乎国际秩序，关乎世界整体的和平、安全与发展。中国置身于世界民族之林，面对人类世界大发展大变革大调整的整体局势，坚持正确的世界观、历史观、大局观，以辩证唯物主义和历史唯物主义的观点看待世界，提出“世界的发展离不开中国，中国的发展离不开世界”的观点，坚持将中国发展放置于中华民族发展史、世界社会主义发展史、人

---

① 《习近平主席在出席世界经济论坛 2017 年年会和访问联合国日内瓦总部时的演讲》，北京：人民出版社，2017 年，第 21 页。

类社会发展史的历史纵深中分析历史规律，将中国放置于普遍联系的世界全局考虑发展问题，提倡把握历史主动和世界变革机遇，以奋发有为的状态积极作为，从而引领人类朝向光明的方向前进。

人类命运共同体是世界各国人民前途所在。人类文明几千余年历史浩浩荡荡，给当代中国与世界留下了宝贵的经验与智慧。中国深知逆全球化、站在自身利益角度实行贸易保护主义只会为世界经济运行增加下行压力，为经济秩序和金融贸易风险带来不确定性；深知霸权行径只会割裂世界各民族的感情，战争、矛盾和冲突只会加剧仇恨、带来灾难和痛苦，不能解决真正的实质性问题；深知文明隔阂和冲突只能通过文化交流互鉴才能化解，采取对抗、敌对态度甚至极端行为只会加剧对立和不信任，导致冲突加剧；深知面对经济危机、恐怖主义、气候变化等全球性问题，迫切需要变革既定国际秩序，调整全球治理体系，凝聚世界共识，共同应对世界危机和风险。中国在世界变局中勇于承担大国责任，积极发挥作为世界大国的主动性，在坚持共产主义理想的价值理念、传承“协和万邦”的中华文化传统、总结中国长期外交实践经验的基础上，中国提出构建人类命运共同体理念，倡导和平、发展、公平、正义、民主、自由的全人类共同价值，强调建立稳定合理有效的国际秩序才是发展之道，而单边主义、强权政治等非理性博弈行为只会将世界拖入危险边缘，因而顺应时代发展潮流，全世界各国与人民同舟共济、共担责任，才能助推世界文明进步和发展，建设人类共同的美好家园。

人类命运共同体理念蕴含着丰富的中国智慧。人类命运共同体是植根于中华优秀传统文化的理念，与《文明的冲突与世界秩序的重建》一书中认为文明冲突将主宰全球发展不同，中国文化智慧认为“天下为公，和合共生”才符合全世界人民共同利益，才是人类理应追求的文明发展方向。人类命运共同体内涵的价值观是中华优秀传统文化世界观、认识论、方法论、实践论、伦理观的集中体现，中华文化主张和合共生，和而不同，只有求同存异、和谐共存才能繁荣发展；中华文化主张修齐治平、天下为公的公义精神，即将个体道德内修与家国、世界发展相联系，秉持“尚公”之德，从世界整体视野考虑人类发展方向；主张海纳百川的包容精神，强调“与友交，言而有信”的交往原则，秉持信守诺言、真诚以待的态度与世界融合交流、互信互鉴，打造合作共赢的国际交往原则和秩序。中国秉持和合的辩证思维，将人类世界视为一个整体，从自身国情出发，综合考量与世界各国的共同利益，超越了西方固有的线性发展、对立博弈思维，以担当作为的姿态彰显了中华优秀传统文化的思想智慧与文化底蕴。

做推动构建人类命运共同体的积极实践者。青年是国家的未来，也是世界的未来。青年是最具有活力、希望和潜能的群体，推动构建人类命运共同体，既是当代中国青年的使命和责任，亦是当代中国青年大展宏图、建功立业的舞台和机遇。使具有家国情怀和世界视野的时代新人走出中国、拥抱世界，做人类命运共同体理念的积极宣传者和推动构建人类命运共同体的实践者，培育时代新人的国际视野和人类情怀，是中华民族伟大复兴战略全局和世界百年未有之大变局下国家谋划长远战略的重要内容。做推动构建人类命运共同体的积极实践者，时代新人就要传播和弘扬人类命运共同体理念所内含的家国情怀与人类关怀，将中华文明中诸如“和合共生”“天下为公”“海纳百川”“天人合一”等思想智慧加以传播和阐释，主动回应国际舆论场域的理论质疑，廓清国家话语场域中的不实谣言，为人类命运共同体理念积极营造交流空间；要自觉将自身发展积极融入新型国际关系的建设中，积极参与国家组织活动和会议交流，做全人类共同价值的传播者、阐释者，充分发挥个人力量促进国家间良好交往；要积极推动共建“一带一路”高质量发展，在助推国家间政策沟通、设施联通、贸易畅通、资金融通、民心相通的过程中，促进贸易合作与人文交流不断深化，使中国与“一带一路”沿线国家友好关系更加紧密。时代新人要坚持胸怀天下、面向世界、迎接未来，为人类和平发展贡献青春，真正使推动构建人类命运共同体的事业世代赓续、生生不息。

第二节　时代新人担当历史使命理应具备的核心素质

青年是国家建设、民族振兴的中坚力量，我们党始终重视青年人才培育和引领，教育引导广大青年为党和人民建功立业。党的十九大报告明确作出“人才是实现民族振兴、赢得国际竞争主动的战略资源”①的重大判断，将青年人才培育作为

① 习近平：《决胜全面建成小康社会 夺取新时代中国特色社会主义伟大胜利——在中国共产党第十九次全国代表大会上的报告》，北京：人民出版社，2017 年，第 64 页。

国家人才强国的重要支撑，作出了全方位培养、使用人才的重大部署。培育担当民族复兴大任的时代新人，需要着重从理想信念、爱国情怀、责任担当、专业本领、创新精神、道德修养、国际视野等核心素质入手，使其成长为有理想、有本领、有担当的合格社会主义建设者和接班人。

一、坚定的理想信念

古语云："志之所趋，无远勿届，穷山距海，不能限也。志之所向，无坚不入，锐兵精甲，不能御也。"在传统文化语境中，强调人若有志，则万事可为，人的勇气、决心和斗志会被激发，而志不立，则会因缺乏目标而欠缺方向性和坚定性，则事无可成。引导时代新人坚定理想信念，既是培育合格社会主义建设者和接班人的内在要求，同时亦是助推时代新人成就非凡功业的重要方式。

理想信念的具体内涵。理想是个体基于现实境遇而带来的对未来事物的想象和希望，是个体期望达成的目标和状态。信念，是向着未来理想目标而不懈奋斗的信心与毅力。整体上，理想信念不仅指向个人对于未来的向往和期待，而且指向为实现这种向往和期待而排除一切杂念、勇毅向前的心态和状态。坚定的理想信念自身必然表现出巨大的吸引力、凝聚力和鼓舞力，并且由于在科学信仰信念的指导下，表现为符合历史发展规律、体现科学进步性和具备情感性的多重特征。由于时代新人是担负实现中华民族伟大复兴大任的社会主义建设者和接班人，因而时代新人的理想信念与党和国家的远大理想具有本质上的一致性。在中国语境中，中国共产党的理想信念，就是马克思主义真理信仰，共产主义远大理想，中国特色社会主义共同理想，也即，时代新人的理想信念是由马克思主义信仰、共产主义远大理想和中国特色社会主义共同理想共同构成的、具有体系化理论支撑的科学理想信念，在更广泛的现实维度上，时代新人的理想信念表现为不懈追求中华民族伟大复兴中国梦，接续推进中国特色社会主义事业，推动构建人类命运共同体等与时代同向同行的具体内容，指引着时代新人的奋斗方向。

坚定理想信念的重要意义。新时代中国青年刚健自信、胸怀天下，奋斗走在时代前列，展现出前所未有的昂扬风貌，同时也因生活在社交媒体发达的信息化时代而面临各种社会思潮的现实影响，"不可避免会在理想和现实、主义和问题、利己和利他、小我和大我、民族和世界等方面遇到思想困惑，更加需要深入细致的教育和引导，用敏锐的眼光观察社会，用清醒的头脑思考人生，用智慧的力量创造未来”①。因而，引导时代新人确立坚定的理想信念，并非只是思想意识层面虚无缥缈的概念架构，而是为时代新人的生活实践提供切实的现实引领作用。立足于新时代的国家发展需求和社会背景条件，时代新人坚定理想信念能够为其人生确立明确而崇高的人生意义，进而为人生奋斗和事业发展提供持续不断的精神动力，帮助时代新人抵御人生挫折与失意低谷，建立应对困难的毅力、韧性与责任担当。更由于时代新人成长于国家兴盛、物质丰盈的中国特色社会主义新时代，拥有优越的发展环境和广阔的成长空间，其人生经历相对固定和平顺，因而其世界观、人生观、价值观在尚未成型、成熟的正常关键期，确立科学的理想信念能够帮助时代新人在社会生活中抵御自由主义、功利主义、消费主义、理想庸俗化等多元社会思潮带来的思想意识冲击，使其在历史对比、国际比较、实践锻炼和自身观察中建立更加稳固的人生认知，从而在面对人生方向抉择时做出正确的价值判断和行为抉择。

时代新人应坚定理想信念。马克思在其中学毕业论文《青年在选择职业时的考虑》中写道，“如果我们选择了最能为人类而工作的职业，那么，重担就不能把我们压倒”②，青年理想远大、信念坚定，是一个国家、一个民族无坚不摧的前进动力。由于人的本质“在其现实性上，它是一切社会关系的总和”③，时代新人不是脱离社会实践独立存在的个体，而是立身于当代现实社会、深受当代文化思想意识影响的具体的个人。时代新人的发展与新时代实现中华民族伟大复兴的历史征程相联结，与党和国家的步调相一致，其人生理想与党和国家的远大理想具有本质上的一致性。因而，作为马克思主义信仰，共产主义远大理想、中国特色社会主义共同理想的坚定奋斗者、实践者，引导时代新人学习并认同马克思主义理论体系所揭示的人类社会历史发展趋势，将理想信念建立在对科学理论的理性认同上，建立在对历史规律的正确认识上，建立在对基本国情的准确把握上，能够使其内化于心、外化

① 习近平：《在庆祝中国共产主义青年团成立 100 周年大会上的讲话》，《人民日报》2022 年 5 月 11 日，第 2 版。
② 《马克思恩格斯全集》第 1 卷，北京：人民出版社，1995 年，第 459 页。
③ 《马克思恩格斯文集》第 1 卷，北京：人民出版社，2009 年，第 505 页。

于行,真正做到知行合一,把人生奋斗投入到实现远大理想、共同理想的实践中去。

二、高度的历史主动

历史主动精神是指中国共产党和中国人民在追求国家独立与人民解放,国家富强与人民幸福的过程中主动认识历史规律、改造历史现实的精神品质。在党的百年历史进程中,党和人民坚持以科学的唯物史观为指导,充分发挥主观能动性,积极投入革命、建设和改革的伟大实践中,改变了中华民族的前途命运,创造了中华民族历史上的发展奇迹。时代新人作为推动中华民族伟大复兴的实践主体,在新的历史征程中奋勇前进,需要把握历史发展规律和趋势,展现出强烈的历史主动,以自身实践推动中华民族伟大复兴历史征程不断前进。

历史主动精神的内涵要义。历史主动表现为一种把握历史大势、承担历史重任、掌握历史主动的精神品格。习近平总书记在庆祝改革开放 40 周年大会上总结中国发展历史经验时指出:“历史发展有其规律,但人在其中不是完全消极被动的。只要把握住历史发展大势,抓住历史变革时机,奋发有为,锐意进取,人类社会就能更好前进。”①这一论述以唯物史观作为历史主动精神的理论依据,呈现了中国共产党在百年奋斗历史中取得巨大成就的重要历史经验。唯物史观认为,人类社会历史具有一定的发展规律,人作为社会历史的实践主体,具有充分的主观能动性,能够自觉把握历史并主动参与历史变革,是推动社会历史进步的主要力量,由此,发扬高度的历史主动,是当代中国社会主体,也即时代新人参与历史并创造历史的主要路径。具体来说,高度的历史主动精神包含着多层次的具体内容,即科学的历史思维、丰富的历史知识储备是时代新人能够把握历史主动的前提和基础。一方面,科学的历史思维是认识历史、把握历史的方法前提,唯物史观揭示了人类社会历史的演进规律及其趋势,指明了人类寻求自身解放的正确道路,是我们科学认知历史、把握历史主动的理论遵循。另一方面,丰富的历史知识储备是把握历史主动的理论基础。历史是最好的教科书,认知历史是了解过去、认清现实、把握未来的关键,只有把握历史发展的主题主线、主流本质才能以史为镜、以史明志,在历史变

---

① 习近平:《在庆祝改革开放 40 周年大会上的讲话》,《人民日报》2018 年 12 月 19 日,第 2 版。

局中掌握先机。

新时代把握历史主动的重要意义。认识历史才能把握历史，把握历史才能创造历史。伟大历史主动精神是推动党和国家事业取得历史性成就、发生历史性变革的重要因素，亦是推动当代中国在世界历史进程中占据先机、引领历史发展的重要支撑。近代以来，由于没有科学历史观的指引，缺乏正确认识历史、把握历史的思想武器，中国人民在遭受封建主义和帝国主义双重压迫的同时，精神上也处于被动的奴役状态。马克思主义传入中国后，中国共产党和中国人民在唯物史观的科学指引下，掌握了人类社会的发展规律，找到了通过革命推翻“三座大山”，进而实现国家独立、人民解放的正确道路，精神上由被动转为主动，并取得了中华民族从站起来、富起来到强起来的历史飞跃。中国特色社会主义进入新时代，唯物史观为中国共产党正确认知中华民族与世界历史交汇以及人类历史演进趋势提供了重要指引，不仅使党和国家在基于中国社会历史阶段的基础上科学把握了时代主题和主要历史任务，主动提出了一系列关于经济、生态文明、外交、强军的重要论述和政策，而且使党和国家深刻洞察现实世界的运行形势和世界历史的演变趋势，主动形成了应对世界历史变化特点、寻求更好国际发展空间的系列外交理念和发展战略，为中国在世界范围内获取更多话语权，以在世界历史转变中为人类文明作出更大贡献提供了思想智慧。在新时代发展征程中，培育时代新人的历史思维和历史意识，引导其在社会实践中把握历史大势、认清历史方位，把握历史主动，将有效激发时代新人的自信自强精神，使其积极发挥主观能动性，不断推动党和国家事业取得新的突破和进步。

时代新人要把握历史主动。时代新人作为国家复兴的中坚力量，历史主动精神是其成长成才所必备的精神品格，时代新人只有充分认识历史发展规律，汲取历史经验，才能真正在把握历史和现实的基础上发挥个人主动性、创造性，成就不愧于历史和时代的人生。把握历史主动，时代新人需要系统学习马克思主义经典原理，掌握唯物史观，坚持运用唯物史观的立场和观点认识历史和看待历史，承认人类社会历史规律的客观性，尊重人民群众的实践主体地位和作用，从而正确认识中国不同历史时期社会运动的特点及其趋势，科学把握中国未来发展方向；把握历史主动，时代新人需要坚持正确的世界观、历史观、大局观，全面学习和认知中国共产党历史，掌握中华民族历史脉络主线，了解世界历史的发展历程，从而在世界历史发展规律和历史镜鉴中获得启迪和教益，把握世界历史演进的主流和本质，清楚定位我国发展在世界历史演进中的地位和作用，坚定历史自信、民族自信和文化自信，矢志投入历史发展潮流中谋事立业；把握历史主动，需要时代新人清醒定位自身在历史和时代大局中的位置，锚定历史发展走向和个人成长方向，把握住时代发展机遇，主动参与民族复兴的伟大实践，在实践中锤炼担当，在实践中提高能力，实现个人价值。

三、深厚的家国情怀

家国情怀是中华优秀传统文化中重要的人文精神。中国传统社会围绕家国同构的社会结构创造和衍生了一整套自成体系的文化思维方式和生活方式，这种家国情怀以“修齐治平治国平天下”为主要特征，将个人追求和社会理想相统一，将国家和民族命运与家庭、个人命运相联结，家国与个体间的辩证共生关系与无法割舍的情感连接，成为自古至今无数志士实现人生理想所遵循的实践路径，也成为中华民族充满韧性、生生不息的重要文化源泉。厚植时代新人的家国情怀，引领时代新人在强国建设、民族复兴的征程中贡献青春力量，使时代新人拥有充盈多彩、自信坚定的人生历程。

家国情怀具有丰富的思想内涵。中华文化中“家国情怀”作为一种思想观念，是在文化传承与历史发展过程中逐渐积淀而成。国为邦，家为居，国与家的密切关联源自古代先贤圣哲经由思辨所总结的政治理念。孟子曰，“人有恒言，皆曰天下、国、家。天下之本在国，国之本在家，家之本在身”，强调家庭治理好坏直接关涉到国家统治秩序以及社会的稳定发展，这一论述与儒家《大学》中关于格物致知到修身齐家治国平天下的渐进结构，同属于儒家文化基于整体性思维对于个人、家庭、社会和国家治理的关系联想。一方面，在这一体系结构中，个人修身、家庭教化与国家、社会治理层层关联，个体道德修养不正，则家庭疏于管教，而家风污浊不正，最终将影响社会风气，影响国家治理。在另一层意义上，正如孔子在《论语·为政》中所强调，“‘孝乎惟孝，友于兄弟，施于有政。’是亦为政，奚其为为政?”在家庭教化之道中蕴含着治国理政的道理，可谓政风政道源于家风家道，因此，家国情怀便具有了双重意义，既是指个人有所作为应秉持心系家国、修齐治平的理想抱负，若立德于天下，就需要报效国家；亦是指个人应从修养身心、家风家训等小事中体悟正道，进而将之化用和延伸到社会治理与国家治理中。

家国情怀的精神文化价值。中华优秀传统文化中的家国意识和家国情怀，不仅是历代胸怀抱负者实现人生理想秉持的核心理念，而且是历朝历代治国理政的基本模式和基本原则。在中华民族历史中，无论政治昌明或是山河动荡，家国情怀总是支撑个体奋勇争先、挺身而出的精神力量，当处太平盛世，家国情怀是指引有识之士考取功名、尽忠报国的重要方式，而逢风雨飘摇的危难关头，家国情怀便成为心系家国、取义成仁的爱国者不屈不挠、成就大义的精神力量。尤其是近代鸦片战争以来，遭受列强入侵而致使山河破碎的悲凉景象成为中国人"国破家亡"的集体记忆，而正是中华文化基因中的家国情怀，成为在挫折磨难中奋勇抗争、众志成城、同仇敌忾、保家卫国的中国精神的真实写照。可以说，家国情怀是凝聚孝文化的感恩情怀，报效祖国、回馈社会的责任与担当，胸怀天下、悲天悯人的气魄与胸襟等精神的独特文化特质，这种家国一体的理念对国家与家庭有强烈的情感认同，进而自觉维护社会秩序，有助于增强国家和社会的凝聚力，推动社会平等与包容、不断进步。

时代新人应厚植家国情怀。时代新人担当民族复兴大任，是强国建设的实践主体，培育具有家国情怀的时代新人是民族复兴的动力源泉，尤其在当代中国日益走近世界舞台中央，中国与世界的关系正在发生历史性变革的背景下，心中装有国家和人民的时代新人是促进国际交流、扩大中华文化影响力、提升中国国际话语权的主力军，因而培育时代新人的家国情怀具有极强的现实意义和历史意义。首先，实现中华民族伟大复兴，使中华民族再度走在人类文明前列需要深厚家国情怀和民族精神的支撑。时代新人将"国家富强、民族振兴、人民幸福"转化为自身的理想和担当，将中华民族前途命运系于己身，投身社会主义现代化强国的建设中，才能迎来中华民族的光明前景。其次，厚植时代新人的家国情怀，方能构筑家国一体的社会共识。国家、民族、家庭与个人密切联系，相互贯通，培育家国情怀，将国家梦、民族梦、家庭梦、个人梦融为一体，将国家利益与个体利益有机统一，有助于构建和谐社会关系、促进国家文明进步。最后，厚植家国情怀有助于促进时代新人全面发展。将个人、家庭与国家的生存发展连接在一起，不仅拓展了个人生存空间，为个人发展确立了明确方向，同时亦升华了个人精神境界，培育了其家国天下的战略眼光、宽阔胸襟和人生抱负，使时代新人具有面对挫折苦难的不竭精神动力，身心获得全面发展。

四、强烈的责任担当

“苟利国家生死以，岂因福祸避趋之。”晚清爱国名臣林则徐常怀报国之志，常怀忧民之心，其留下的上述名句是对中华传统文化中担当精神的精到诠释。担当作为一种敢于主动作为、敢于承担责任的精神品质，是熔铸于中华民族思想文化基因中的优良，也是中国共产党人重要的精神品格。将担当精神作为时代新人的核心素质，在于传承中华民族精神基因中的责任担当意识，在于延续中国共产党敢为人先、奋勇进取的精神品质，有助于时代新人主动担负使命、承担责任，自觉追求积极有意义的人生。

责任担当的内涵与精神实质。责任，意为职责和义务；担当，意为承受和担任。在传统文化典籍中，有关担当与责任的经典描述非常丰富。如“天行健，君子以自强不息”“士不可以不弘毅，任重而道远”，是儒家对君子担当品格的倡导，强调勇于担当，就需要具备刚健有为、弘毅坚韧的精神品格；“先天下之忧而忧，后天下之乐而乐”“位卑未敢忘忧国”等突出的是以天下为己任的政治抱负，蕴含着一种居安思危、保持理性清醒的忧患意识；“达则兼济天下，穷则独善其身”“为天地立心，为生民立命，为往圣继绝学，为万世开太平”则强调修炼己身以谋划天下，并力求探索美好政治秩序的责任意识；“天下兴亡，匹夫有责”则在强调个体与国家兴亡间的责任义务时，突出了每一个平凡个体的作用；“鞠躬尽瘁，死而后已”突出的是在承担重任的位置上，要具有为理想和事业忠诚尽责、义无反顾、克己奉公的牺牲精神。此外，传统文化中还有关于逃避责任、躲避义务等不具担当精神的论述，如“不恤君之荣辱，不恤国之臧否，偷合苟容以持禄养交而已耳，谓之国贼”，便将身在其位，但不顾及国家安危荣辱，一味迎合、结交权贵、苟且容身以保全官位和俸禄的人称为“国贼”。庸碌无为者为世人所不齿，也即避事、躲事的不担当不作为的行为，不仅是对中华传统美德的忽视与放弃，本质上奉行的是利己主义原则，是唯利是图、享乐主义思想的表现。因此，中华优秀传统文化中所推崇和赞扬的始终是勇于担当、坚持忠义的仁人贤士，是为大道大义而献身奋斗的无私之士。总结来说，责任担当从一个层面来说，意味着超越自我、勇于承担、主动作为、无私奉献的精诚态度，从另一个层面来说，则意味着遇事不畏难不犹豫、做事不拖延不敷衍、遇责不推诿而直面功过的精神品质。

责任担当精神在新时代的重要价值。担当精神是中华民族精神的重要内容，是君子实现理想抱负的内在要求，是君子家国情怀付诸实施时必然的精神表征。每逢民族危难之际，成就事业者皆以襟怀天下、心系苍生的担当精神，身先士卒，主动作为，拯救民族于水火危难之中，彰显着中国历代仁人志士的优秀品格。“沧海横流，方显英雄本色；青山矗立，不堕凌云之志。”中国特色社会主义进入新时代，中华民族走向复兴面临着众多的风险挑战，时代呼唤担当，责任属于青年，正如习近平总书记在纪念五四运动 100 周年大会上面向当代青年所寄予的厚望，“在实现中华民族伟大复兴的新征程上，应对重大挑战、抵御重大风险、克服重大阻力、解决重大矛盾，迫切需要迎难而上、挺身而出的担当精神”①，越是艰难险阻，越能为时代新人提供干事创业的宽阔舞台，越是风高浪急，越是能够彰显时代新人应对挑战、抵御风险、抗拒阻力的能力和本领，培育时代新人强烈的责任与担当，就是让与时代同向同行的当代青年始终心有家国、勇于担当、敢于作为，就是把党和人民的事业、国家和人民的期盼寄予青年，就是让新时代青年在非凡事业中磨炼品格意志、淬炼本领能力，以时代新人的奋勇作为成就民族梦想、成就国家希望。

时代新人应具备责任担当。鲁迅先生说，青年“所多的是生力，遇见深林，可以辟成平地的，遇见旷野，可以栽种树木的，遇见沙漠，可以开掘井泉的”，青年人身上涌动着创新创造的蓬勃力量，呈现着光彩耀人的风采活力，在机遇与挑战并存的新时代，强国建设、民族复兴的宏伟目标令人鼓舞、催人奋进，召唤着愿担当、敢担当、善担当的时代新人积极奋勇争先、履职尽责，为国家发展贡献青春力量。时代新人担当作为，就要清醒认知“为谁担当、为何担当、如何担当”的自身定位，拥有强烈的社会责任感，主动以民族复兴、国家富强、人民幸福为己任，心系国家大事、关注社

① 习近平：《在纪念五四运动 100 周年大会上的讲话》，《人民日报》2019 年 5 月 1 日，第 2 版。

会发展，把个人成长与祖国发展密切联系在一起，以自身的能力和本领投身改革发展主战场、站稳事业第一线、服务群众最前沿；就要主动投入国家科技创新前沿攻坚克难，发挥自身的专业特长和技术本领优势，积极开展科研攻关，推动科技创新和产业升级，成为科技创新排头兵，为建设创新型国家、提升国家科技实力贡献力量；就要肩负起传承和弘扬中华优秀传统文化的责任，积极推进传统文化创造性转化、创新性发展，开展文化交流，推动中华文化走向世界，主动做文化国家传播的生力军；就要积极参与国际交流与合作，主动参加国际组织机构，参与国际会议，用自身行动诠释青年社会责任，为实现中华民族伟大复兴贡献实践力量。

五、过硬的专业本领

古语有言，“人才有高下，知物由学，学之乃知，不问不识”。干一行、爱一行、精一行，时代新人的专业本领不仅决定着工作水平和质量，也影响着国家和社会发展的速度和效能，只有脚踏实地、沉潜钻研，练就过硬的专业本领，才能在关键时刻的考验中顶得住压力、扛得了重活，打得了硬仗，才能有“艺高人胆大”的见识和干劲，在新时代新使命新任务中承担重任、勇于开拓、脚踏实地，铸就国家发展脊梁。

专业本领的内涵与能力要素。专业本领是指在某个专业领域、行业范围中胜任特定职业的资格与专业素质，是个体掌握专业领域知识和技能素质以应用于实践，发现问题、认识问题并解决问题的能力。在更广泛的意义上，专业本领还涵括和专业能力相关的沟通、协作、领导力、组织力等技能。从一般意义来说，练就过硬专业本领需要掌握体系化的专业基础知识，了解专业理论知识架构和主体内容，关注并学习专业理论前沿，更新知识储备和学科专业视野，尤其是专业知识架构在国际领域以及我国条件下的具体应用条件和差异；需要在学科专业知识的基础上掌握运用知识分析问题、解决问题的思维能力和工作方法，善于全面系统地观察事物、判断形势任务，在复杂表面现象中把握事物的本质和发展规律，善于抓住事物重点和关键，做好详细的工作计划与充分的工作预案，在应对困难时能够做到心中有数、处变不惊；需要时代新人以积极乐观的心态对待专业领域中的疑难问题，善于在挫折中成长、在困难中学习，以无坚不摧的韧性面对专业领域的问题考验，在实践锤炼中将知识和技能转化为语用能力，适应环境、解决问题，为社会创造专业价值。

新时代拥有过硬专业本领的重要意义。在竞争激烈的新时代，具有过硬专业本领已经超越了工作技能和专业能力本身的意义范围，延伸到时代新人参与生产生活的各个方面，其不仅影响时代新人能否在专业领域竞争中取得成果、占据优势，影响其适应时代和社会变化的能力，而且更关键的是，作为国家发展、民族振兴的中坚力量，直接影响国家和社会在具体学科专业领域能否取得社会竞争优势以及国际影响力。首先，过硬的专业本领是社会发展进步、行业领域创新的重要推动力。每个行业领域皆是在具体专业人才的贡献中获得成长与发展，拥有素质优良、结构合理、规模宏大的专业人才队伍，才能在党和国家所关注的世界科技前沿、经济主战场、国家重大需求领域、人民生命健康等方面多出成果、贡献力量。其次，过硬的专业本领是个人实现创新，取得成果和优势的保障，对专业领域的深刻理解和充分掌握，才有充分的底气提出新理论、开辟新领域、探索新路径，拓宽专业技术广度和广度，取得适应国家需求的重大突破，形成专业竞争优势。最后，过硬的专业本领是解决问题的能力和底气，面对专业领域中的复杂挑战，具备深厚专业知识能够迅速把握住问题核心关键，提出有效方案，进而利于锤炼个人本领，使自身更快更好地适应专业领域环境变化，为自身学科专业和社会发展创造更大价值。

时代新人要锤炼过硬的专业本领。应对复杂变化的社会竞争环境与技术进步对个体能力的巨大需求，时代新人练就过硬本领，既是对自身负责，可以成就个人事业，亦是为国家打造人才高地、创新高地贡献力量。锤炼过硬本领，时代新人要保持清醒头脑和战略眼光，树立主动吃苦、接受锻炼的意识，能够主动逃离舒适圈，勇于挑重担、经风雨，避免捷径和安逸，以“不畏浮云遮望眼”的精神主动在困难中砥砺思想、磨砺意志、调整心态，不断加强自我学习和修炼；时代新人要秉持“少知而迷、无知而乱”的忧患意识，主动参与实践锻炼，总结知识经验技能，在承担任务中树立吃苦耐劳的拼搏精神，将专业领域基础问题作为个人成长成才的“磨刀石”，躬身入局、增长才干、提升本领，以实际行动做专业领域的开拓者、奋进者、奉献者；时代新人要具有质疑眼光和批判性思维，以追求真理的精神保持对专业问题的审视态度，在专业实践中不囿于表面答案而主动探求更深层次的理解，保持思想的独立性和开放性，全力澄清思维中的困惑，将专业任务做到极致，不断提升专业能力。

六、敏锐的创新精神

“惟创新者进，惟创新者强，惟创新者胜。”①创新是一个民族进步的灵魂，是一个国家兴旺发达的不竭动力。一个国家的创新水平和能力是其国家综合实力的重要指标，而一个国家的创新水平和能力主要取决于青年人才的创新精神与创新能力。“明者因时而变，知者随事而制。”顺应国际竞争日益激烈的整体形势和国家实力对比的条件变化，做到与时俱进，就需要培养具有创新精神、创新能力的高素质时代新人，以时代新人的创新活力，助推中华民族创新创造能力跨越式前进。

创新精神的时代内涵。一般意义上，创新精神是指在面对新的问题和挑战时，能够运用自身的知识、信息、技能和方法，以开放、敏锐、勇敢、坚韧的态度寻求新的解决方案和创造新的价值的能力与品质，而具备创新精神，需要个体在认识世界、认识社会、认识自身的过程中充分发挥主观能动性，在接受教育和实践锻炼的过程中主动学习和思考，不断提出新问题、新思路、新见解、新结论，从而创造一种“发现”和“发展”，因而个体的主动性、独立性、创造性是形成创新思维、养成创新能力的关键特性。在实现创新的过程中，个体的主动性表现为兴趣、爱好、求知欲推动下的主动学习、主动参与、主动思考和主动探究，是创新的动力基础；个体的独立性表现为具有足够的自信心和自觉性，不受环境干扰，不依赖他人协助，不受既定方法、规则与思路等固定范式的规训，自觉依据知识基础和自身观察思考来理解和掌握信息，主动分析知识、事物的内部逻辑，形成自己独到见解，遇到困难和不同意见时，并不轻易否定自身结论，不随意附和他人意见，进而养成意志和行为具有内在稳定性的个人习惯，因而独立性是创新的能力基础；创造性是指学习过程中思考问题角度的独特性和解决问题方法方式的独特性，是在个体主动性、独立性基础上保持对问题的质疑和批判精神，从而在实事求是的探索过程中形成认知和解决问题

① 习近平：《在欧美同学会成立100周年庆祝大会上的讲话》，《人民日报》2013年10月22日，第2版。

的独创能力，因而创造性是创新的方法或技术基础。综合来说，主动性、独立性和创造性是个体创造精神的内在构成要素和核心特征，此外，创新精神往往还与认真、专注、耐心、毅力等素质相关联，因而，创新精神是一种综合素质，是个体综合素质与综合能力的体现。

创新精神在新时代的重要价值。进入 21 世纪，世界发展速度不断加快，全球科技创新进入空前密集活跃的时期，全球创新版图、全球经济结构正在伴随新一轮科技革命和产业变革进行重构，国际政治、经济、文化、军事领域的竞争激烈程度前所未有，尤其在国际领域单边主义、保护主义上升的背景下，为避免我国经济科技文化等领域发展遭遇“卡脖子”危机，我国需要走出适合自身国情的创新之路，必须将原始创新能力摆在更加突出的位置，在众多关键领域实现“从 0 到 1”的突破。同时，我国发展面临的国内环境也对加强创新能力提出了迫切需求，以人工智能、量子信息、移动通信、物联网、区块链为代表的新一代信息技术加速突破并投入应用，科学与技术以及自然科学、社会科学间的联系日益密切，然而我国科技创新领域还存在亟待解决的突出问题，如创新的视野和格局、创新能力、创新资源配置和创新的体制政策方面依然存在诸多不适应的地方。在科技创新能力深刻影响国家前途命运和人民生活福祉的背景下，我国全面建成社会主义现代化强国的总体目标必然内在要求具备科技创新能力的现代化。中国特色社会主义进入新时代，我国社会主要矛盾已经转化为人民日益增长的美好生活需要与不平衡不充分的发展之间的矛盾，解决我国既定的发展问题，实现国家经济增长和国家综合实力提升，进而在世界新一轮科技革命和产业变革中抢占先机，形成科技和创新优势，就需要培育时代新人的创新精神，充分发挥时代新人的主动性、独立性和创造性，成为支撑国家创新发展的专业人才、提升创新能力，努力推动我国成为世界创新高地。

时代新人应发扬创新精神。创新是社会发展、时代进步的重要源泉，是时代新人发挥个人主体性、实现个人价值的重要方式。时代新人发扬创新精神，需要充分了解国际国内各领域的科技文化创新形势，了解我国在世界科技革命和创新前沿面临的历史机遇和严峻挑战，明晰我国科技文化创新重点和发展方向；需要充分认识创新在经济社会发展中的重要引领作用，充分认识创新人才在推进国家创新战略中的关键力量，充分认识青年在创新人才队伍中的优势地位，明确自身在国家创新发展战略规划中的定位和作用，矢志投身处于创新前沿的学科领域做出建树；需要紧跟时代创新前沿，关注社会发展需求和问题研究方向，发扬好奇心、想象力、探求欲，努力夯实专业基础知识，增强自身自主创新能力，勇于参与创新实践，充分调动自身主动性、独立性和创造性；需要在发扬创新精神的过程中不惧困难、敢于尝试、不怕失败，以积极的心态面对挫折，以坚韧的意志专注科研，在专业领域的探索中不断进步，为国家科技创新贡献个人力量。

七、良好的道德修养

国无德不兴，人无德不立。道德修养是一个社会有序运行和发展的重要条件，而止于至善，则是中华民族自古以来对人格追求的至高境界，对道德修养的不竭追求塑造了中华民族的文化传统与民族精神，也塑造了中华儿女的独特禀赋。立足新时代前沿，时代新人需要以良好的道德修养引领时代风气，激发社会精神文明建设的生机活力，为中华民族伟大复兴的征程提供丰润的道德滋养和强大的精神力量。

道德修养的内涵要义。道德修养是个体为实现理想人格而不断在意识和行为方面进行道德上的自我提升，也是个体适应社会生存和发展的道德原则而进行的自我修炼。道德是一个多层次多方面的规范体系，育人立德主要包含明大德、守公德、严私德三个层次。明大德一般是指家国之德、天下之德，是对国家、民族以及对天下苍生的自然真挚情感。养大德者方可成大业，中国自古以来的家国情怀便属于“大德”的内在要义，立德报效祖国、服务人民的道德追求将国家和人民的利益放在个人利益之前，是一种“先天下之忧，后天下之乐”的博大胸怀，而天下之德将德行范围推至天下万家，尤其在现代社会，天下之德是一种关心人类命运、世界前途的道德理想，因此，明大德是树立大理想、大情怀，明辨大是大非的道德准则，是一种崇高的思想境界。守公德是指立足社会公序良俗维度所提倡的懂文明、讲礼貌、助人为乐、保护环境、遵纪守法等承担社会责任、维系社会和谐稳定的素养。社会公德是社会整体不断养成的道德秩序，是社会主体追求美好生活的共同意愿而形成的社会道德规范，表现为一种集体主义式的向上向善的力量。严私德是指一种修身律己的道德倾向，“人人独善其身谓之私德”即是对私德的准确描述。严私德是在遵守社会公德基础上对个人立身处世的操守和行为的教化与约束，在个人生活中恪守道德良知、培育道德情感、坚守道德意志、践行道德行为，表现为一种慎独自律、自省自重的道德追求。整体上来说，严私德、守公德、明大德是一个相辅相成、依次递进的道德体系，国家所倡导的社会主义核心价值观便是集大德、公德、私德于一体的价值体系，个体在社会实践活动中将修养诸种道德规范作为安身立命的根基，社会整体才能稳定有序发展，国家和民族才能在历史洪流中奋勇向前，屹立不倒。

新时代道德修养的重要价值。道德修养是个体人格塑造、品质养成的关键，是青年培育的重要内容与环节，不仅影响着个人品行和风貌表现，也深刻影响着社会风气和时代进步。核心价值观是一个民族赖以维系的精神纽带，是一个国家共同的思想道德基础，而道德修养作为遵守核心价值观的外在表现，是一个民族一脉相承的精神追求和精神脉络，中华民族向来注重道德修养，能够在几千年历史中生生不息、薪火相传，以文化人、修德立国便是重要原因，"古往今来，中华民族之所以在世界有地位、有影响，不是靠穷兵黩武，不是靠对外扩张，而是靠中华文化的强大感召力和吸引力"①，正是在"远人不服，则修文德以来之"的德行教化中，中华民族的精神品德成为浸润国人与来者的关键。新时代提倡修身立德，是传承和发扬文化内涵、道德品质的责任和义务，是延续中华民族文化品德基因，维护社会秩序和推动社会进步的重要内容，更是建设社会主义现代化强国，筑牢精神文化建设之基的关键。不仅如此，培育时代新人的道德修养，锤炼时代新人奉献社会、服务人民的良好品德，为时代新人奋勇争先提供强大的精神力量与内生动力，提供更有价值的人生坐标，帮助时代新人在人生道路上走得更正、走得更远。

时代新人要具有良好的道德修养。《大学》首章记载"大学之道，在明明德，在亲民，在止于至善"，良好的道德修养是时代新人意志坚定、步月登云的基础，也是时代新人为国家和民族发展贡献力量的前进动力。时代新人培育良好道德修养，就要建立正确的道德认知，明晰崇尚道德是中华民族的优良传统，是社会文明建设的核心要义，明晰修养品德是中华民族和中国人民面对世界复杂变局，明辨是非、

---

① 习近平：《在文艺工作座谈会上的讲话》，北京：人民出版社，2015 年，第 3 页。

恪守正道，走好中华民族自己的道路的重要内容。时代新人培育良好道德修养，就要以自觉的道德养成避免人云亦云、盲目跟风，在风云变化的当代世界对抗各类社会思潮对自身思想认知的冲击，应对面对外部诱惑对自身行为选择的干扰，保持定力、严守道德防线，追求有高度、有境界、有品位的人生奋斗方向。时代新人培育良好道德修养，就要将正确的道德认知和积极的道德实践紧密结合起来，在参与社会实践中践行道德规范、在历经风雨挫折中塑造优良品德，以实际行动服务国家和社会，实现个人价值。

八、广阔的国际视野

人类正处于大发展大变革大调整时期，世界多极化、经济全球化深入发展，社会信息化、文化多样化深入推进，世界各国日益发展为相互影响、相互依存的整体，中国与世界的接轨与融合为时代新人开拓国际视野提供了时代境遇。在世界和平发展、互利共赢的时代大潮面前，秉持广阔的国际视野，积极参与国际事务，是中国走向世界舞台中心、引领世界历史进程对时代新人的内在要求，同时也是时代新人主动挺膺担当、勇做先锋的时代机遇。

国际视野的核心要义。国际视野表现为一种洞悉世界发展进程、趋势和规律，从世界全局考量事业发展方向、积极参与国际事务的思想观念和行为方式。具体来说，国际视野具有多个层次的内涵要义。首先，国际视野要求在“两个大局”背景下全面理解中国在世界格局中的理论创新和实践贡献，从中国和世界的联系互动中探讨人类面临的共同课题，同时也要求深刻理解中国式现代化道路和人类文明新形态的世界历史意义，从而积极认同中国在全球治理中的重要角色，推动中国方案和中国智慧的国际传播。其次，国际视野表现为一种全球意识，即立足全球化时代，能够从全球视角认识到金融风险、气候变化、能源短缺、恐怖主义等问题的普遍影响和复杂性，进而认识到全球合作、全球行动对于治理全球问题的重要性。再次，国际视野表现为对待不同文明的开放包容态度，在全球化时代接纳不同文明和文化的差异，尊重不同的价值观和信仰，以多元交流融合的方式促进不同国家和地区之间的和平和发展。最后，国际视野还表现为跨文化的认知和交流能力，能够在世界政治、经济、文化相互交融的背景中，相互尊重和沟通，推动跨越多元文化的经济贸易、科技创新合作和文化交流，主动适应全球化对每个国家和个人提出的挑战。

新时代国际视野的重要价值。随着全球化的加速和科技的飞速发展，具备国际视野已经成为新时代青年的重要素质之一。具备国际视野的时代新人能够走向世界、观察世界，并立身全世界的平台和视角来映照和审视当今中国的国际位置，从而在比较中充分认识中华民族独特文明优势和对于全世界的文明贡献，夯实新时代青年的民族认同、文化认同、制度认同。具备国际视野的时代新人能够深刻认知西方现代文明的优点与不足，破除“西方中心主义”意识形态对我国思想意识领域的干扰和影响，能够更加理性地以中国式现代化的本质特征与文明优势作为舆论抗争依据，明晰中国特色社会主义道路的世界意义并加以交流、传播。具备国际视野的时代新人具有更宽的眼界和思路，因而具有更强的国际竞争力，能够在全球化背景下更好地适应复杂变化的国际环境，应对国际变革带来的各种挑战，推动中国繁荣发展、在国际舞台发挥更大作用。具备国际视野的时代新人更加自信自觉，强化自身参与国家对外事务的责任感、使命感，更加了解全球化条件下不同文化背景的人的文化与习惯，能够以跨文化交流交际能力，为国家发展提供更富有国际意义的思路和方案，推动中国与世界共建合作繁荣的人类事业。

时代新人要具有国际视野。在全球化的大背景下，具备国际视野是时代新人的必备素质和能力，培养时代新人的国际视野，使其拥有更加宽广的胸怀和更加长远的眼光，能够为中华民族的伟大复兴和世界和平稳定发展贡献自己的力量。时代新人养成国际视野，要主动学习世界历史，在世界历史进程的发展脉络中定位中国的发展位置、时代位置，在世界不同国家和民族的历史兴衰规律中审视中华民族历史和现实，从而在国际对比中增强对中华民族发展道路认同。时代新人强化国际视野，要主动以胸怀天下的人类情怀审视人类前途命运和发展方向，推动构建人类命运共同体，在推动世界人民团结友爱、合作交流、追求人的解放事业中贡献个人力量。时代新人秉持国际视野，要主动面向世界讲好中国故事、传播中国声音，主动宣传中华文明中“协和万邦”“天下为公”的国际观，弘扬全人类共同价值，展现中国风貌，在中国与世界的交流互动中让世界了解真实、全面、立体的中国，树立中国负责任大国的良好形象。

第三节　担当历史使命的时代新人培育路径探析

赢得青年，就是赢得未来和希望。培育担当民族复兴大任的时代新人，是保证党的事业和社会主义现代化强国后继有人的必然要求，亦是完成民族复兴大业、实现中国繁荣发展、引领世界文明走向的前提和基础。培养合格的时代新人，使其具备担当历史使命的核心素养，必须明确培育目标，调动培育主体作用，形成体系化培育内容，采取有效培育方法，整体规划、有机衔接、系统推进，促进时代新人全面发展。

一、担当历史使命的时代新人培育目标

时代新人是新时代历史使命的承担者、实践者，培育时代新人的目的是使其认知历史重任的紧迫性、重要性，进而致知笃行，真正在社会实践中推动历史使命的完成和实现。其中，使时代新人正确处理和把握担负历史使命内在的多重辩证关系，是时代新人培育的关键目标。

理性认知历史使命与责任担当的关系。一个时代有一个时代的主题，一代人有一代人的使命，一代人有一代人的担当。这一论述准确描述了时代新人的历史使命与其责任担当之间的辩证关系，正确把握这种辩证关系，需要向时代新人阐释清楚其中内含的唯物史观原理与观点。首先，历史使命是具体的、历史的，是由特定历史时期的实践主体推动完成的。近代鸦片战争以后，中华民族因列强入侵遭遇了历史上前所未有的劫难，陷入了国家蒙辱、人民蒙难、文明蒙尘的落后境地，由此，拯救国家于危难之中、拯救人民于水火之中便成为中华儿女的历史使命和责任，中国共产党成立后团结带领中国人民进行革命、建设和改革所经历的一切奋斗、一切牺牲、一切创造，共同凝聚和表征为实现中华民族伟大复兴的历史主题。百余年来，新民主主义革命时期推翻三座大山的革命任务，社会主义革命和建设时期推进社会主义革命和建设、确立政治前提和制度基础的任务，改革开放和社会主义现代化建设新时期探索中国建设社会主义、解放和发展生产力的发展任务皆是由中国共产党带领中国人民接续完成的。中国特色社会主义进入新时代，中华民

族迎来实现站起来、富起来到强起来的历史飞跃，“我们比历史上任何时期都更接近、更有信心和能力实现中华民族伟大复兴的目标，同时必须准备付出更为艰巨、更为艰苦的努力”①。立足新时代境遇的当代青年，其所面对的直接现实是全面实现中华民族伟大复兴的时代任务，因而其所立身的社会实践皆从属于中华民族伟大复兴这一时代主题。其次，历史是不断向前的，人民群众是推动社会历史发展的主体力量，是把握客观历史规律、能够发挥主观能动性参与历史、创造历史的实践主体。近代以来的中华民族历史由一代代人民群众所创造，新时代推进中华民族历史的发展和进步需要新时代社会建设的主体力量持续接力、长期进行。最后，时代新人是新时代社会实践的主体，其所立身的社会实践是中华民族伟大复兴的社会实践。时代新人并非独立的、脱离历史的抽象个体，其是处于社会关系网中具体的现实的人，因而时代新人的价值是通过参与具体社会实践和具体社会关系而体现出来的，其个人价值的实现需要通过承担社会责任、历史任务来具体实现。培育担当大任的时代新人，需要培育其认知历史使命与个人责任担当的内在关系，主动找准个人时代坐标和角色任务，自觉承担历史使命和任务。

科学对待远大理想与立足现实的关系。理想和现实具有内在的辩证关系，理想是基于现实情况而生成的对未来的期望和想象，而现实是客观存在的、制约理想实现的具体条件。引导时代新人认知远大理想与立足现实之间的辩证关系，关键在于使其树立远大理想、具备高瞻远瞩的战略眼光，同时脚踏实地、具备艰苦奋斗的意志和精神。首先，需要明晰理想和现实的辩证统一关系，理想具有基于现实而超越现实的特征，由于其作为美好远景的存在合理性，始终具有召唤个体不断奋斗的目标引领性，而现实是客观存在的实际条件，既为个体发展提供平台，同时也因与理想状态的差距而限制着个体的突破和进展。其次，需要明晰时代新人的历史使命是实现中华民族伟大复兴，其既表现为国家和个体共同追求的伟大理想，也表现为实现目标而奋斗的实践过程。作为中华民族的集体理想，一方面，民族复兴承载着实现人民美好生活向往的美好愿景和期待，具有理想性和超越性，另一方面，

① 习近平：《高举中国特色社会主义伟大旗帜 为全面建设社会主义现代化国家而团结奋斗——在中国共产党第二十次全国代表大会上的报告》，北京：人民出版社，2022 年，第 27—28 页。

民族复兴又是社会历史规律指引下经由实践必然达成的目标，具有合目的性和合规律性。再次，需要明晰时代新人立足现实情况的真实性、复杂性。尽管我国处于历史上最接近目标、最有能力和信心实现中华民族伟大复兴的历史节点，但是我国仍然处于并长期处于社会主义初级阶段，面临的国内外形势依然严峻，为实现伟大理想仍需要付出艰辛努力，需要实事求是地根据当前现实条件制定长远规划和实施路径，一步一个脚印地推动党和国家事业稳定有序地发展。最后，需要明晰由现实条件通向远大理想间的唯一路径是实践，因此时代新人要将对历史使命的不懈追求转化为社会主义现代化建设的具体实践，在具体的岗位中辛勤劳动、发挥才能、建功立业，才能向着理想不断靠近。

准确把握理论认知与实践行动间的辩证关系。时代新人的历史使命表现为实现中华民族伟大复兴的中国梦，而民族复兴的伟大梦想同时是中国共产党理想信念体系的重要构成部分，即共产主义远大理想、中国特色社会主义共同理想的阶段性目标。这一理想信念体系的科学性与合规律性来源于马克思主义指导思想的体系性与科学性，后者提供的立场、观点和方法，为正确认识理想与现实的辩证关系提供了思考，更为把握理想的理论遵循与实践探索间的内在关系提供了依据。培育担当民族复兴大任的时代新人，必须使其明晰在实现理想、完成使命的过程中，理论和实践之间的内在契合性、理论经由实践转化为现实的复杂性和曲折性。首先，实现理想的理论依据来源于实践经验并经由实践检验。马克思主义是共产主义远大理想和中国特色社会主义共同理想的理论依据，其是在社会主义探索实践史中经过不断检验和总结而成的科学理论。当代中国推进中国特色社会主义事业、以中国式现代化推进中华民族伟大复兴，就是遵循和运用马克思主义立场、观点和方法而有序推进的理想实践过程。其次，理想由理论认知转化为客观现实，需要借助于实践活动有目的有意识地改造世界而实现。马克思主义提供了认识世界和改造世界的世界观和方法论，而真正将中华民族伟大复兴这一理想和历史使命由思维和观念转化为现实的存在，就需要在实践过程中予以实施和试验，这个过程需要由当代社会实践主体——时代新人发挥主动性、创造性来推动实现。最后，理想的实现过程是一个曲折复杂的实现过程。时代新人在参与和把握当代中国社会实践的过程中会遇到具体的、复杂的现实情况，当今中国所处的发展阶段和发展水平是客观的现实，时代新人所处的不同领域和阶段都面临着个人理想实现的具体问题，因而理想转化现实的过程充满了矛盾、斗争和冲突，必然是具有曲折性、复杂性的过程。因此，时代新人担负历史重任，既要认识到理想转化为现实是一个理论到实践的曲折反复过程，又要认识到实践过程的进步性和有效性，积极肯定和参与当代中国的现代化实践，以自身的人生为伟大理想的实现贡献力量。

正确把握民族理想与世界图景间的辩证关系。中华民族伟大复兴作为当代中国最具现实性的社会理想，凝聚着当代中国人民对民族繁盛的美好夙愿和对美好生活的共同向往。而从历史和现实来追溯中华民族伟大复兴梦想的生成与发展历程时，可以发现中华民族伟大复兴梦想的产生与奋斗进程皆与近代世界历史的发展演变具有密切的互联关系，明晰中华民族理想与世界发展图景间的关系，是时代新人准确把握当代中国发展位置和方向、准确把握自身人生定位的基础。首先，中华民族伟大复兴的梦想开始于追求国家独立、人民解放的近代革命历程中，在马克思主义理论的指导下，改造中国与改造世界、中国人民解放与世界人民解放的内在联系，使得中华民族伟大复兴肇始于中国被迫加入世界历史的特殊时期，同时又将在中国历史与世界历史紧密联系、相互影响和交融的过程中推动实现。其次，中华民族伟大复兴是中国共产党带领中国人民坚持走中国特色社会主义道路、以中国式现代化大力推进的，因而中华民族伟大复兴同时意味着社会主义运动的复兴，必将为世界社会主义理论创新和实践探索提供新的借鉴和参照。最后，以中国式现代化推动中华民族伟大复兴，内在意味着一种不同于西方现代化模式的新图景的展现，意味着由中国式现代化创造的人类文明新形态是一种全新的人类文明形态，意味着中华民族复兴之路内蕴的文明观念和先进本质，将为世界繁荣发展和人类文明进步树立典范、提供全新选择和借鉴。因而，时代新人要正确把握中华民族复兴与世界历史图景间的内在联系，科学认知中国发展道路的世界文明意义，建立对中华民族复兴使命和复兴理想的情感认同与理性认同，积极投身于民族复兴的社会实践，为中华民族谋复兴发展广阔前景贡献力量。

二、担当历史使命的时代新人培育主体

时代新人培育是一项系统工程，培育能担重任的合格时代新人需要有高质量

的教育体系作为支撑。从整体上把握时代新人的培育体系，可从国家、学校、教师、个体(受教育者)等四个主体出发，以建立和完善全员、全程、全方位育人的体制机制为契机和关键，充分调动各方力量，全面提升时代新人核心素养培育的工作质量。

国家推动构建高水平育人体系。新时代社会环境的复杂化和变迁化，迫切要求培育适应环境的高素质人才，这意味着国家需要瞄准时代变革诉求，从顶层设计入手，依据教育组织管理的科学方法，建构一套高质量的教育体系，从而能够集知识传授、价值导向、技能培育与管理服务于一体，有效实现高素质时代新人培育的目标。从整体特征来说，高水平的时代新人培育体系具有几个主要特征：一是方向性，时代新人培育体系应坚持走自己的教育发展道路，明确坚持党的领导，以为人民服务、为中国共产党治国理政服务、为巩固和发展中国特色社会主义制度服务、为改革开放和社会主义现代化建设服务、培育合格的建设者和接班人为目标导向；二是协同性，时代新人培育体系是一个系统工程，也并非教育系统和教育单位的独立责任，而是调动全社会教育资源和教育要素的综合性最优配置，是涉及教育质量标准制定、教学方式改革、师资队伍建设、评价体系改革等一系列层面的协同性构建；三是创新性，时代新人培育体系需要适应新时代"两个大局"背景下人才培育的内在需求，聚焦国家创新发展战略和未来国际科技文化发展走向，探索形成吸收世界教育模式优点而又具有中国特色的人才培养方式，整体性提升时代新人培育的前沿性、创新性、有效性。目前，由国家推动建设的高校思想政治工作体系是由国家部委联合牵头构建，贯彻落实党和国家教育思想和教育战略，具有明确指导思想、目标任务和体系规划，致力于培养担当民族复兴大任的时代新人，培养德智体美劳全面发展的社会主义建设者和接班人，指向明确且具备系统性、全面性的时代新人培育体系。这一育人体系立足健全立德树人体制机制，把立德树人融入思想道德、文化知识、社会实践教育各环节的目标任务导向，从理论武装体系、学科教学体系、日常教育体系、管理服务体系、安全稳定体系、队伍建设体系、评价督导体系、组织领导和实施保障等维度入手，构建主体广泛激活、力量有效联结、对象全面覆盖、工作全程贯穿、要素深度融入的思想政治工作体系，力求全面提升高校思想政治工作质量。以思想政治工作体系为代表，党和国家坚持统一性与灵活性原则，开门问策、集思广益，可以出台指导性文件、提供指导性意见，就时代新人培育的紧迫性、重要性展开说明，从顶层设计维度框定培育目标、培育方向、培育原则、培育内容、培育方法、培育制度，充分考虑规划、实施、保障等各环节各方面，充分调动各部门各级组织机构参与时代新人培育的物质力量和积极性、主动性，为时代新人培育工作提供思路、原则、规划和路线，有效建立有机协同的联动培育体系。

学校促进建设体系化教育机制。学校是时代新人培育的主要场所和平台，集时代新人教育、管理、服务、保障于一体，具有体系化的管理机构和管理队伍、丰富的教育资源、雄厚的师资力量、齐全先进的教学设施，促进建设体系化的时代新人教育机制，需要学校从教学、日常服务、管理保障等各方面入手，贯彻落实党和国家关于时代新人培育的意见和原则，切实发挥学校平台的育人功能，培养具有高素质完善人格的时代新人。首先，学校需要完善时代新人培育的课程设置和内容设计。坚持落实马克思主义理论体系教育，守好时代新人思想意识形态阵地；办好思想政治理论课，强化各类哲学社会科学课程的思政育人作用，以思政课程和课程思政的统筹建设构建全面覆盖、类型丰富、层次递进的思想理论课程体系；推进各类学科课程提质增优计划，加强理工类、工学类课程对科学思维方法的训练和科技伦理的教育，培育时代新人的工匠精神，医学类课程注重医者仁心教育，农学类课程注重大国“三农”情怀教育，艺术类课程树立科学艺术观、弘扬中华美育精神。其次，学校要依托社会教育资源开展生活化、日常化教育。贯彻落实《新时代爱国主义教育实施纲要》，依托重大活动、开学与毕业典礼、重大节日纪念日、主题党团活动主动开展爱国主义教育；积极推进国家勋章和国家荣誉称号获得者、时代楷模、英雄模范走进校园开展宣传演讲、报告；在社会实践、志愿服务、实习训练等多元活动中深化实践过程中的思想政治教育和专业能力培养；通过学校网络平台建设打造具有凝聚力、吸引力和黏合度的公众号、新媒体平台，通过网络育人强化网络教育内容的导向性、示范性和辐射度，引导时代新人树立正确的世界观、人生观、价值观。最后，完善学校管理服务体系，通过学习和借鉴先进教育经验和典型做法营造和谐友爱、风清气正、管理有方的校园育人环境；通过加强学校群团组织建设、健全学校规章制度，为时代新人提供多样多元活泼生动的成长环境；依托校园图书馆、宿舍、文化长廊等场所，服务学生一线，将校园打造成为思想教育交流、文化生活服务、师生交流研讨于一体的文化生活园地。

教师竭力提升高素质教育能力。具备高素质教育能力的教师是教育事业有序发展的核心要素，亦是培育时代新人的关键主体。教师的能力素质具备两个层面的构成内容，一方面是指教师素质的一般性、全面性内容，即作为教师职业本身应该具有的人格品质和教学技能，如认真、耐心、有责任心、爱岗敬业等良好的职业道德，另一方面，强调的是教师职业的专业特殊性、标志性内容，即不同学科的专门性、不可替代的知识储备、思维方式和教学方法，综合来说，教师的高素质教学能力是与教学活动相关的知识、技能、能力、情感等特质在内的综合素质。培育合格的社会主义建设者和接班人，教师身兼重任，需竭力提升自身专业素质和教育能力。首先，教师应树立科学的教育理念。新时代我国社会主要矛盾发生转化，这一关系全局的历史性变化要求教育要根据党和国家发生的历史性变化，培育符合时代潮流、为党和国家事业发展提供前进动力的建设者和接班人。时代新人培育要以“加强党对意识形态工作的领导”为战略导向，坚持马克思主义在意识形态领域的指导地位，巩固全党全国人民的共同思想基础，贯彻中国特色社会主义教育方针，以党中央确立的教育服务对象和教育培养方向为目标引领，将立德树人根本任务融入新时代教育过程中。其次，教师要掌握系统化、前沿化的科学文化知识，不仅要具有精深广博的学科专业知识，而且要伴随学科综合化趋势，成为知识“杂家”，促进学科教育综合化发展。掌握将专业思想理论和技能知识转化为教育对象容易接受的技术性、条件性知识，提升教育效果和质量，不仅做知识传授者，更要做知识建构者、发展者。再次，教师要提升专业教学能力，以终身学习的态度不断适应教育形势发展，要具备研究和反思能力，不仅要教学与科研相结合，在教学实践中发现问题、解决问题，促进教学经验转化为教学理论，而且要不断反思教学过程和教学效果，不断更新教育教学方法和教育实践，结合受教育者反馈信息来综合化、多元化展开教学评价，促进教师自身和时代新人的双向提升。最后，教师还应具备出色的人格魅力和事业心、责任感。人格魅力反映在教师日常言行举止、风度气质中，因而教师要秉持“以身作则，行为世范”的态度不断自我约束、自我提升。保持对教学事业的热爱，坚定积极投入教学过程，自觉承担起培育优秀时代新人的教育使命，在市场化、信息化的复杂环境中保持初心，自觉担负培育建设祖国、振兴中华的合格接班人的重任，以理服人、以情动人，全面地提升教育质量。

个体主动发扬能动性致知笃行。时代新人生逢中华民族发展的最好时期，是全面发展、素质过硬的中国青年，其拥有高质量的发展条件、具有更多的人生出彩机会、享有全面的社会保障和支持，面临着建功立业的难得人生际遇。正是由于新时代中国繁荣发展、充满希望，时代新人具有更强的自信和主动性勇挑重担、拼搏奋斗，因而其是具备极强自我教育意识、自我提升、自我锻炼意识的一代。争取勇挑重担、堪当大任，时代新人要积极做经济高质量发展的推动者、社会主义民主政治建设的参与者、社会主义文化繁荣兴盛的创造者、社会文明进步的实践者、美丽中国的建设者，在中华民族伟大复兴、建设社会主义现代化强国的新征程上奋勇争先、不懈奋斗。时代新人要把平凡的岗位作为人生舞台，无论传统“工农商学兵”“科教文卫体”还是基于“互联网＋”的新业态、新领域、新职业，在平凡的岗位上苦练本领、精益求精。时代新人要在祖国和人民需要的危难时刻挺身而出，在自然灾害、医疗救护、项目建设等重大工程、重大公共事件中自觉扛起责任，锤炼不畏难、不惧苦的奉献精神，彰显时代新人的闯劲、锐气和担当。时代新人要在实践中学习和提升，将个人奋斗目标融入党和国家事业的蓝图中，将人生理想转化为日常实践中的实事小事，主动投身基层一线干事创业，用自身才干支教支农支医，带动社会发展焕发新面貌，在深入实践的磨砺中增长才干、壮实筋骨。时代新人要主动开拓进取，参与时代创新创业，善于用自身丰富想象力和创造力奋力走在经济、社会、科技、文化等领域创新创业前列，用扎实学识、过硬技术本领提升国家发展动力和国际竞争力。时代新人要坚定文化自信，坚持在中华优秀传统文化中汲取思想营养，在革命文化中汲取奋进力量，秉持开放包容的态度创造新文化，秉持守正创新的态度守护中华优秀传统文化遗产，主动顺应时代发展潮流，做推行文化、传承文化的主力军，不迷惘、不盲从、不随波逐流，积极参与新时代文明建设，做传统文化的传承者，做正能量的倡导者、做新风尚的实践者，担负起建设中华民族现代文明的时代使命。

三、担当历史使命的时代新人培育内容

时代新人培育是一项全员全过程全方位的育人活动，是依据“立德树人”的根

本教育任务，以培育担当中华民族复兴大任的合格社会主义建设者、接班人为目标的系统性教育过程，以历史教育、现实教育、理论教育、文化教育为核心科学构建时代新人培育的内容体系，为时代新人培育过程提供中介和依据，是增强时代新人培育针对性、实效性、吸引力、感染力的重要环节。

在历史教育中把握道路方向。以史为鉴，知史鉴今。历史承载着人类发展进程中的记忆，是智慧的宝藏，是民族精神的基石，一个民族所共有的历史是一个民族的记忆、文化和灵魂，历史教育在传承和弘扬民族文化精神的过程中传递民族自豪感和使命感，既承担着传承文明、启迪心智的责任，又具有塑造人格、培养品性的功能。在历史教育中把握历史演进的脉络和进程，正视历史现实，获知历史本来全貌，总结历史规律，传递历史经验，获得未来发展的启示，传承历史文化中的人文精神，是开展历史教育的初衷和使命。“出乎史，入乎道。欲知大道，必先为史。”以历史教育涵养时代新人，使其在世界历史教育中把握人类历史发展趋势，在中华民族历史教育中坚定民族自信和文化自信，在党史教育中建立对中国共产党的系统化、立体化认知，从而在全面的历史认知中把握历史正道和历史主动，积极投入到改变世界的社会实践中。一是开展世界历史教育，引导时代新人站在世界历史全局审视人类发展进程，了解人类历史自原始、孤立、分散的状态发展成为全世界密切联系的统一整体的过程，从世界历史进程中明晰人类历史演变和发展规律、发展方向，尤其是运用唯物史观认识和看待近现代历史，把握资本矛盾运动历史向世界历史转变的原因、逻辑和趋势，从而明晰人在世界历史进程中的存在状态变化，揭示人的异化终将在马克思所揭示的世界历史发展必然趋势中获得解放，使人获得自由而全面的发展。二是开展中华民族历史教育，深入了解中华文明五千多年发展史，推动全社会形成历史自觉和文化自信。五千余年的中华民族历史创造了博大精深的中华文明，了解中华民族筚路蓝缕、跋山涉水创造不同于世界其他文明体的中华文明的历史进程，才能真正明白中华民族走自己的路的必要性，才能真正掌握中华文明的发展形态和精神特质，了解中华民族自强不息的决心和意志，进而明晰中华文明有别于其他文明形态的基因和特质，明晰中国发展道路的深厚文化底蕴，明晰新时代人类文明新形态实践的重要价值。三是开展党史教育，使时代新人深刻把握中国共产党带领中国人民为实现中华民族伟大复兴所经历的奋斗史、探索史、创业史和发展史，明晰当代中国与中国共产党的坐标定位，引导时代新人与国家同向同行。以党史教育结合思想史讲活理论，讲透理论，让历史与现实、理论与实际实现贯通，以党史教育结合革命探索讲清中国实践，呈现中国革命的复杂性、曲折性，彰显中国共产党的智慧和勇气，使时代新人在党史的整体宏观视野中洞察历史中最有价值的规律和问题，在具体历史事件的经验教训中获得当代发展镜鉴，从而在窥见历史本质、摸清历史规律的过程中走稳正道，创造历史。

在现实教育中明晰形势任务。现实教育，即形势教育，主要包括国际形势教育和国内形势教育，是认清国际国内政治经济文化等方面形势特征、变化及走向的教育，运用马克思主义立场、观点和方法分析国内外形势，分清现象和本质、主流和支流，是保持正确态度和清醒头脑认识国家和个人处境的基础。开展国际形势教育的目的在于帮助时代新人及时了解当代国际政治经济格局及其演变趋势，获知当代全球化背景下各国发展走向，全球范围内经济、政治、文化等各个领域即时发生的重大事件，并在介绍国际形势过程中贯穿介绍各国历史背景、地理文化环境以及与其他国家间的国际关系渊源，帮助时代新人认清当代世界大发展大变革大调整的形势特征，善于从纷繁国际现象中把握问题本质、辨别是非、站稳立场，从而认清我国发展同外部世界的关系和互动影响，树立正确的全球意识和国家观念，以世界眼光看待和解决问题。新时代国内形势教育主要包括关于我国的自然环境、社会结构、文化与意识形态在内的基本国情教育，党的基本理论、基本路线、基本纲领和基本经验，新时代以来我国进行社会主义现代化强国建设、以中国式现代化推进中华民族伟大复兴的形势任务、成就经验教训，新时代以来我国对外关系立场、理念及外交政策教育等。开展国内形势教育目的在于使时代新人正确认识国情，了解国家的路线、方针、政策，在世界不同国家和文明的对比中坚定民族自信、文化自信，有利于提高时代新人自身的思想政治觉悟，培育时代新人对国家的责任感和使命感，从而自觉抵制各种社会思潮的干扰和影响。

在理论教育中掌握知识方法。理论教育在于以理论化、体系化的知识和方法认识世界、理解世界，形成逻辑思考能力和批判思维能力，将理论知识灵活地应用于实践，致力于以科学的理论知识和方式方法指导改变世界，尤其是以中国自主的知识体系、理论体系武装时代新人，着力提升人才培养质量，为强国建设提供理论支撑与智力支持。中国特色社会主义进入新时代，加快构建中国自主的知识体系、理论体系、话语体系成为当今中国自然科学、社会科学的紧迫任务，我国科学界、学术界取得了一系列具有重大现实意义的学术成果。中国自主的知识体系、理论体系立足中国实际，坚持中国问题导向，着重呈现中国特色、中国风格、中国气派的思维方式、文明智慧、价值内容，同时兼顾西方文明成果，是中国特色的经验知识和理论知识系统，是思考和解答中国问题的完整世界观、方法论，因而中国自主的知识体系是以中国式现代化推进中华民族伟大复兴的理论支撑，也是培育自信自强、专业过硬、具有开拓创新精神的时代新人的理论知识基础。开展体系化的理论教育培育时代新人，在于以自主的知识体系概括和阐释中国实践，并以自主的知识体系回答中国发展中的重大理论和实践问题，使时代新人了解和掌握党和国家对这些重大理论和现实问题的深邃思考和科学判断，并于成就经验、理论范式、路径选择、指标体系等各维度各层次形成对中国问题的综合全面认知，切实提升时代新人培养质量，提升中国发展人才软实力。

在文化教育中确立价值取向。在漫长的人类历史中，文化教育承担着传承文明智慧、促进人类进步的功能。在全球化、信息化时代，开展时代新人的文化教育，是一个促进时代新人完成文化社会化的过程，通过对包括历史、艺术、文化、哲学、科学和其他人文科学、社会科学等人类文化成果的介绍、讲授与研究，向时代新人传递知识价值观、技能和态度，使其形成科学的世界观、人生观、价值观，塑造时代新人自身的思维方式、生活方式与行为方式。文化教育区别于知识教育、理论教育的理性化倾向，以传承和弘扬中华优秀传统文化、革命文化、社会主义先进文化为核心内容，强调文化涵养的沟通心灵、培根铸魂、启智润心作用，旨在推动时代新人矢志追求更有高度、更有境界、更有品位的人生。开展时代新人的文化教育，重点在于传承中华传统人文精神、哲学智慧、思想价值观念，提升时代新人的人文素养，养成具备民族气节和道德意识的完美人格。文化教育能够使时代新人在多元文化并存、激荡融合发展的时代环境中，树立强烈的文化主体意识，坚守中华民族文化认同，使其在面对西方现代化文化浪潮的强势冲击时，能够坚定中华优秀传统文化自信、革命文化自信和社会主义文化自信，在世界现代化的文化浪潮中坚守中华文化立场和文化独立性，进而以自身力量促进中华文化传承与弘扬以及健康稳定发展。文化教育能够增强时代新人的文化自觉性，使其对自身文化特质和世界文化形态都有了解和把握，从而在面对世界多元文化时能够秉持尊重、理解和包容的态度，在各文化和平共存的发展过程中推进文明对话和交流，扩大中华文明的影响力、吸引力、传播力，与世界文明共同构建和谐有序的世界文化秩序。

四、担当历史使命的时代新人培育方法

培育担当民族复兴大任的时代新人是一项系统工程，尤其在新时代全球化、信息化的复杂国际国内环境下，社会发展的多样性、综合化，社会变迁的加速化、趋利化，向时代新人培育提出了新的更高要求。新的时代背景呼唤时代新人培育理念创新，探索培育高素质时代新人的有效教育方法，具有十分重要的现实意义。

以文化知识涵养精神品格。文化是民族生存和发展的重要力量，亦是引领个体积极奋进、保持精神独立性的重要力量。中华文化源远流长，中华文明博大精深，全面深入了解中华文明历史，掌握中华文化知识，涵养精神文化品格，坚定文化自信，是个体在社会长久立足的文化根基。习近平总书记指出："文化自信，是更基础、更广泛、更深厚的自信，是更基本、更深沉、更持久的力量。"①时代新人生逢中华民族伟大复兴的盛世，中华民族的灿烂文化成为当代中国昂然屹立于世界民族之林的鲜明标识。一方面，时代新人需要不断从中华优秀传统文化、革命文化、社会主义先进文化中汲取养分。正如中华文明之所以在世界有地位、有影响，不是靠穷兵黩武、不是靠对外扩张，而是凭靠中华文化本身的强大感召力和吸引力，时代新人在复杂多元的社会立足，获得他人发自内心的尊重、认同和追随，靠的是时代新人由内而外散发的文化底蕴和人格魅力，靠的是时代新人深层次的责任意识和担当精神，靠的是时代新人高远的理想追求和深沉的文化情怀，因此，文化内涵与独立精神才是时代新人立身处世的基础和根本。另一方面，时代新人需要在文化养分中获得认知世界和认知自我的框架。中华文化一直追求和传承的文化价值理念充满着对人类生活世界的思想洞察，无论是道法自然、天人合一的宇宙观，怀柔

① 中共中央文献研究室编：《习近平关于社会主义文化建设论述摘编》，北京：中央文献出版社，2017 年，第 12 页。

远人、和谐万邦的天下观，抑或求同存异、和而不同的社会观，己所不欲、人心和善的道德观，这些思想文化智慧不仅是中华民族生生不息的丰厚滋养，而且为时代新人提供了宽广深厚的文化认知体系。以文化知识涵养出有深度、有宽度、有高度的精神品格，才能真正确立时代新人的主体性，使时代新人在人生道路中立得住、行得远。

以实践锻炼增长见识才干。“不登高山，不知天之高；不临深溪，不知地之厚。”所谓实践出真知，强调的是只有经过实践淬炼，才能巩固理论认知、才能知重负重、才能主动攻坚克难，在此意义上，实践不仅是时代新人获得见识和才干的重要途径，而且是时代新人真正在祖国大地上实现人生价值的广阔舞台。由于实践是人的能动的社会活动，只有经由实践活动，使时代新人真正建立起自身与当代社会实践的密切联系，才能使其作为“社会人”更真切地认知、体验这个世界，进而认同和参与改造这个世界。落实实践育人，促进时代新人在实践锻炼中增长见识才干，需要建立学校与社会的协同机制，让时代新人根据自身专业和特长亲自深入农村社区基层和工厂车间一线，在一线实践中奋斗出彩，切实体会自身作为社会实践主体力量的重要作用；需要推动实现实践育人的系统化、全程化、社会化，建立社会调查、生产劳动、志愿服务、勤工助学、科技创新等各类社会活动的实践机制，使时代新人的自我成长和自我发展与社会人才需求有机结合、互动互联，带动时代新人把实践作为最好的课堂，在实践磨砺中增长见识、壮实筋骨。

以对比说理增强情理认同。对比教育法是将不同事物的特点、属性进行比较甄别，从而引导个体做出正确价值判断和价值选择，从而提升思想认知的方法。培育肩负民族复兴重任的时代新人，关键在于使其确立家国情怀，勇担重任的使命感、责任感，而家国情怀的前提便是对国家和民族强烈的情感认同和民族自信、历史自信。以对比说理的教育方式升华时代新人的家国情怀，需要在历史和现实的对比中强化中华民族历史和文化的情感认同，通过新时代十年变化、改革开放史、新中国历史、中国共产党历史、中华民族史、社会主义发展史等不同维度的历史教育，既要引导时代新人理解我国走好中国特色社会主义发展道路的必然性，避免历史虚无主义、文化虚无主义倾向，又要引导时代新人用历史与现实的强烈对比客观看待人生实践中的挑战与挫折；需要引导时代新人在国内与国际现实情况对比中充分看到中国成就和中国优势，在“世界之乱”与“中国之治”的对比中形成对中国与世界形势的清醒认知和客观判断，科学把握中国社会主义制度与西方资本主义制度的差异和影响，自觉确立“四个自信”，明晰中国发展道路对西方“历史终结论”“中国崩溃论”的回击与终结，激发时代新人担当中华民族复兴大任的热血与激情；需要引导时代新人在“大我”和“小我”的对比中培育正确价值观，“大我”是夙夜在公、无私忘我的敬业精神，是勇于承担重任、报效国家的奉献精神，是无愧时代、无愧人民的服务精神，是心中装着国家和人民，将个人熔铸于时代大潮、历史使命中的境界、责任与担当，而“小我”则是以个人利益得失为中心的价值观，价值取向与行为选择均以个人为直接考量，引导时代新人在“大我”和“小我”的义利对比中达成国家与个人价值抉择的统一，将“小我”融入“大我”的时代使命之中，成就非凡人生。

以榜样模范弘扬新风正气。榜样示范法是以榜样人物的高尚品德、卓越成就、模范行为启发和影响受教育者的教育方式，在思想政治教育过程中具有良好的教化和濡染效果。新时代呼唤伟大精神，崇高事业需要榜样引领，时代新人迎接人生实践中的各种风险挑战，尤其需要弘扬榜样模范身上的先进精神与坚韧意志，做到“像英雄模范那样坚守、像英雄模范那样奋斗”，传承榜样模范身上的使命担当、崇高理想品格和牺牲奉献精神，选择正确的奋进方向。以榜样模范弘扬新风正气，引领时代新人争做先锋，既要通过定期的榜样模范推选活动、完善荣誉表彰制度体系等措施关爱英雄榜样，以崇高礼遇褒奖对社会有贡献的功勋和榜样，主动呈现国家主流意志和价值导向，使榜样模范的思想行为和精神面貌成为全体人民共同的情感表达和奋进目标；也要通过榜样模范人物进校园、进课堂等主题活动，让榜样模范英雄人物现身说法，讲述工作和生活中的奋进事迹，从而拉近与时代新人的情感距离，引导时代新人见贤思齐，主动学习榜样模范的先进事迹，不断在人生征程中砥砺奋进。

| 第八章 |

消费主义思潮与时代新人培育

19 世纪末 20 世纪初，以大众消费为主要特征的西方社会开始出现了消费主义。消费主义指向的是一种超越人的生存实际需要、崇尚物欲的生活方式和文化意识形态。那么，作为一种特定含义的生活方式和文化意识形态的消费主义，就绝不仅仅是消费本身，而是一种崇尚消费至上的价值观念。人们进行消费的目的不是单纯满足实际生活的需要，而是为了满足被众多企业、商业经营者和媒体刻意制造出来、刺激起来的物质和精神欲望的“虚假的需要”。在消费主义文化的影响和支配下，消费被人们当作人生的根本意义之所在，而不再只是满足日常生活需要的一个必要环节。

随着中国改革开放进程的开启与推进，整个社会的物质条件和人们的生活水平都发生了翻天覆地的变化。经济社会的快速转型加速了人们的消费观念转变，越来越多的人开始追求消费的升级和提质，导致国内消费逐渐进入了“大规模消费”时代。这一阶段的日常生活消费表现出对高消费的追求、消费过度增长以及消费需求的超前性。同时，在改革开放过程中，西方消费主义也涌入了国内，加速了国人消费观的转变。人们的消费心理和消费行为在逐渐追随升级的过程中出现了消费主义的倾向，消费逐渐成为衡量社会地位的重要标志，消费行为呈现出一味追求奢侈性、符号性以及时尚性的倾向。在多重因素如物质条件和思想条件的影响下，消费主义在国内逐渐流行起来。

“青年兴则国家兴，青年强则国家强。”①作为担当民族复兴大任的时代新人，青年群体的观念和行动关系到中国式现代化事业和中华民族伟大复兴的前途和命运。当今，在消费主义思潮日益蔓延的现代社会，青年人作为特殊的消费群体不可避免地受到这一思潮的巨大影响，在消费观念上呈现出拜金主义、享乐主义倾向，行为上呈现出非理性消费的特点，一部分青年人沉溺于消费带来的欲望、享受、刺激之中，失去理性的价值判断和积极的精神追求。因此，深入研究探析消费主义思潮的动向特征、有效应对消费主义思潮冲击，是引导青年成长、培育时代新人的应然之举。

第一节　从“消费”到“消费主义”的概念考察

一、“消费”概念的发展演变

自消费在西方社会大规模兴起之后，围绕这一现象的学术研究也相应地开展起来，“消费”“消费社会”“消费文化”“消费主义”等概念在学术研究、传媒和大众话语中频繁出现，但不同研究者对它们的意义、内涵等方面的理解和定义有着很大的分歧。因此，要深刻理解和科学把握消费主义思潮，首先要对这些概念的内涵进行扼要梳理，并从理论上阐述它们在现代社会中的形态表征及其外在影响，这有助于我们更好地在应对消费主义思潮的冲击中扎实推动时代新人的培育。

“消费”是现代商品社会的一个概念，其实质是利用、消耗自然原料和人工物质以满足需要的过程。在汉语的语义中，“消费”一词在汉朝时即已出现，可解释为“消磨、浪费”之意，如王符《潜夫论·浮侈》：“此等之俦，既不助长农工女，无有益于世，而坐食嘉谷，消费白日。”到唐宋时期，“消费”的含义是泛指“开销，耗费”，如唐姚合在《答窦知言》一诗中所言：“金玉曰消费，好句长存存。”可以看出，随着生产方式的发展，消费逐渐由带有贬义色彩的“浪费”过渡到具有中性含义的“耗费”。进入现代社会后，“消费”已经成为描述一种经济行为的概念，不再带有任何贬义的性质。《汉语大词典》对“消费”的解释就是“为了生产和生活需要而消耗物质财富”。

① 《习近平著作选读》第 2 卷，北京：人民出版社，2023 年，第 57 页。

在英文的语义中，大约于14世纪开始，“消费”(Consumption)作为一个词语就已经出现，其词干源于拉丁语“Consumption-”，在很长一个时期内它带有“用尽”“耗费”“用光”“摧毁”乃至“暴殄天物”之类的意思，隐含的意义是超过了恰到好处或恰如其分地占有和使用的范围，具有鲜明的贬义性质。不过，大约进入18世纪中期，“消费”一词的贬义性含义开始消退，成为一个与“生产”(Production)相对而言的概念，表示与社会生产关系及与生产、交换、分配相关的一种经济形式。如果按经典马克思主义的说法，消费与生产、交换、分配是社会生产关系的四种主要形式之一，是社会再生产过程中的一个重要环节，也是最终环节，是利用社会产品来满足人们各种需要的过程。可以看出，作为与生产相对应的消费概念，“消费”的含义在西方文化里也经历了一个较大的变化。①

从已有的相关研究看，刚开始的研究者对于消费的认识和阐释基本上都是从经济学视角出发，认为消费是对人的基本需要的满足，消费的本质是对于物质产品与服务的消费和使用，从而满足人的需要和欲望，将消费的概念局限于生理需求层面，这就没有从根本上把人的消费与动物式的消耗区分开，消费行为也被严格地限制在一定的等级上。但是，如果仅仅从纯粹的经济学视角出发，人类社会中诸多不以满足需要为目的的消费行为就无法解释，尤其是无法解释后现代社会的诸种消费景观。因为，人的消费绝不等同于满足吃、喝、住、行这些仅能够维持生存的生物性需要。正如鲍曼所讲：“像所有其他的生物，他们要想活下去不得不消费，而且，作为人而不仅仅是动物，他们的消费不仅仅是生存所需要的：人类的生存标准要高于‘单纯的生理’生存所必需的产品，因为除此之外，人类还有较复杂的社会标准，诸如体面、礼仪和‘美好生活’。”②马克思在研究资本主义社会生产方式的过程中，也注意到了既有研究视角的解释力问题，指出“而消费这个不仅被看成终点而且被看成最后目的的结束行为……本来不属于经济学的范围”③。马克思在其《〈政治经济学批判〉导言》中，提出了“生产的消费性”以及“消费的生产性”，所谓生

① 夏莹：《消费社会理论及其方法论导论：基于早期鲍德里亚的一种批判理论建构》，北京：中国社会科学出版社，2007年，第89—132页。

② [英]齐格蒙特·鲍曼著，郇建立译：《被围困的社会》，南京：江苏人民出版社，2005年，第189页。

③ 《马克思恩格斯选集》第2卷，北京：人民出版社，2012年，第689页。

产的消费性就是在于生产行为本身既是人自身的消耗，同时也是生产资料的消耗；消费的生产性则表明人在消耗自身与生产资料的同时，促进了人自身的发展，也解决了产品的最后实现。

二、从“大众消费”到“消费社会”

大众消费真正意义上的形成是出现在20世纪20年代的美国，社会消费进入普遍化和大众化的阶段后，人们对于消费的认识和定义又增加了新的元素。以前，人们往往以商品对自己是否有用来决定购买与否，而在现代社会中，极具诱惑力的广告和包装给商品植入了一种微妙的意义，也就是鲍德里亚（又译“波德里亚”）所谓的符号价值，充斥着商品形象与符号的消费品成为彰显个人身份地位的需要，使用价值的概念被逐渐淡化甚至抛弃。人们完全可以根据消费者从衣着、轿车到家具等每一个日常消费行为中所显示出来的偏好，把他们归入某一个社会阶层，精英阶层狂热追求昂贵、高端的商品和服务，正是因为它们可以衬托自己的地位与身份价值。由此，“人们的消费，不仅仅是一个经济学意义上的、根据既定的收入总量来追求商品效用最大化的过程，而且是一个社会学意义上的、根据人们的社会身份来追求个人的社会评价和社会地位最大化的过程”①。随着现代社会的发展，消费也逐渐扩展到了更广泛的领域。现代社会语境中的“消费”和“消费者”比“使用”和“顾客”多一层意思。对现代人来说，除了满足基本的生活需求，人们开始追求体验、情感和文化上的消费。例如，旅游、美食、娱乐等领域的消费成为当今社会中重要的消费形式之一。这种消费形式不仅仅是为了满足物质需求，更是为了追求个人的内心满足和生活品质的提升。

可以说，消费从来都不是一种可以脱离人及其社会关系而独立存在的纯粹的经济行为，它在本质上是某种社会关系的体现。消费已经不仅仅是一种经济行为，更是一种社会行为，甚至是个人价值观的体现，消费具有更多的符号或象征化的意义，商品的文化内涵丰富了消费的内容，凸显了消费的社会作用。消费已经从一种

① 王宁：《消费的欲望：中国城市消费文化的社会学解读》，广州：南方日报出版社，2005年，第51页。

生理需求现象提升为社会文化现象，并成为社会生活的基本文化结构。消费的研究也从经济学迈入了社会和文化研究领域。随着消费的演变，它与人们的文化信仰、价值观等紧密联系在一起。统治阶级将关注点从总体上转向了控制消费，并通过塑造消费者的思想和行为来实现自身利益。消费不仅仅是满足物质需求，更成为一种符号、身份和文化传承的表达方式，对于消费社会的研究不仅需要经济学，还需要社会和文化学的综合视角。

因此，我们在这里所讲的消费不是经济学意义的消费，而是社会学、文化学、人类学意义上的消费。所谓的消费，是指在现代经济、社会条件下，人们为满足其需要和欲望对商品和服务的选择、购买、使用和维护过程。在这一过程中，人们不仅消费了商品和服务的使用价值，也消费了它们所蕴含的象征符号价值。鲍德里亚甚至断言："人们从来不消费物的本身（使用价值）——人们总是把物（从广义的角度）用来当作能够突出你的符合，或让你加入视为理想的团体，或参考一个地位更高的团体来摆脱本团体。"①消费在物理意义上消解客体的同时，也在社会和文化的意义上塑造主体，并因此找到了使个体整合到社会系统中的媒介。消费不但是经济学意义上的消费者追求个人效用最大化的过程，而且也是社会学意义上的消费者进行"意义"建构、趣味区分、文化分类和社会关系再生产的过程。作为"联结经济与文化的社会活动"的消费是经济生活、文化生活与社会生活的连接点和汇结点。消费既是经济领域与日常生活领域进行交往和沟通的渠道，也是"资本与日常生活实践相结合的领域"。消费不仅具有了经济和营销意义，更具有了重要的文化和社会意义。正是基于这一理解，有学者将消费的属性概括为五个方面，即消费的自然属性、主观属性、社会属性、文化属性和符号属性。② 消费不仅仅是一个经济实用的过程，而且是一个涉及文化符号与象征意义的表达过程。消费背后标明了社会等级和地位，人们通过消费来表现其品位、格调、生活方式，并借助消费表达和传递意义和信息，包括自己的地位、身份、个性、品位、情趣和认同，以达到建构身

① [法]让·鲍德里亚著，刘成富、全志钢译：《消费社会》，南京：南京大学出版社，2000 年，第 48 页。

② 王宁：《消费社会学——一个分析的视角》，北京：社会科学文献出版社，2001 年，第 6—11 页。

份、建构自身及建构与他人的关系。

尽管商品在西方资本主义社会中很早就成为明显的现象，但在一段时期内，这种商品消费的习惯只是局限于上层贵族和统治阶级，而处于社会底层的大多数群体，由于受到社会观念的限制、财力的缺乏匮乏，是无力也无愿进行基本生存之外的消费的。真正意义上的消费社会是伴随20世纪以来西方社会在经济、政治、文化、技术等领域发生的深刻变化所引起的人们的生活方式与价值观的变革而到来的。所谓“消费社会”，是由于消费普遍化、大众化的作用，整个社会在基本结构方面发生了重大变迁，即从以生产为主导的社会转向了以消费为主导的社会，它导致了社会生活方式的全面革新，引发了整个社会价值观的断裂、冲突和震荡，并改变了人类的社会与文化体验，使西方进入所谓的消费社会。① 正是由于生活方式与价值观的变革带来了全新的文化感受和体验，进而促进了消费社会的兴起。相比于“大众消费”这一个阶段，消费社会的生产方式、生产结构、社会关系和思想观念等构成社会发展的底层逻辑，都已经深刻被消费所塑造和驱动着，消费逻辑已经系统而复杂地渗入经济社会发展的各个领域。

人类社会进入消费社会标志着一个新的历史时期的出现，与以往社会相比，这一时期具有不同的新特点。首先，在消费社会之前，社会发展的动力主要来源于生产及勤俭节约的精神，消费只是生产的附属。然而，在消费社会中，则强调刺激消费，注重全面发挥消费的作用。其次，在消费社会之前，人们的消费行为主要以商品的使用价值为判断标准。然而，在消费社会中，符号化商品所象征的社会意义和价值成为主要的衡量尺度。符号意义和价值指代商品的类别和等级结构，表现出现实世界的不同分类。只有能够消费时尚名牌的商品才能彰显消费者非常高的社会地位，商品被真正消费的是其符号意义。一种典型例子是，购买昂贵的名表主要是为了显示财富能力，而不是为了更好地掌握时间。由于消费观念的这种变化，精明的厂家和商家极力打造现代消费文化，使享受成为生活的追求，并通过挖掘和扩大消费市场来实现这一目标。追求享受、显示地位和权势的观念消费和符号消费

① ［法］让·鲍德里亚著，刘成富、全志钢译：《消费社会》，南京：南京大学出版社，2000年，第50页。

使得消费呈现出无限扩大的趋势。最后，在消费社会之前，个人和家庭根据自身的收入状况和兴趣爱好等来决定自己的消费和日常生活。然而，随着数字信息化时代的来临，在消费社会中，广告弥漫于社会各个角落和领域，广告等大众传媒成为掌控日常生活的决定者。人们所消费的物品首先需要经过广告的宣传，在消费者的心目中形成一定的意象后才会被购买和消费。人们的消费趣味追随着时尚的变化，真正消费的时代终于到来，整个社会被意象所统治。

三、从“消费社会”到“消费主义”

如前所述，消费社会的兴起是西方资本主义社会发展过程中的必然结果。消费社会的显著特征是强调物质拥有和推动大众消费成为主要生活方式。随着这种生活方式渗透入人们的思想观念，它演变为一种超越个体生存实际需求的社会意识形态，即崇尚物欲的消费主义。消费主义是一种复杂的文化意识形态，集合了生活方式、社会文化现象和价值观念，其本质上不同于人们通常理解的经济学意义上的消费行为。真正的消费仅仅涉及商品本身的使用价值，而消费主义作为一种文化意识形态，与经济学中的消费概念完全不同。例如，人们进行消费的目的不仅仅是满足实际生活需要，而是不断追求众多企业、商业经营者和媒体有意制造并刺激的物质和精神欲望的满足，即所谓的“虚假需要”。因此，消费主义不仅仅是消费行为本身，而是一种价值观念。用西方学者鲍曼的话来说，在消费主义的内涵中，消费是一种对象征性物质进行操纵的行为，它不仅仅是满足物质欲望或胃口需要的行为，还体现在对象征性物质的生产、分布、欲求、获得与使用等方面。消费主义文化既不是单纯的价值观念，也不仅仅是一种行为实践，而是两者的结合，其基本特征是将对物质的占有、消耗甚至浪费视为人生的终极目标。消费主义文化并没有排除人类精神需求，相反，它使得消费本身成为一种精神上的需求。正如美国学者赫伯特·马尔库塞所言：“人们似乎是为商品而生活。小轿车、高清晰度的传真装置、错层式的家庭住宅以及厨房设备成了人们生活的灵魂。”作为一种文化意识形态，消费主义通过灌输“不消费就衰退”的神话，以共同利益或公共利益的形式影响消费社会中的大众，刺激他们本已高涨的消费欲望或所谓的“虚假需求”。总之，消费主义文化就是一种塑造人们购买欲望的意识形态，其真正的动机是为了维持经济体系的良性循环，达到资本增值的目的。

正是在消费主义的驱动下，传统的节约与俭朴、自我约束与道德自律等价值观遭到极大的冲击和破坏，以至于使消费社会从技术层面到观念层面都发生了深刻的社会革命，并带着社会生活时尚与创新的面具不断深入人心，从而构成新的经济社会发展模式。在生活层面上，消费是为了达到建构身份、建构自身及建构与他人的关系等一些目的；在社会层面上，消费是为了支撑体制、团体、机构等的存在与继续运作；在制度层面上，消费则是为了保证种种条件的再生产，而正是这些条件使得所有上述这些活动得以成为可能。

消费主义在 20 世纪初的美国出现之后，开始向西欧、日本等国扩散。随着全球化浪潮的冲击，起源并盛行于西方发达国家的消费主义文化以其感性而鲜明的特征吸引着不发达国家的人们。20 世纪 80 年代以来，借对外开放之机，西方消费主义文化伴随着跨国公司的商品、广告、代理人和机构陆续进入中国，日益渗透到中国社会大众的日常生活领域。随着经济的增长，中国社会正在以特殊的方式迅速进入“消费社会”。从 20 世纪 80 年代开始，有代表性的电视机、洗衣机、录音机等高档耐用消费品，在不到十年的时间已经在我国城乡基本普及。进入 90 年代以后，高档居室、高档音响、大屏幕彩电、空调、电话、名牌服装等商品的热度持续大幅升温。

第二节　消费主义思潮在当代青年中的表现及原因

如上所述，在经济全球化的推动下，发源于西方的消费主义思潮的价值观念和文化意识形态在发展中国家迅速蔓延。消费主义在中国不仅通过商业广告和媒体广泛地影响着当代中国人尤其青年人的消费观念，也实实在在地成为部分青年人的日常消费实践。“青年的价值取向决定了未来整个社会的价值取向，而青年又处在价值观形成和确立的时期，抓好这一时期的价值观养成十分重要。”①当下，大众传播媒体和新兴网络媒体的大肆兴起，那些高消费、奢侈消费的信息与广告被不断

① 《习近平著作选读》第 2 卷，北京：人民出版社，2023 年，第 243 页。

地传播与宣扬着，其在内容和形式方面都力图制造、满足受众的物质消费和精神消费的欲望，整个社会中的消费主义思潮倾向越来越明显。当作为时代新人的青年群体被消费主义思潮所裹挟，那么中国的主流价值体系和社会主义意识形态也有可能被耳濡目染、盲目崇拜和效仿消费主义文化的消费群体消解掉。果真如此的话，那就是社会的悲哀了，因为“如果从观念上来考察，那么一定的意识形式的解体足以使整个时代覆灭”①。

一、消费的炫耀性倾向

美国知名经济学家、制度学派的创始人之一凡伯伦在《有闲阶级论》一书中，以当时的富裕群体作为研究对象，对他们的生活方式、消费方式所衍生出来的经济现象和社会现象进行深入分析，并集合了经济学、心理学、人种学、自然历史、宗教学等多领域、多学科的研究成果，提出了“炫耀性消费”的概念。如果单从字面上来看，炫耀性消费是众多消费行为当中的一种，其核心在于“炫耀性”，即炫耀性既是其行为的目的，也是其行为的结果。现代社会中，不管承认与否，人们在不同程度上都有炫耀的倾向，炫耀性消费可以说遍及社会生活的每一个角落，其表现形式也可以说是林林总总、无所不包。炫耀性消费的实质是人们以一种赶超的方式与他人进行着名誉和地位的对比或者竞赛，消费作为强有力的工具起到了信号传递的作用，而个体则在这种消费博弈的过程中获取名誉、地位和他人的尊重。中国式的炫耀性消费有一种标榜性和夸示性，它不是为了生存感受和尊严，而是为了地位和身份：只有这样消费的一群人才能这样消费，只有这样消费的人才属于这一群人，他们要借此区别与他人的不同，要标榜自己的社会地位。在很大程度上、在很多情况下，炫耀性消费是一种权力和财富的标志，标榜性是这种炫耀性消费的主要特征。这种奢靡、奢侈、奢华风气与中华民族一贯的艰苦朴素优良作风是格格不入的。我们认为，消费是要同自身的文化内涵相匹配的，盲目追求炫耀或超出自身经济条件去创造所谓的社会认同，这是消费文化不成熟的表现。成熟的消费者往往会根据自己的个性及对自身形象的预期选择商品或服务，首先看重的是商品或服

① 《马克思恩格斯文集》第8卷，北京：人民出版社，2009年，第170页。

务所包含的文化内涵或风格属性，而不是商品或服务的含金量或华贵属性。

在当今社会，消费主义的宣扬已经充斥着我们的生活方式和价值观，这对消费者的主体性产生了严重的消极后果。消费主义的价值观误导了消费者，在他们的消费实践中，不再是为了享受，也不再是建立在主客和谐自由关系基础上的。相反，它们变成了一种物的异化性虚假欲望，成为消费主义的具体展示。当前，消费主义更进一步地侵蚀着年轻人的身心。在鲍德里亚看来，消费社会不仅仅是消费物品，更重要的是人自己开始消费自身。换句话说，为了追求美丽，年轻人可以不惜一切进行整形手术；为了强健体魄，他们热衷于去高档的健身房锻炼。年轻人被逐步引入一个消费欲望的黑洞中，使得他们的主体性和本质逐渐被吞噬。第一，年轻人在消费过程中的价值观发生了转变。如“金钱万能”等错误的思想开始侵蚀年轻人的思维，导致他们在实际生活中的主体性被消解，变得依赖金钱来解决问题。金钱遮蔽了年轻人的主体性。第二，年轻人对传统的消费观念，如节俭、节约和合理消费，持嗤之以鼻的态度。而紧随其后的是非理性消费的浪潮，通过购买琳琅满目的商品来彰显个性，并满足自身存在感。例如，有些青年人可能会购买多双同款鞋，仅仅追求颜色的不同；还有一些青年人以追求某种产品的更新换代作为自己的爱好，最终在过度消费中完全丧失了理性思维。第三，年轻人受到消费主义影响，被广告等现代媒体和多样化的商品包围，趋向异化。正如马克思所描述的那样，人的生产是突显人的本质的生产，消费也不例外。人的消费是一种满足真实欲望的行为，它能更好地促进人们自由和全面地发展。然而，消费主义的影响使年轻人放弃对自身目标的积极追求，削弱了他们实现自身目标的能力。最后，消费主义消极的价值观导致年轻人的自我控制和自律能力减弱，同时道德感和责任感也开始缺失。

二、消费的奢侈性倾向

奢侈性消费也是消费主义思潮的重要表现形式之一。在许多富人眼中，居住豪宅、驾驶名车、穿戴品牌不仅是生活质量的象征，更是成功的标志。中国的奢侈品消费主要集中在服饰、香水、手表、皮具等个人用品上，奢侈文化越来越受欢迎，并且呈现出不断升级的势头。这种趋势不仅体现在各种热门奢侈品展览会上，也在中国许多大中城市的广告牌上出现，通过使用“奢侈”“高贵”“至尊”“顶级享受”等宣传用语，不断向行人灌输炫富和崇尚富裕的消费幻想。这种炫富式的奢侈性消费倾向导致中国的消费市场出现了许多令人匪夷所思的怪现象，例如“天价”年夜饭、巨额征婚费用、豪华派对等。不少富裕人士不仅要住在豪宅里，开豪车，甚至连汽车牌照、电话号码等也必须花费巨资购得“靓号”。对于那些没有经济实力却盲目追求奢侈性消费的人来说，他们是出于某种虚荣和炫耀的心理，表现出非理性的消费行为。从整个国家的经济发展水平与层次、人均拥有的各种自然资源、大多数国民的消费能力来看，中国还不具备承受这种“奢侈消费风暴”的能力，也还未达到奢侈品消费的阶段，却成为全球奢侈品消费增长最快的国家。这主要是由于国外奢侈品牌商家的推广、广告的过度宣传、媒体的大肆炒作以及社会思潮的推动所致，更深层次的原因在于消费主义意识形态已经在当代中国社会迅速蔓延。

当下中国社会中的这种高端、奢侈性的消费已经成为一些富裕人群的消费理念，这种炫富式的消费行为甚至传染了一些并不富裕的人尤其是年轻人的消费心理和消费行为，使这些并不富裕的人陷入奢侈消费的“集体无意识”虚幻梦境而不能自拔。世界奢侈品协会的调查显示，中国奢侈品消费者平均比欧洲奢侈品消费者年轻 15 岁，比美国奢侈品消费者年轻 25 岁，月收入约 10 000 元的消费者占总数的一半以上，他们的年龄在 25～28 岁。消费主义思潮下的青年人对商品的价格有着极高的敏感性，将价格作为选择商品的标准和尺度，因此，价格高昂的奢侈品就获得了部分青年人的极大青睐和近乎狂热的追求。同时，奢侈品牌借助新媒体，投放明星代言广告，激发作为粉丝群体中重要力量的青年人的购买欲望。从几百上千的音乐会门票、上万元的限量动漫手办、难以计量的偶像应援，再到各种奢侈品牌，它们都逐渐成为青年人的消费对象。加之不良媒体的推波助澜，青年人在消费主义思潮影响之下，形成了拜金主义的消费价值取向，对奢侈文化品的消费追求陷入狂热。在消费主义思潮的影响之下，在资本逐利环境之下，部分青年人把金钱当成衡量成功的唯一标准。这样的价值理念和对奢侈文化品的狂热追求不仅会给经济条件不够宽裕的青年人及其家人造成负担，更可能会使青年人为“金钱”奴役，放弃对人生价值的思考和追求，甚至为购买奢侈文化品做出违反法律道德的事情。

从国内外发展经验来看，奢侈性消费不仅滋生“拜金主义”等不良社会习气，而且容易诱发社会矛盾，引发社会冲突，也容易引发权钱交易等违法犯罪行为，不利于社会的和谐与稳定，而且会对生态环境构成威胁，危害生态安全。这种近似疯狂的奢侈性消费烘托出来的是一种异化的消费心理和不成熟的消费市场，昭示的是富裕阶层在财富、社会地位上都高人一等的优越感，向社会传递的则是不健康、不可持续的“未富先奢”的消费心理与消费行为。

三、消费的盲目性倾向

盲目消费是指社会成员偏离或违反现有消费规则而产生的消费问题，与理性消费相对应。盲目消费问题大致可分为三类：第一类是危害个体的盲目消费，例如过量酒精消费（酗酒）、毒品消费（吸毒）和成瘾性网络消费等。这种消费追求身心短暂的快感，却给个体造成持续性的危害。第二类是违反社会公平的盲目消费问题，例如贫困问题和过度超前消费问题。这些问题明显缺乏公平性，然而人们却往往对这些问题缺乏认识，将其归结为个人能力问题，从而在某种程度上掩盖了深层次的社会不公平。第三类是挑战社会机制的盲目消费问题，例如公款消费和一次性消费等。这类问题是由于某种社会机制的缺失导致的。

对于青年群体来说，消费的盲目性则主要集中在前两类。一方面，受到消费主义思潮影响的青少年，容易导致不良习惯、嗜好的“群体效应”，在青少年群体中造成强烈的不良影响，甚至诱发新的社会问题，如青少年犯罪问题、社会暴力问题。青少年大多数没有直接的经济收入来源，消费的资金来源主要是依靠家长的辛苦钱，有的青少年在消费异化中为了最大限度地满足自身的虚假欲望，使用欺骗等手段，不体谅父母的艰辛，甚至用暴力极端的手段要挟家长，从而满足其非理性消费。另一方面，随着时代的进步和社会的发展，网络技术和信贷业务也有了高速发展，在青少年日常生活消费中，超前消费逐渐成为一种重要方式。在有急切的真实的需要的情况下，在自身承受范围之内进行适度的超前消费是满足个体生存、发展需求的一种合理方式，但不考虑个体自身能力和条件，为满足一时冲动的欲望而盲目超前消费是不可取的。借助金融或商业信贷机构进行超前消费已经成为常见现象，对超前消费行为的接受度、支持度比较高。但在消费主义思潮的影响之下，部分青少年欲望的沟壑难以填平，其思想和行为如精神鸦片一般被操纵着，促使青少年不断进行无度文化消费，不考虑自身没有经济来源、偿还能力较低，盲目进行超前消费。随着青少年消费需求的增长，信用借贷也为超前消费提供支持，银行、金融机构、信贷平台火热，各种借贷 APP 纷纷涌出，有的甚至直接瞄准高校，吸引青少年进行办卡，使越来越多的青少年背负上千甚至上万的债务。同时，各种不良借贷方式也隐藏其中，诱惑青少年掉入贷款陷阱，如“校园贷”“裸贷”等借贷方式，利用部分青少年的资金紧张、不良消费心理以及警惕性低等特点，以其便捷性、低门槛和高借额引诱青少年进行借贷，最终因为无力偿还而走向极端。

四、消费主义思潮对当代青年产生影响的原因

在上述分析中，我们着重探讨了消费主义思潮的危害性及其对青少年群体的不利影响，相比于社会中其他群体，青年的消费行为、消费心理、消费实践和消费观念有着显著的自身特点，这也就决定了消费主义思潮对于青少年群体产生影响的因素也有着自身特点。因此，我们还需要结合实际，进一步探析消费主义思潮影响和作用于青年群体的深层因素，有助于接下来提出更有效的针对性措施。

首先，从心理因素看，青少年更渴望寻求群体归属来构建自我身份。消费主义思潮的一项内在要求就是促使人们将物质和金钱作为衡量身份地位的标杆和划分阶层的尺度。这一内在要求正好与青少年的需求契合。因为，“个人消费的产物是消费者本身”①，不同的阶层具有不同的消费标准值。而这个标准值就是人们为自己确立的各项消费的重要程度。个体将具有相似性的人分化为一个群体，比如把具有相似品位、衣着风格相似的人划分为一个群体。这就意味着个体的消费代表着个人的爱好、身份、品位等。因此，为了得到群体归属感，当代青少年按照不同的消费标准值去判断和构建身份认同，进而再通过消费来表达与自我所期望的群体的共同点，从而将消费作为自我寻求群体归属感的方式。

比如，在日常交往中，青少年通常会形成同伴群体。这些群体的形成是由于青少年们具有相似的家庭背景、年龄和兴趣爱好等因素，因此彼此之间建立了密切的关系。青少年经常聚集在一起，并对彼此产生较大的影响力。同伴群体的价值观

① 《马克思恩格斯文集》第 5 卷，北京：人民出版社，2009 年，第 214 页。

和行为准则常常作为青少年们的参照对象，对他们的影响甚至可能超过父母的影响，其中包括对彼此消费行为的影响。在消费过程中，青少年面临许多不确定因素，这种不确定性代表着风险。为规避消费风险，青少年消费者努力收集信息，寻找可靠的信息来源。当消费者认为所获取的信息可靠时，他们更容易接受并根据自己的需求调整或改变对商品的态度。同伴之间共享的价值观和兴趣爱好，以及同伴群体常涉及的品牌和相关商品信息，都成为青少年消费过程中的参考依据。他们积极地从被认为具备相关知识的同伴那里获取相关信息，因为他们之间保持着频繁的交流和情感基础，所以这些信息的可靠性也较高。另一方面，青少年在消费过程中追求商品品牌的异质性。这种异质性意味着与同伴群体中的大多数人有所差异，从而凸显自己的个性，进行更高层次的消费。这种高层次的消费可能体现在商品的价格上，也可以表现为商品的稀缺性。青少年强调在已经归属于某个群体的基础上通过消费展示个性和独特性，以获得自我认同感。换句话说，购买商品不仅仅是为了使用，也是为了享受舒适感和优越感等因素。在现实生活中，大多数当代青少年认为商品的符号含义比其实际使用价值更重要。他们将时尚性作为购买决策的关键因素，注重商品的符号价值，而不是将价格和质量等商品的实际使用价值作为决定性因素。为了将自己归属于时尚达人的范畴，青少年会大量购买被标注为时尚的服饰。他们希望通过拥有与群体中其他成员相似的商品或服务来界定自己的身份，并寻求群体归属感。

其次，从教育层面看，当代青年的消费教育还比较欠缺。消费主义实际上反映了一种价值观，因此对青年的消费教育变得尤为重要。在这方面，家庭的意识相对较弱。青年人的消费习惯不仅与时代环境相关，也与家庭的消费观念有很大关系。作为个体社会化的主要媒介，家庭对一个人的成长有着重要的影响，对孩子的消费观念更是直接起作用。家庭成员之间相互影响和制约最为直接和深刻，在教育消费的功能性和实用性方面起到主要作用。特别是父母对于理性消费的培育以及言行举止都对子女的消费状况产生着重要的影响，是不可替代的。这种影响主要在以下三个方面体现：首先是家庭的经济条件。家庭经济条件是影响青年是否出现消费主义倾向的基础。也就是说，家庭经济条件越好的青年人越容易表现出消费主义的倾向。其次是有意识地理性消费教育。父母对孩子进行理性消费的培养能够直接抑制青年的消费主义倾向。换句话说，父母越多地对青年进行理性消费的教育，他们的消费主义倾向就越不明显。第三是家长的消费观念和消费行为对孩子的潜移默化影响。家庭的消费习惯会通过家庭成员的言传身教对孩子的消费行为产生影响，特别是父母的消费行为。当父母的消费主义行为越明显时，青年中的消费主义也就越明显。然而，当今社会，父母普遍更注重对孩子学业成绩的培养，却忽视了对孩子理财和消费的培养。随着家庭收入的增加和生活质量的提高，家长在孩子身上的投入也相应增加。尤其是这一代的青年人大多是独生子女，家长对孩子的需求更加百依百顺，孩子在花费方面变得挥金如土。这种情况导致孩子养成了奢侈浪费的习惯。同时，由于父母一代曾经历过紧衣缩食的时代，他们更倾向于尽可能地“富养”自己的孩子。但家长们对“富养”往往单纯理解为提供物质上的丰富，而忽视了精神层面的培养。例如，一些家庭常见的做法是答应孩子达到一定分数就可以购买特定物品，用金钱激励孩子去完成家务，然后再拿着钱去购物。在这种消费观念下，必然会影响孩子的金钱观和消费观，使其受到功利主义和物质主义的危害。

另一方面，学校对于青年的消费教育还很薄弱。学校作为一种特殊的社会组织，是有目的、有计划、有组织地向受教育者传授文化知识、劳动技能、价值观念、政治观点、社会规范，以培养符合社会要求合格公民的机构。① 就我国学校教育的现实内容来看，各级学校针对青年学生开展的消费教育明显有些薄弱。在中学阶段，正是青年人的消费观和价值观开始形成的关键时期，而对于学生的教育更多的是集中在理论知识的传授和技能的培养，存在着重智育、轻德育的失衡倾向，而对于学生科学消费观的引导、理性消费相关的教育更是缺少，即使课堂中有相关的理性消费的内容，大多也都是体现在思想政治教育课上，和学生思想实际联系不紧密，缺乏针对性、效果不佳，没有发挥实际的作用。在大学阶段，更是青年人消费活动十分活跃的时期，目前高校针对青年学生开展的有关理性消费的课程多集中于《思想道德修养与法律基础》，其他课程少有涉及，这直接体现了高校目前对于理性消

① 陈万柏、张耀灿主编：《思想政治教育学原理（第三版）》，北京：高等教育出版社，2015 年，第 111 页。

费教育的薄弱。同时，根据有关调查显示，低年级的青年大学生的消费主义倾向要显著高于其他年级，这一定程度上说明了我们目前课堂教育中有关理性消费的实效性不强，高校缺少有关理性消费的培育可能会加剧消费主义思潮对青年的影响。

最后，从媒介层面看，大众传媒起到了推波助澜的作用。作为一种生活方式与价值观念，消费主义的最大特点是对物质享受和感官享乐的迷恋，主要体现为物质至上，物质主义和享乐主义成为生活的主导价值。“大众传播媒介作为消费时代的鼓噪者。从它的最初形态开始，就担负着为消费社会摇旗呐喊的角色”①，在现代科技的加持下，通过传媒和大众文化精神产品来传播和培育消费意识、消费方式和消费习惯，引发受众者对消费主义思潮的认同、向往和追逐。在现代社会中，大众传媒不仅仅是一种遵循商业逻辑进行生产的产业体系，更是一种操纵大众意识形态的再生产工具。大众传媒积极逢迎、靠拢或争取广大受众，目的是在潜移默化中影响、诱导和操纵消费者。通过创造“模拟环境”，大众传媒左右着消费观念和消费时尚的方向，使商品及其品牌具有更多的象征与符号意义，巩固了产品在人们心目中的符号化特征，电视广告、电视剧和综艺节目以及引人注目的商品、场所、情景构成了一个巨大的想象欲望空间，从而激发了人们的消费欲望。大众传媒通过将不同的符号意义物化，赋予商品、消费和享乐以诱人的精神意义和文化内涵，以提升商品的价值，并为激发消费者的购买欲望做出努力。它们将商品植入人性的、迷人的光辉之中，将商品与个人价值以及浪漫、气派、高雅等美好情感体验联系起来，建构一个梦幻且美丽的世界，诱导人们日益增长的欲望。这背后所隐藏的是大众传媒传播消费主义的生活方式与价值观念，建构消费意识形态，并诱导人们接受它们宣扬的消费意识形态，把越来越多的人卷入其中，使消费主义文化成为一种大众化的消费生活观念与消费方式，从而推动新的消费观念和消费方式。

目前来看，网络平台是对青年群体消费主义影响最大的媒介。这种影响可以通过网红博主、达人等网络群体的“种草消费”直接传达给当代青年，从而影响其消费观念与行为。例如，在外出聚餐之前，年轻人会先打开大众点评查找附近推荐的

---

① 杨魁、董雅丽：《消费文化——从现代到后现代》，北京：中国社会科学出版社，2003 年，第 3 页。

餐厅;购买服装时,他们会参考小红书上推荐的搭配;在购买电子设备之前,他们会翻阅知乎上专业人士的测评。这种"种草式"的传播手段正在影响越来越多的青年人的消费习惯,各大电商平台也纷纷加入其中,使得"种草消费"风靡一时。另一方面,网络空间中的"晒"文化也成为一种开放性文化,以年轻一代为主导。通过"晒"自己的生活,年轻人可以分享自己的日常点滴。原本这是一种无关对错的行为,然而,网络空间中的信息失真性和"无时间的时间"特性使得消费主义的广泛传播成为可能。一些网民通过追求物质层面的消费来彰显自己的身份象征,通过在高端场所露面或虚假的方式展示自己的精致、高贵的生活等,来构建自己优雅高贵的人设。然而,这些所谓的"网红"在这种情况下往往迷失了自己的定位,并导致了价值观的扭曲。与此同时,网络平台也无时无刻不在宣扬一种拜金的价值理念,通过这些行为大量宣传了消费主义所提倡的享乐和追求物质的理念。正是在大众媒体的强力煽动和潜移默化下,年轻人在对消费生活的幻想中不知不觉地接受了消费主义的价值观念,并践行了消费主义的生活方式,购买各类媒介信息产品。

第三节　时代新人科学消费观的培育路径

消费主义"它所要满足的不是需要,而是欲求。欲求超过了生理本能,进入心理层次,它因而是无限的要求"①,正是凭借着对人们欲望甚至炫耀的"满足",很多时候人们会想当然地认为人活着的目的就是为了消费,而人生的意义也在于消费。显而易见,如果任由消费主义思潮在社会中尤其是青年群体蔓延,那么我们的未来将会是"繁盛的虚无"。面对消费主义思潮给人类生活带来的危害,分析消费主义思潮对当代青年的冲击,以及青年消费观存在的普遍问题,其最终目的就是要避免这种思潮的不利影响,进而引导青年形成科学的消费观念和消费方式。本节根据培育对象的特点及问题,探析以青年人为主体的时代新人的消费观培育路径。

---

① [美]丹尼尔·贝尔著,蒲隆、赵一凡、任晓晋译:《资本主义文化矛盾》,北京:生活·读书·新知三联书店,1989年,第68页。

一、加强青年消费理念的自我教育

青年在所处的成长阶段有着比较明显的自我意识，同时也有着鲜明的逆反心理。传统教育中关注的是知识对青年人的灌输，忽视了青年人自我改造的主体作用。消费事关青年自身的切身利益，它几乎每时每刻会发生在青年人身上，因此，要让其在社会生活中不断调整，获得终身进步。在应对消费主义思潮冲击、树立科学消费理念的过程中，我们必须注意充分激发青年人认识自我、了解社会的意愿，加强青年自我教育的能力，通过自我教育从内心中生发出一种自为且自省的主体意识，引导青年自觉能动地对自己的消费行为和观念进行控制，理解和把握消费的规律，不盲目地寻求认同，形成完善的自我意识，以此来实现自我教育、自我塑造。可以说，青年的自我教育意识越强，越能够有效化解消费主义错误价值观带来的价值迷误。一方面，广大青年要强化自我管理，在消费活动中自觉地、理性地把科学的消费价值观作为自己的行动指南，使自己的消费观念、消费行为等符合科学消费价值观的规范和要求；另一方面，要强化自我净化，对那些反映享乐、炫耀、超前等庸俗的消费主义价值观，广大青年消费者要产生否定的、厌恶的、轻蔑的情感体验等，进行自觉抵制。

二、加强家庭和学校的教育引导功能

无论从哪个角度看，家庭与学校是青年成长成才的两个最关键的平台。引导青年有效应对消费主义思潮的冲击、树立科学消费观，需要家庭与学校紧密配合、有机衔接，进一步强化两者的教育引导功能，筑牢青年抵御消费主义思潮的坚强屏障，为青年成才创造一个积极向上的发展环境。一方面，注重家教方式与家风涵养。如上所述，家庭因素是消费主义思潮影响青年的一个重要变量。现实中，家庭中的家教方式得当、家风涵养丰厚，青年就会在很大程度上避免受到消费主义思潮的不利影响。随着生活水平的不断提高，奢侈品消费、时尚消费等消费主义思潮逐渐影响到每个家庭，有些父母把注重生活品质简单地等同于物质上的高消费，忽视了精神上的消费，不仅一些经济实力比较优渥的家庭购买高档奢侈品、名牌家具和豪华汽车等产品，而且一些消费能力差的家庭，出于满足虚荣心也会跟风进行高消费，青年在这种过度物质化和符号化的家庭消费中必定会耳濡目染地受到影响，进而导致出现消费主义的心理和行为。为此，家庭消费应当追求适度适用、量入为出，反对铺张浪费、盲目攀比。家长自身要摆正姿态，在日常的消费中拒绝炫耀消费、面子消费，在日常的生活中注意勤俭节约，在家庭中形成勤俭节约、艰苦奋斗的良好风气，不一味追求奢侈消费，既要重视物质消费，也要让孩子明白精神上富足的重要性；同时，主动告知自身家庭的消费能力和消费情况，引导青年对自身和家庭成员的消费情况有一个准确的判断和评价，注重引导孩子合理消费，在每一笔的家庭消费过程中实现对他们的潜移默化的教育作用。

另一方面，学校教育要发挥对青年消费观与消费实践的规范和引导作用。要有效化解消费主义思潮对青年的不利影响，抵制其对青年的渗透和侵蚀，学校立足针对性、整体性、系统性的原则，把培育新时代科学消费观融入思想政治教育实践。其一，学校除了传授青年专业知识，也要有效地将社会主流价值观传播给青年，将多元手段和途径运用于在校青年的价值观、消费观的培育上。坚持用社会主义核心价值观来涵育青年价值观的思想和行为，用马克思主义中国化时代化的最新理论成果教育广大青年，进一步筑牢青年投身民族复兴伟业的思想根基。同时，围绕消费这一主题，将我国传统的价值观内容引入消费领域并用于当代青年的消费价值观教育，注重对我国传统文化中“勤俭节约”“艰苦奋斗”等优良价值观的运用，结合时代发展新要求充分挖掘其中的合理因素，使青年切实感受到传统价值观中有利、合理、可吸收的部分。其二，注重校园消费文化环境，营造健康优良的校园文化氛围，这是引导青年形成健康价值观和人格的关键条件。非正式组织是指在大学生群体中由学生自发组织的，具有共同追求和爱好的群体组织，相对于学校的显性教育，非正式组织更具有柔性教育、隐性教育的渗透力，要规范并彰显校园非正式组织理性消费的渗透性，把科学消费观整合融入群体组织的活动中，在培育理性消费的过程中发挥潜移默化的引导作用。注重加强理性消费文化宣传，组织学生观看和了解消费实践及消费观方面的新闻报道，逐渐形成对消费正面价值和负面价值观的甄别力，在消费实践中能够正确抉择消费实践的善和恶。除此之外，学校的建设中要注重渗透合理消费相关的人文景观，让青年能够沉浸在美好的自然环境中，优雅且合理地消费。这里要特别强调，对青年消费观的教育并不是要倡导禁欲主义，打击青年的合理消费需求，而是用合理消费观引导青年能够在消费实践中合理且自主地消费，反对极端个人主义的非理性消费。

三、加强大众传媒的正导向功能

在如今的数字化、信息化时代中，广告、电影、电视、视频、杂志以及互联网等大众媒体有着巨大的声音和影响力，不仅是消费价值观教育的阵地，而且是消费价值观教育的有力工具，其传播宣扬的内容能够对消费者产生巨大的导向作用和强烈的心理暗示，能够改变消费者的消费行为、消费方式，从而影响消费者正确的消费价值观的形成。青年面对良莠不齐的海量信息，既可以提高和养成自身的认知水平和良好观念，也可能因为认知不足、辨别不准而迷失在大众传媒营造的纸迷金醉的“现实”中。因此，在当代青年应对消费主义思潮的冲击中，加强对大众传媒的规范和正向引导必不可少。一方面，对于媒介本身来说，在实践中要堵疏结合，注重对正确消费价值观的引导和有害消费观的清除。坚持“内容为王”的原则，既要增强传播内容的综合性和趣味性，吸引青年注意力，围绕青年的学习和生活，在信息发布、活动开展等方面创作大家喜闻乐见的推送内容；也要增强内容的导向性，要注重消费伦理方面的教育，强化对绿色消费、科学消费、可持续消费等社会主流消费价值观的弘扬，倡导中华民族勤俭节约的传统美德，宣扬传统的社会价值观教育，进一步加强对媒介平台公共信息、教学资源、专业资料以及学生课外文化生活等大量信息文件和投稿的审核，过滤不良信息，把控信息安全，充分发挥网络为大学生提供资源信息、满足日常信息获取需要的作用，为持续形成节制、理性的社会风气创造有利条件。

与此同时，大众传媒的低门槛使得消费主义思潮等一些负面和不良信息很容易涌入进来，并借助视频、电影、杂志等广泛传播，突破法律边界和道德原则，对青年价值观、人生观、消费观、文化观等都造成了严重的负面影响，媒介平台要依照相关规章制度加大打击和处理的力度，坚决屏蔽和清除那些反映社会消费中炫耀型消费、奢侈型消费、攀比型消费、超前型消费等不良消费观的内容。另一方面，要加强对媒介的监管和职业教育。伴随着市场经济的主导地位的确立，很多媒介平台在经济利益的驱使下，丧失了应有的原则、立场，虚假广告、失实报道等现象屡屡出现，这不仅大大削弱了媒介平台的正面教育的功能，更带来了严重的社会负面效应,造成消费者价值观念上的混乱。有关部门必须采取有效多样的措施对大众传媒进行规范,加大对大众传媒的监督和管理力度,对其进行多维考量,重视其在信息传播和宣传上的重要作用,使其宣扬积极、科学、理性的消费理念,而非消极、享乐、非理性的消费理念,阻断消费主义思潮的传播,减少虚假信息,提高大众传媒的公信力和引领力。

| 第九章 |

数字化浪潮与时代新人培育

数字转型是 21 世纪最深刻、最基本的变化。以互联网、信息化等为特征的数字社会对青年群体的形塑作用不可小觑。在中国，微博、微信、QQ、小红书等社交平台，淘宝、京东、拼多多等购物平台，以及支付宝、财付通等支付平台，等等，这些各式各样的数字化产品涵盖了购物、出行、旅游、时尚、恋爱、社交、学习、工作等各个领域，已经深刻改变了广大人民群众尤其是青年群体的生产方式、生活方式和思维方式。显而易见，人类社会已经正式进入信息社会，信息化、数字化和网络化成为这个时代的特征。在之前的工业社会中，战略资源是资本，而在信息社会中，战略资源是信息，社会各个领域的生产、服务、管理和生活的各个层次及不同方面都在应用各种信息技术，开发利用各种不同形式的信息资源，以不断促进社会、经济、科学技术发展，提高人民生活质量。青年时期作为人生成长发展的世界观、人生观、价值观形成确立的关键时期，对于时代新人的培育而言，绕过这股势不可挡的数字化浪潮几乎是不可想象的。习近平总书记指出，“青年人朝气蓬勃，是全社会最富有活力、最具有创造性的群体”①，历来就是国家、民族的希望，历来就是党和人民事业发展的生力军，作为时代新人培育的主体，“中华民族伟大复兴终将在广

① 习近平：《在知识分子、劳动模范、青年代表座谈会上的讲话》，北京：人民出版社，2016 年，第 11 页。

大青年的接力奋斗中变为现实”①。在这一时代背景下，深入考察数字化浪潮与时代新人培育的内在关系，进一步探析数字化时代青年群体的生活方式、价值观念和习惯养成，具有十分重要的现实意义和指导意义，有助于我们进一步准确把握时代新人培育的时代内涵和现实路径。

第一节　数字化浪潮：时代新人培育的时代背景

人类从 7 万年前踏出东非开始，便不断在实践中认识和改造世界。科学技术是人类认识和改造世界的基本活动，它就像进步的阶梯，一点一点地推动人们从野蛮走向文明。从石器时代的“磨石为斧”到青铜时代的“点石成金”，从原始农业社会的“结绳记事”到现代社会的“大数据分析”……人类对世界的认识逐渐从感性、质性走向理性、量化。步入 20 世纪四五十年代，以电子计算机为代表的科学技术革命爆发，对人类生产生活方式产生深刻影响，引领人类从工业时代步入信息时代、数字时代。数据所蕴藏的巨大能量伴随着科学技术的不断进步和智能化应用的不断普及，逐步释放并惠及人类社会。显而易见，在人类社会进入数字化时代中成长起来的人们受到数字化浪潮的影响和形塑越来越大，数字化无疑是他们面对的最重要的时代背景与潮流，数字化自然也是时代新人培育的题中应有之义。

一、数字化时代的特征

首先，科技数字化。数字化最初便是从科技领域开始的。20 世纪 40 年代第一台电子计算机 ENIAC 出现，人们开始将其运用于军事、航天等领域，以进行数字存储、记录以及运算。从此以后，数值计算方法便成为科学技术领域里最常用的方法，它把传统数学领域中各种求解方法，都变为能使用计算机的数值计算方法。随着软件、半导体等产业技术的迅速发展，IBM 公司在 1981 年推出世界上第一台个人电脑，可视操作系统和数字化办公开始替代人工处理并迅速普及，数字化成为这一阶段信息化浪潮的主要特征。20 世纪 90 年代，互联网的大规模商用开启了人

① 《习近平谈治国理政》，北京：外文出版社，2014 年，第 49 页。

们“数字化生存”的全新方式。不同于之前的单机应用，互联网带来了人与人和服务与服务之间的互联互通，加速了数据的流通与汇聚，促使人类社会更紧密地连接在一起，数字化成为这一阶段信息化浪潮的主要特征。其中起着引领性和基础性作用的就是计算机。计算机是人类社会数字化的典型代表和集大成者，其强大的运算能力使它被广泛运用于经济社会各领域。例如，计算机辅助设计（CAD），使得产品还没有制造出来，人们便可对产品外观表现、功能、性能等了解得一清二楚。核弹头用不着真正爆炸便知道其威力如何，一只玻璃杯还没有制造出来，便知道它掉到地上时将怎样破裂。以前我们探索未知现象只有理论分析和科学实验两种手段。现在又增加了计算机仿真或者科学计算这样新的手段。过去我们常说，只有亲自尝一尝才知道梨子的味道，如今科学仪器的进步，使测量出来的比亲自尝一尝还要准确很多。过去常说“眼见为实”，现在我们明白眼见不一定都为实，许多假象很容易瞒过人的眼睛。数字化浪潮涌入科技领域，使科学技术得到迅速发展，不仅使科学知识得到广泛普及，而且还使知识爆炸式地增长。在此基础上，世界各个国家又进一步推动数字科技革命，使全社会的人、财、物等生产资源获得最优化配置，使整个社会有最高的经济效益。可以说，以计算机为代表的数字化潮流出现的半个多世纪以来，人类知识的积累，超过在此之前的几千年。

其次，生活数字化。无论是科技领域的数字化，还是商业领域的数字化，都只是在工作领域的数字化。而任何一项科技成果只有进入人们的生活领域，成为生活的必需品，才能得到最大限度的普及，电话、电视、电脑等现代技术产品便是这样，电话的普及就是得益于数字程控交换机；在这一过程中，模拟手机换成数字手机而迅速走进世界各地人们的生活中。20 世纪 90 年代出现的计算机多媒体化动向，不仅使计算机更容易使用，而且由于计算机能和音像设备、通信设备相结合，使计算机变得更加有用。这就为计算机进入家庭、成为生活必需品扫清了道路。进入 21 世纪，全世界计算机的销售量已经超过电视机的销售量，这标志着计算机开始成为人们的生活必需品，人们不仅利用连接于网络上的计算机进行在家办公，同亲友互通电子邮件，而且还可以利用计算机收看电视节目、欣赏音乐。与此同时，数字化正在加速地不断涌入我们的生活，继续给我们带来高效率的生产、高质量的产品和高品位的生活。人们可以利用计算机进行电子游戏、网上交友、网上购物、网上打电话等。这时，计算机已不仅仅是计算工具、信息处理工具，而且已成为信息媒体。也就是和报纸、收音机、电视机一样，成为人们了解各种信息的媒体，因为人们可以从连接于互联网上的计算机了解各种信息。各种游戏机和电子视盘大量进入千家万户，数字音频广播和数字电视“大踏步迎面而来”，Web TV 已经成为人们日常娱乐生活的重要载体，五花八门的数码相机产品和广告令人眼花缭乱，数字化的电子杂志、报刊和图书以及数字图书馆都已成为我们生活的一部分。数字化的电子消费产品更是目不暇接，我们周围的电子设备都在走向数字化。和以往信息媒体不同的是，计算机不是被动地接受别人提供的信息，而是能够主动地搜寻所需要的信息，更重要的是，它不仅收看别人提供的信息，而且还能通过互联网向全世界发布自己的信息。经过进一步的技术升级，电脑已经成为家庭各种电子设备的管理中心和控制中心。例如，可由计算机安排家用机器人何时做饭、何时打扫卫生等，甚至在主人外出时，还可以进行遥控。利用计算机管理家中的安全系统，可以监控各处的温度、烟雾情况，通过火警可启动自动灭火系统或自动报警系统。还可以对人员出入和重要财物存放地点进行监控，遇有盗匪时可自动报警，或提供有力证据。当然，更可以利用计算机进行家务管理，如进行收支管理、家庭投资选择、日程安排等。

最后，商业数字化。如果说科技领域、生活领域的数字化，其直接影响还只限于科技生产和生活方式，那么商业领域的数字化便直接影响到整个社会的生产活动。商业领域的数字化使计算机从计算工具变为信息处理工具，使计算机从科学殿堂走向全社会。这是计算机的第一次大普及。现在计算机在信息处理方面的应用超过了在科学计算方面的应用十倍。计算机在商业方面的应用始于 20 世纪 60 年代，最初用于各种电子订票，以及大型企业的管理，如建立 MIS(信息管理系统)等。到了 20 世纪 80 年代末，个人计算机大量进入市场，使过去只有大企业、重要政府机构才买得起的计算机，变为小企业，甚至每个办公室都用得起的设备，计算机的运行环境也由以前需要专门的机房变为一般办公室便可使用。这时，不仅企业和下属各个部门的经营、管理、决策等工作离不开计算机，就是各个工作人员的编制报表、编写报告，也离不开计算机。在商业网点的现场大量使用 POS(销售点终端)，使管理部门能立即了解现场的销售状况。随着计算机连接于网络上使用的普及，数字化不仅深入到商业的各个领域，而且也越来越重要。电子邮件是它最常见的用途，由于它方便、快捷、安全、便宜，而且是人对人的通信，发信人可以不必知道收信人当前具体在什么地点，只要对方身边拥有连接于网络上的计算机，就能及时收到来自世界各地的电子邮件，因此电子邮件已是现代商业不可缺少的手段。20世纪80年代兴起的EDI(电子数据交换)，使传统商业中使用的各种书面单据和贸易文件等全部“退伍”而被采用标准格式的电子文件、利用计算机经由网络进行的数据交换所取代。因为用EDI进行的贸易不用纸面文件，故又称为“无纸贸易”。现在“无纸贸易”已风行全球。随着互联网的普及，20世纪90年代初期，电子市场在互联网上正式建立了，开始了现代意义上的电子商务。电子商务已成为互联网最重要的用途，从根本上改变人类经济活动的方式。正是在这一基础上，网上开设的虚拟商店犹如雨后春笋不断涌现，世界各国各地区的消费者也在互联网的网上商店中选购全球商品，这种全新的互联网购物深刻改变了人们的生产方式和生活方式。

显然，人类社会的数字化浪潮不仅仅只涵盖上述三个领域，如果从严谨的研究视角出发，我们几乎不可能把数字化所波及的领域都一一精准地分析出来，一种较为可能的途径就是“择其大者而用之”，至少从整体性角度来说，科技、生活和商业基本上囊括了社会生产与生活的基本面，我们可以从这些领域的数字化发展进程窥探出这股潮流对人类社会的变革性影响。

二、数字化浪潮与时代新人的交互作用

当我们回到时代新人培育这一主题时可以发现，如果我们将数字化视为一种必然趋势和发展背景，那么我们就不应该忽略正在成长起来的以年轻群体为代表的时代新人在实践中的多元性，以及在数字化技术中所展现出来的不同潜力。基于此，当我们以数字化来探究时代新人的培育，必须将其置放在技术—身体—实践三维场域中去审视其成长和发展的内在规律和要求，把“将技术与社会之间单项的‘是……还是……’的争论变成‘既是……又是……’的双向辩证关系”①，从技术性和社会性的双重视角肯定、批判和建构时代新人培育的现实场景和有效途径，既避

① 朱丽丽等：《数字青年：一种文化研究的新视角》，南京：江苏人民出版社，2017年，第4页。

免陷入生物性质决定论,也避免陷入技术决定论。

首先,数字化的多元性、复杂性及其与青年的互动性。从现实的数字化网络应用场景分析,青年群体对于数字化网络的应用并非一个具有清晰边界的过程,其中贯穿的是以生活世界里事件经历为主线形成的持续不断的行动流,数字化产品和使用者之间形成了多元性、复杂性和互动性交织的现实图景。因此,从数字化场景这一客体与使用者这一主体之间的复杂关系出发,如何全景式聚焦考察青年群体文化与数字化网络使用行为之间复杂的建构与解构的多重关系?从社会实践上,数字化平台正在影响并瓦解着当下社会的媒体生产与发布流通的方式,成为一种结构性的社会转型。青年群体在日常生活中所展现出来的诸多数字化网络使用行为,在与互联网平台的动态关联中,充分呈现了青年群体的日常社会文化实践。对于新时代的青年群体来说,数字化生存是他们从小就开始的,也是最习惯的生存方式,他们不仅对新技术的应用得心应手,而且其生活方式、学习方式、认识方式也和上一代人迥然不同。"数字化新人"对于互联网的适应度和依存度更大。尤其是社交网络对其日常生活实践的形塑有可能在全方位多层面改变了一代人的社会交往方式和意义建构。各种互联网平台在快速的发展中,正以全新的方式介入到青年群体的日常生活实践,带来生活方式的全面更新。这些网络平台不仅仅是虚拟社群,也与购物、出行、旅游、时尚、恋爱、社交、学业、工作等息息相关,平台之间也存在着频繁流动与迁徙,甚至有取代现实情境或与现实情境高度融合的趋势,这种多元性、复杂性交织的数字化应用场景给青年群体的成长发展带来了巨大的想象空间。与此同时,我们还应看到,青年群体并非完全被动的数字化使用者,他们与数字化产品之间始终发生着各种各样的情景互动。从这个角度看,数字化新人的显著特点最终体现在两点上:一是他们将数字的增强性视为人类生存不可分割的事实;二是他们拥有数字智能,体现在他们通过数字增强的能力来实现自身的能力,以及做出更聪明的决策,这是一种拓展的智能。在《键盘参与时代来了》一书中,作者提出要理解何者为新、何者非新,重要的是理解技术如何引介新的社会可能性,而它们又如何挑战人们关于日常互动的种种假设。也就是说,社交媒体的技术能力其实并不新,"新"的是社交媒体如何通过进入数字青年的日常生活,进而变为他们实践中的技术功能,数字青年主要是通过这种技术功能(而非科技本身)放大着社会情境，改变着社会进程。在与技术互动的过程中，对技术可供性的强调使得数字化的青年扮演了积极主动的角色，他们会有选择性地依照不同情境启动技术的可供性。这样的理解使得我们得以跳脱出认为新技术必然可以形塑并改造公民行动领域的窠臼。所以说，我们不应只关注结果或某个时空节点上的静止状态，而应该将其看作一种动态的过程，一种由政府、媒体、技术、社会网络、个人等多方博弈与共同理解的过程，一种由社交网络与青年社群众多影响因素的互动与建构的过程，一种能够不断体现数字网络空间的各方主体具有能动性、实践性和意义性的过程。数字社会是 21 世纪的重要表征，中国语境中的青年群体数字化现象是全球化图景中的一环。我们在研究时代新人培育的过程中，也需要凸显这样一个动态的变化过程与全球数字化的联系与区别，并进一步讨论建构有中国文化自觉的现实发展路径。

其次，数字化的时代新人具有技术性和社会性的双重属性。根据国内外已有的研究结论，虽然数字技术的设计者们提供了平台和工具，但在实际使用中，使用者们会共同建构他们使用工具的方式，而这种方式是设计者们始料未及的。也就是说，青年群体如何主动地选择是否以及如何使用数字化技术，其实是一个由主体长期参与的社会过程。从更深层面来讲，时代新人的数字化，并不能把他们局限为所应具备的数字能力或知识，而更应是一种文化，一种对数字技术感觉到舒适的信念，认为技术是日常生活中有趣的小伙伴。此处所强调的正是他们会通过多元而丰富的行动，调整、修正和创造情境。这种现象印证了研究者在生物演化中发现的认知工程，他们认为人类往往通过以下几个途径改变环境、创造利基：一是改变物质环境，如筑巢或搭建类似的居所；二是建立社会组织，如设置分工制度，使得有些资源比较容易取得；三是改变认知环境。

在学校里，青少年需要培养技能和增进知识的机会，才能有效率且有意义地运用当代科技。但如今，他们更多是在非正式的场合进行学习，通过参与社交媒体，青少年同时也在学习如何了解一个联络频繁、交织紧密的世界。国外学者的相关研究显示，现在的孩子首先乐于在学习方面使用新科技，而这种学习上的改变，让那些固守于自己过去学习经验和环境的成年人不知所措。青少年参与网络媒体，是为了控制自己的生活，控制自己和社会的关系，在这个过程中，他们会开始理解人与人之间的关系，以及信息又是如何在人与人之间流动。他们也会学习到社交世界的一些规则,并在其中培养出社交技巧。换句话说,数字化新人使用数字技术是非常日常的,而不是一种奇观;不是以戏剧性的创新操作为特色,而是以惯常的沟通形式和信息交换为特征。可以说,人们如何开始将自己界定为一个世代中的成员,是在微观的日常互动中建构起来的。

《应用程序的一代人》一书聚焦于手机客户端(App)这一被广泛使用的数字化产品,强调客户端不仅仅是一种技术,还是新人类的心理症候,并进一步探讨客户端的可得性、增长和力量,以及如何让新一代变得具有差异性和特殊性。其主要观点是,“App 一代”是伴随着 APP 客户端成长起来的,他们觉得世界是客户端的集合,他们的生活由客户端有序地串联起来,但使用者依赖客户端的同时,对于客户端的使用也打开了人可能的行动过程,继而对终端进行调适。其中所反映出的是科技和主体均持有的能动性。

综上所述,数字化潮流下对于青年的研究应考虑数字化青年身处的社会性和作为基础建设的科技性,这也就是说,研究者不能只看到“数字”,也不应只看到普遍性的“青年”,而应将网络科技的青年使用者视为技术性—社会性的世代。进一步讲,从技术性—社会性的视角去理解数字化与时代新人的培育,是在以出生年代和年龄为基础的同群分析基础上,关注数字技术在社会动态进程中如何被青年使用,以及他们如何通过不同的技术使用实践活动建构出主体认同的想象,以更好地捕捉在人与人、技术与技术、人与技术联结中生成的内在机理。总而言之,在数字化的时代浪潮中,经历了同一变革时间点的人群会产生更为相似和相通的共享体验,我们必须特别重视把数字化作为世代区隔的一种特殊标志,力图有效阐明时代新人是如何主动地选择数字技术、如何使用数字技术,以及这个长期演变的发展过程是如何深刻地塑造了一代新人。

第二节　数字化浪潮下时代新人培育的利弊分析

数字化浪潮下,人类社会的信息化、数字化和网络化进程正在迅速而又实实在在地改变着人们的生活、工作、学习和娱乐方式。新技术引起的革命正在进行,人类必须做好迎接挑战的准备。作为在数字时代成长起来的一代,现在的青少年几乎终其一生都会被电脑和互联网等数字媒体所包围。他们与技术的交互引起了各界的关注，也为我们提出了新的问题。因为，相对而言，青年群体毕竟还是一个心理没有完全成熟，社会经验十分贫乏的群体。在享受数字化带来的便利和满足自己需要的同时，“数字依赖”“网络成瘾”等现象也给青年群体的身心健康、发展成才等带来不可预测的“人为风险”①。那么，善于运用电脑的新一代青年人将在新时代发生怎样的改变？时代新人的成长成才正面临着哪些冲击和挑战？这些都是我们要密切关注的问题。已有的大量研究使用了多种不同方法来探讨数字化跟青少年的生活是如何交叉在一起的，我们这一节的目的就是以这些研究为基础，探讨如何平衡和全面地理解青少年的数字世界，以及数字世界对青少年发展产生的影响，力求探索出一条契合时代发展潮流和时代新人成长规律的现实路径。

一、数字化浪潮对时代新人培育的有利因素

首先，学习成才方式趋于多样性和便利化。麦克卢汉在研究技术发展的过程中得出一个结论，任何技术都会逐渐创造出一种全新的环境，这种环境并非消极的包装用品，而是积极的作用机制。时代新人正处于从“求学期”向“创造期”过渡的阶段，他们视各类学习场所既为施展才华的舞台，又为生机勃勃的竞技场。在“信息爆炸式激增”的时代，新科技革命带来了前所未有的挑战，青年群体表现出极强的求知欲望和时间的紧迫感，他们热衷于实现自我目标，并对专业知识的学习充满热情。传统的知识获取方式是通过固定形式的课堂进行班级化的集中式学习，这种接受式的学习方式在当今各级学校仍然占有重要地位。然而，随着知识总量的扩大和展示手段的多样化，仅仅吸收教科书上的知识已经远远跟不上知识更新的速度，无法满足青年群体对知识和信息的渴求，多媒体电子读物、各种类型的在线资源和在线教程等各种数字资源已经成为他们必须学会利用的学习方法。据资料统计，在 20 世纪 90 年代初，电子百科全书的销量已超过纸质版百科全书。借助信息处理技术和数字化网络，整个人类文明发展的进程可以说是“无网不在”。当代

① ［英］安东尼·吉登斯著，周红云译：《失控的世界》，南昌：江西人民出版社，2001 年，第 22 页。

青年群体不再满足于传统的文化传播方式，取而代之的是越来越多的多媒体教学设备广泛应用于课堂教学和课外学习，新兴的网络大学、视频教学为大学生提供了丰富的学习材料和信息来源。电子版图书的大量出现以及数据库的迅速扩张也消除了学习研究中的重要障碍——获取大量资料所需的巨大精力。可以说，数字化学习通过课程将技术、连通性、内容和人力资源有机整合起来，这种整合的方式不仅符合人类社会进步发展的要求，也是建立人类自身可持续发展的关键。

数字化学习是一种全新的学习方式，即在线学习或网络学习。它利用互联网平台，在教育领域为学习者提供学习机会。与传统的学习方式不同，数字化学习紧跟时代的步伐，面向多元化的知识。学习者从封闭的课堂走向开放多元的网络世界，由被动的接受者变为主动的学习者，并且能够在任何时间和地点进行学习，实现终身学习的目标。一些学者认为，当今时代对知识的认识正在发生转变，由关注客观事物固有规律的认识转向以知识的规则为核心的认识。数字化技术中广泛应用的二进制思维方式不仅构建了知识的内容，还强调知识本身的特性。而网络空间中的众多超文本信息链接，以非线性的语义网络形式提供了一种新的思维方式，突出了非线性、非等级、无边界和问题导向的特点。这种思维方式的转变和重构有助于培养新时代青年的信息发现、评估、利用和交流等能力。实际上，那些能够坚持网络学习并取得成果的人往往具备强烈的自主性和自律性。现代学习方式正在逐步从阶段性学习转变为终身学习，而互联网则成为新时代青年在学校和毕业后最好的学习工具。此外，网络中的知识信息不仅包括科学、技术、历史和艺术等方面，还蕴含着深层次的科学理念和人文精神。这些新思想、新观念不仅丰富了青年群体的精神世界，还拓宽了他们的视野，培养了他们健全的人格。

其次，社会交往的广度和深度不断拓展。马克思认为，社会关系实际上决定了一个人能够发展到什么程度，并强调了社会交往对个体的重要性。心理学研究成果也表明，处于青少年时期的群体从其心理发展的特点来看，渴望参加社交活动，渴望拥有忠诚的知己和朋友，渴望接触、了解异性等。同时，他们还存在着“矛盾心理”，既容易筑起心墙、封闭自我，又希望敞开心扉融入集体氛围结识新的朋友。数字化技术的发展极大地拓展了青年群体社会交往的广度和深度，正如尼葛洛庞帝所说:“在广大浩瀚的宇宙中,数字化生存能使每个人变得更容易接近,让弱小孤寂者也能发出他们的心声。”尤其是互联网的出现创造了一个虚拟空间,消除了时空距离的障碍,使人类超越了时间和空间的束缚,令人与人之间的交往和互动有了根本性的改变。这种交往活动的广度和深度都是以前的社会所无法企及的。

一方面,进入数字化时代,互联网的广泛应用极大地拓展了青年群体交往活动的广度。在计算机领域,麦克尼利有句名言:“网络之美在于它对所有人都是开放的,每个人都可以站在别人的肩膀上。”在传统交往方式下,社会中人们的人际交往基本上以地域为界限,而被局限于狭小的个人生活圈子。虽然可以通过征友、旅行的方式与陌生人交流,但其范围和数量都是十分有限的。数字化时代的当下,各种技术和在线应用已经被青少年们广泛使用,包括社交网站、文本通讯、博客、微博、在线通话、在线游戏(诸如《魔兽世界》这样的大型多人在线角色扮演游戏)、聊天室、虚拟世界(比如《第二人生》)、公告牌以及在线音乐和视频等,这些数字化产物早已成为他们生活中须臾不可离开的必需品。他们利用手机、网络等工具,消除了人际交往的时空障碍,形成了世界性的普遍交往。“数字一族的行动已经超越了多媒体,并逐渐创造出一种真正的生活方式,他们的社交圈子是整个地球。”面对显示器,只要轻点鼠标就可以实现与全球的对话和交流。只要愿意就可以在网上拥有天南地北的数字化的邻居或朋友,进行信息和情感的交流,不同文化背景的人通过数字化技术进行人际交往的可能性大大增加。另一方面,进入数字化时代,互联网技术的快速迭代升级也极大地拓展了青年群体交往活动的深度。互联网现在已经成了一个网络,先前各自分离的硬件工具现在可以融合在一起了。过去只有联网计算机或笔记本才能完成的活动,现在通过越做越小、同样是携带方便的移动电话以及其他的智能设备也可以进行操作了。结果是,互联网从静止的地点(放着个人计算机的桌子)进入了我们的口袋,并且青少年——他们通常早早地就能够适应技术革新,正通过它们而保持“永远在线”“永远连线”,有些人甚至说“永不孤独”,这是因为在互联网创造的虚拟场景中,人与人之间类似真实交往的交流给人以全方位的真切感,网友之间的友谊建立在民主、平等和友好的基础上,双方卸去伪装,突破年龄、性别、身份、种族等因素的制约,人与人之间的互动关系较之日常社会要纯粹得多，更坦诚、更快捷，没有功利目的，是为了交往本身而交往。这样一来，人们不仅能够通过自己的移动电话和智能设备，在家里、学校或在路上时登录电子邮件、即时通信，甚至是自己的社交网站的档案，而且在这一数字化交往过程中也获得了心灵慰藉和情感满足，这些数字化的硬件和应用程序不仅仅是客观的、冰冷的工具，它们似乎成了人们精神世界的重要组成部分。

最后，主体的自我意识和身份认同不断彰显。数字化时代的一个显著特征就是，各种各样的“网络空间”由于隐藏了人们的身份、地位、文化、职业、权力等信息，而呈现出没有高低贵贱之分的平等性，也就是说，“网上交往并不存在由真实世界中角色的身体属性、社会属性、阶级属性和地域属性等造成的沟壑，所有在现实社会中附加在人身上的各种自然和社会的特征在网络互动中都被忽略了”①。一方面，在数字化空间中，青年的自我意识越来越强。当代青年肩负着时代的重任、民族的希望和祖国的命运，是一个思想活跃的社会群体，是整个社会力量中最积极最有生气的力量，正处于自我意识迅速发展的阶段，他们有很强的个人表现欲、自尊心和自信心。数字化时代正为他们提供了一个多元文化的空间以及平等的文化参与机会，这对他们成长成才都有着极强的推动作用。可以看到，在各种网络平台的问题讨论中，人人都是平等的，人人都有麦克风、都有发言权，不用屈服于权威，个体可以在网络上自由驳斥、拒绝各种强势文化，并且参与政治舆论和文化舆论的讨论，自由地阐述自己的主张，这使得当代青年心灵深处渴望被尊重与平等对待的诉求得到了很大满足，使得他们自身的主体意识在互联网的加持下得到前所未有地增强。正像尼葛洛庞帝所宣称的“真正的个性化时代已经到来”，“后信息时代的根本特征是真正的个人化”，“个人不再被淹没在普遍性之中，或作为人口统计学中一个子集，网络空间的发展所寻求的是给普通人以表达自己需要和希望的声音”②。数字化时代各式各样的数字产品为当代青年提供了阐述自我、张扬个性和增强意识的公共空间。

另一方面，在数字化空间中，青年提升了身份认同。“自我种类理论”认为，每

① 曹杰、李悦：《网上人际交往对青年的文化心理影响》，《理论与现代化》2002 年第 1 期。
② ［美］尼葛洛庞帝著，胡泳、范海燕译：《数字化生存》，海口：海南出版社，1997 年，第 56 页。

一个人都拥有多重自我。这种多重自我本质上就是多重身份。根据最一般的分类,可以将自我分成“真实自我”和“现实自我”。由于互联网具有更强的互动性,作为日常生活语境中的文化资源,互联网与一系列其他的资源一道发挥作用,年轻人通过这些资源能够塑造出各种有意义的、“真实的”身份认同,后者围绕知识、权力和排他性等议题——诸如此类的亚文化成员资格的所有核心元素,都被年轻人进行自反性的理解并由他们演示出来。数字互联网为青年开启了种种创造的可能性,这些可能性大大地超越了那些较为传统的媒体形式所关联的可能性。通过这些创造性的方式,年轻人创造性地把互联网作为文化参与的一种手段,可以产生各种带有自我建构和自反性色彩的身份认同形式。手机、数码产品等提供给年轻人展示自己个性的机会,互联网给年轻人提供了一种安全隐蔽的方式去尝试各种自我以及不同角色的空间。有研究表明,青年人在网络交往中,他们获得机会建构和塑造自己向往的身份在网络中更容易被激发,通过增强自身在特殊青年文化活动中展示其具有的专业素养和专业知识的能力,并允许这种专业性和专业能力在更广泛的范围内散播开来,以此来凸显青年身份认同的基础。数字化时代的虚拟性并非完全脱离“现实”的虚拟,而是真实、有效的客观存在。“大学生可以十分容易地游走于现实空间和虚拟空间之间。”①所以说,当代青年在虚拟空间和现实空间中的角色是不能截然分开的,他们甚至会把虚拟空间中的身份带入现实社会,使其成为自我的有机组成部分。例如,当代青年身份认同的一个重要现象就是粉丝实践,粉丝实践既是建构集体身份认同的核心实践,又是将此种身份认同展示为“真实性”的核心实践。

二、数字化浪潮对时代新人培育的不利因素

首先,数字化的虚拟交往与心理情感的淡漠和疏远。从成长发展规律看,青少年面临着与家人、同伴,继而是与恋人建立亲密关系的发展任务。如果说在童年时期,一个人与同伴的关系是作为彼此消磨时间的平台,甚至只不过是在一起玩一玩

① 黄少华、陈文江主编:《重塑自我的游戏——网络空间的人际交往》,兰州:兰州大学出版社,2002 年,第 89—90 页。

而已。那么在整个青少年期，当年轻人在发展自主、从家人那里寻求独立时，同伴在他们的生活中变得日益突出。可以说，青少年与他人交往的关系反映了他们对学会沟通、在团体中寻求位置，以及分享经验的需要。当代年轻人使用数字化的工具进行联系和沟通——包括离线的朋友、在线的朋友、恋人，也与家人联系和沟通，尽管这种数字化的虚拟人际关系扩大了交往的广度和深度，但同时也在无形中带来了心理情感的淡漠和疏远。因为，在以计算机为代表的数字媒介时代，任何事物包括思想都被记录或还原成数字信息的表达方式，任何信息都可以被形容为一个庞大的数字序列。在数字化空间中，人和人之间的交往依赖的是数字语言，数字语言的表达方式虽然具有一定的优越性，可以超越时间、地点和具体人群的限制，但人类并不仅仅依靠文字或数据的形式来传递信息。事实上，自从互联网让用户能够与完全陌生的人轻而易举且毫无代价地进行交往以来，人们就越来越关注这种交往并不充分，会导致“弱联系”的问题。这是因为，在互联网时代，人们在交流时常常使用文字来掩盖自己真实想法。与之相比，口头表达更加直接且亲密。通过口头表达，人们可以更加直观地感受到对话对象的心理、感觉和情感的自然表达。此外，谈话者的面部表情、语调、姿势等身体语言也可以补充书面语言所欠缺的表达内容。而“赛博空间”的交往大多是远程交流，而非面对面交流。远程交流使得人与人之间的交流变成了人与机器之间的交流。这对人与人之间的关系产生了一定影响，因为现实中人与人之间的距离被拉得更远了。在远程交流中，人们以“符号”的形式进行交流和传递信息。然而，人类是通过多种感官来接收外界信息的。尽管多媒体技术和虚拟现实技术通过高性能计算机等信息加工设备向人类提供声音、图像和文字等融合在一起的信息，并且可以与人类进行动态交互，但这种交流方式仍然缺乏面对面直接交流中常用的手势、表情和眼神等身体语言。因此，对方很难直观地感受到信息所传达的含义。这在一定程度上削弱了人与人面对面交流时的情感沟通和个性体验，阻碍了人们内心深处的情感和精神交流，导致了“交往异化”。

例如，青年人利用数字网络平台进行交友恋爱已经成为一个普遍的情况，尽管网恋者会和在线恋爱伴侣交换亲密的信息，但年轻人也似乎相信与离线关系相比，在线恋爱关系通常是昙花一现、非常肤浅的，亲密的细节彼此心知肚明，这种网恋的关系并不“真实”，甚至他们自身也不认为纯粹的虚拟关系是非常严肃的。虽然数字平台让青年人有了更多的交往空间，但这种虚拟世界的交往使得情感在逐渐地发生淡化、隔膜、倒置或者消失。

其次，数字化产品使用造成的依赖与异化。随着在使用数字、网络技术中得到的好处与便利的增多，当下社会中“数字依赖”“网络成瘾”的现象也愈发明显。由于对数字化产品的痴迷和自身意志的软弱性，很多青年人一离开手机、网络等就无法工作、学习，就感到生活索然寡味，导致在数字化时代青年人的身心健康状况面临着巨大的现实挑战。在如今，最普遍、最受欢迎的数字化产品无疑就是手机，而手机所引发的使用依赖性和成瘾性也最为广泛和典型。如果做一个简单的历史考察就会发现，手机于 20 世纪 70 年代初诞生，从“大哥大”的问世到如今的智能、双核、移动互联手机，手机已经从奢侈品演变为生活必需品，从单一功能发展到无所不能，它用了 50 多年走过了一段时间短、发展快的历程。手机——这一小巧多变的电子科技产品在技术不断更新、应用逐步普及的过程中，对人们、对社会、对文化的影响也越来越大。如今手机不仅成为人们日常生活必不可少的工具，也已成为一种新的文化载体，在更新人们生活的同时，也更新了人们自身，它已经不仅仅是一种技术工具，而是发展成为一种能够改变社会的文化物质力量。第 34 次《中国互联网络发展状况统计报告》显示，截至 2014 年 6 月，中国网民规模达 6.32 亿，其中，手机网民规模 5.27 亿，网民上网的手机使用率达 83.4%，首次超越传统 PC(个人电脑)80.9%的使用率，手机作为第一大上网终端的地位更加巩固。网民尤其是青年网民在手机电子商务类、休闲娱乐类、信息获取类、交流沟通类等应用的使用率都在快速增长，手机集成型移动平台的特征将更加凸显，已经发展成为青年一代“个人信息处理”的中枢。

“异化”主要指具有自我意识及主体能动性的人类亲手完成的创造物，成为一种异己的力量，它外在于人、独立于人、不以人的意志为转移、与人疏远或隔膜，却转过来支配人、束缚人、压迫人、奴役人。手机作为信息技术发展的新兴信息传播平台，成为继传统媒介、互联网媒介之后的重要媒介，手机本身所具有的人性化趋势，让人无法拒绝，成为“黏在人身上的媒介”，这将进一步加深人类的交往异化、休闲异化、消费异化、审美异化、思维异化，“科技为我们的身心带来愉悦，但是迷上了它,却像灵魂被榨干"①。正如有的学者所讲的,"技术正被用来对人类的身体进行殖民,这种殖民已经替代了以往的殖民焦点(即对世界进行殖民)。也就是说,殖民的焦点已经从领土转移到了肉体"。总之,在数字大众化时代,数字技术越来越发达,信息传播的渠道越来越多,但人却有可能越来越不能自由地思考,以手机为代表的数字产品的普及和发展,加剧了数字化对人类"异化"的进程,如何有效地使用手机媒介而不是成为手机的奴隶,是我们在手机使用中一定要思考并解决的问题。

最后,数字化浪潮中价值观的倾斜与嬗变。马克思曾指出:"在我们这个时代,每一种事物好像都包含有自己的反面。我们看到机器具有减少人类劳动和使劳动更有效的神奇力量,然而却引起了饥饿和过度的疲劳。……技术的胜利,似乎是以道德的败坏为代价换来的。随着人类愈益控制自然,个人却似乎愈益成为别人的或自身的卑劣行为的奴隶。甚至科学的纯洁光辉仿佛也只能在愚昧无知的黑暗背景上闪耀。我们的一切发现和进步,似乎结果是使物质力量具有理性生命,而人的生命则化为愚钝的物质力量。"②从心理发展和成长规律来说,青年人所处的年龄阶段正是迅速走向成熟的关键阶段,也是世界观、人生观、价值观形成的关键时期。但在数字化时代,当代青年切身感受到了信息大爆炸带来的思想和观念冲击,旧有的、传统的观念、思维和价值在信息化浪潮迅速被时尚的、现代的价值观念所替代。可以说,当代青年面对传统社会文化的冲击时,往往会经历不同程度的内心迷茫、迷失方向、价值观倾斜以及因互联网时代的道德和法律约束而出现的道德缺失。数字化的崛起和发展对传统文化造成了直接的冲击和影响。例如,数字化时代语言与传统文化语言之间明显存在差异,数字化带来了人们交往空间和方式的巨大改变,同时也导致了人类自我身份的迷失。在青年群体中,"火星语言"变得流行,而传统经典文学则被搁置一边。"宅一族""月光族"和"躺平族"等现象也随之增多,年轻人的生活幸福指数似乎呈直线下降趋势。互联网的匿名性和隐蔽性也干扰了年轻人自我意识的正常发展,他们常常因为在网络上拥有多种身份而感到迷失。尽管网络世界对年轻人具有强烈的吸引力,但数字化时代形成的网络文化良

---

① [美]约翰·奈斯比特等著,尹萍译:《高科技·高思维:科技与人性意义的追寻》,北京:新华出版社,2000 年,第 1 页。

② 《马克思恩格斯文集》第 2 卷,北京:人民出版社,2009 年,第 580 页。

莠不齐，包括各种负面信息、虚假信息，西方现代文化中颓废、腐朽的拜金主义和享乐主义，以及资本主义国家散布的煽动性政治宣传等。这些都为不良价值观的盛行、传统道德观念的消解以及外来强势文化的入侵提供了滋生的温床，对年轻人树立正确人生观和价值观产生了负面影响。从整体上看，与互联网一起成长的当代青年常常沉浸在欧美风格和语言中，无形中受到了西方特别是美国文化的影响。部分青年人由于自我监控能力不足，缺乏稳定的心理定向，往往在网络信息的五光十色中迷失自我，浪费时间、精力，甚至荒废学业。更糟糕的是，在这种思想腐蚀下，个人主义、享乐主义等思想蔓延开来，出现了见利忘义、唯利是图、个人至上、人情冷漠、耐挫能力差、诚信缺失等倾向。因此，提醒年轻人们应该谨慎选择网络信息，培养良好的价值观念，并牢记传统道德观念的重要性。

第三节　数字化浪潮中时代新人培育的现实对策

数字化、信息化、移动化是当今时代发展的特征，已经深刻改变了人们的生产方式和生活方式，也将成为变革培育模式的强大工具，改变着人们对于信息、知识、学习的认知与理解。通过上述的讨论分析可以看出，数字世界是非常复杂且问题丛生的一个空间，它既能为青少年提供跟他人互动、获取信息和资源的机会，也存在着令人揪心和担忧的各种风险挑战。在数字化时代里，青少年群体逐步成为社会发展的主体，成为社会掌握高新技术的骨干力量和创新之才，如何在这一浪潮中培育当代青少年树立正确的数字观和时代观，如何使他们在虚拟世界和现实世界的生存中取得平衡，这对于推动中国式现代化事业向前发展，实现中华民族的伟大复兴具有重大意义。

相对于信息技术的高渗透力与迅速普及，我们在青少年培育的过程中，对于信息传播技术的回应处于比较滞后的发展阶段，无论是观念，还是实践，无论是课程更新，还是教育引导，都与时代发展潮流和要求有着不小的差距。当今的青少年，由于其数字化的生活环境和生活方式，他们的思维模式已经发生了根本的变化，他们是“数字时代的原住民”，他们的教育者则是“数字时代的移民”。而如果我们的教育者还在使用前数字化时代过时的语言去教育和引导一种掌握全新语言的人群，那么最终效果就可想而知了。从这个角度看，教育需要变革，以适应数字一代的读写方式。我们应该保持开放的态度，要采用新观点应对新形势，以传统教育与数字技术的有机融合、相互促进为原则，在分析数字世界对青少年的实际影响和制定政策时，努力使政府部门、产业平台、父母和学校等各方面采取协调一致的积极行动，去推动建设适宜青少年参与、体验、应用、交流的软件与交流平台，引导、培育青少年在新的数字化环境中成为堪当大任的时代新人。

一、发挥政府的规范作用，推动数字化与时代新人培育的有机融合

数字世界正在变得越来越复杂，硬件、在线内容和应用程序之间的界限越来越模糊，这比以往都更加需要从国家层面去加以规范和引导。这是因为，数字工具是不断变化和发展的，青少年使用的在线工具和应用程序时刻都会出现新的变化，这种变化会导致非常不同的在线行为。例如，抖音、快手等短视频软件就是一种相对较新的应用程序，它一出现就受到了各类用户的欢迎，研究发现它跟成瘾行为是有关系的。在当今时代，青少年可以使用计算机、手机或其他手持移动设备等多种硬件来连接网络，这些无处不在的数字工具一旦连接上互联网，在任何时间都保持在线，用户似乎永远都不会孤单，这些工具可能会使互动成为青少年在数字世界中的主要活动，并据此建立一种全新的青少年互动模式，导致我们越来越难以确认数字产业的角色，即是说，如今的数字化不仅包括互联网服务提供商和商业服务提供商，还包括在线社交论坛以及一些用户自己创造的内容。这使得政府作为一种规范和监管的角色，必须把握处理好数字化世界的复杂的关系。

从世界范围内来看，多数国家尤其是发达国家的政府，对于数字网络产品上的消极性和攻击性的在线互动，如性教唆、欺负和骚扰等，已经设立了相关法律来保护青少年免受网络世界的伤害，因为这些内容会对青少年的身心造成严重伤害，甚至威胁他们的生命和人身安全。在美国，政府制定了儿童保护条令，明确规定在线性强迫、性剥削、性教唆和性虐待等是违法行为，此类违法犯罪者会因为儿童虐待、剥削或性教唆行为面临联邦或州政府的起诉。欧洲也创建了国家性的分级网络组织——安全网络，用于监控儿童、政府、教育者、父母、媒体和产业部门的行为，以促进互联网用户的安全，特别是保护儿童和青少年的安全。该网络组织能够为父母、

教师和其他人提供信息和资源，促进安全宣传、协调行动，以及提供了互联网帮助热线和“更安全的互联网计划”热线等。加拿大、澳大利亚等国家的政府也均设立了类似法律来保护儿童免受在线诱拐和色情的伤害，尽管方式不同，但多数国家也设立了对在线捕食行为的报警机制。同样的，在日本、韩国等亚洲国家中对青少年使用移动设备上网也有相应规范措施，法律规定网站提供者、互联网服务提供商和其他类似机构等在发现儿童色情和性剥削资料时，必须及时向国家失踪及被剥削儿童中心报告。

通过借鉴国外的一些有效做法，并结合我国数字化发展的实际情况，我国政府始终站在为国育人的大局中引领和规范数字化的发展方向，制定和实施了一系列有效举措。一方面，建立健全相关法律法规，制定出台数字化发展的法律法规。《中华人民共和国网络安全法》《网络信息内容生态治理规定》《网络短视频平台管理规范》等相关法律法规和行业规范的出台，有效规范和落实了数字化平台监管的主体责任。尤其是对于那些对青少年价值观念和身心健康有负面影响的平台和内容，政府部门出台一系列规范条例加以约束，引导行业制定相关规章进行规范，打造“政府—平台—公众”的数字化平台监管机制，落实好各主体在数字化发展中的社会责任，形成数字平台运营中全方位监管的局面。近年来，对于那些违反规章条例规定的网络从业者，政府部门不仅督促相关平台进行惩罚，也根据实际情况依照法律法规及时进行线下监督及惩罚措施，有效地维护和保障了我国数字化建设的发展大局。另一方面，加强对数字产品供给者的监督，对于网络上的色情暴力、恶意抹黑甚至带有分裂和反动性质的文字、视频内容，政府有关部门集中开展各类专项整治，将违背公序良俗、背离主流价值观以及“三俗”数字化产品及时清除，推动建立行业自律机制，建立起本行业的自律组织，实现行业内的相互监督，推动整个数字行业可持续发展。

二、发挥家校的合力作用，营造数字化与时代新人培育的良好氛围

家庭和学校是一个人成长成才的关键性因素，家庭和学校采取什么样的教育理念和教育方法，对青少年的成长会产生直接或间接的重要影响。具体来看，家庭是孩子的第一所学校，而家长则是孩子的第一任教师，一个人在最初的成长过程中

可以从父母身上学到知识、言行和做事方式、处世方式、人生态度、价值观等很多东西，这个过程往往是潜移默化的，但其对一个人的成长的影响则是深刻的、长期的，因此，时代新人的培育必须抓好家庭教育这个“第一关”。数字化的汹涌浪潮，对家庭教育也提出了巨大挑战和全新要求。一些家长“知难而退”采取放任自流的态度，致使青少年很早就产生了“数字依赖症”。还有的家长禁止青少年使用数字工具和网络应用，或在孩子使用这些媒体的时候进行严密监控，考虑到技术的影响已经深入到青少年的生活中，而且青少年阶段的个体正在发展独立性和自主性，这种限制和约束显得既不实用，也不可行。约束和限制青少年使用数字产品，就跟把脏洗澡水和婴儿一起倒掉一样，也是不恰当的做法。更聪明、更有效的方法是努力保护青少年，增强他们的能力，促使他们正面和安全地使用技术，并通过这种使用来提升他们的幸福感。因此，家长在孩子面前应该注意自己的言行举止并努力做到以身作则，经常与孩子交流沟通，跟他们坦诚、开放地讨论网络上的内容，特别是那些关于暴力、仇恨和其他有害的内容，从而对青少年的上网进行科学疏导。尤其是在数字产品的使用上，家长更应该为孩子做榜样，并以自己的实际行为引导孩子学会如何正确使用和对待电脑、智能手机等电子产品，家长可以为青少年设立特定规则，比如在“什么地方”“什么时候”能够访问“什么类型”的在线内容等限制性原则，帮助孩子锻炼自己的意志力，培育自律、自控和自学的良好习惯，在此基础上，更多地从正面教育孩子学习从网络中获取知识的技巧，通过网络信息来完成学业功课和获取健康知识等有益信息，并且积极思考和探索在家庭中有效防范孩子因受到电子产品的影响而在行为和精神上出现问题的方法和措施。

就学校而言，数字化浪潮对其造成的冲击和挑战也十分严峻。以数字、信息技术、互联网为基础的新技术正在重构一种新的社会环境，终身学习、知识社会成为这个时代的标签，传统学校因其自身受到空间和时间的限制而面临的挑战更加突出，学校教育不能让人受用一生，知识也不能由少数人垄断，创新和知识是未来社会的核心，人只有通过不断学习、终身学习才能够不被时代所淘汰。因此，在数字信息化时代，随着人们对于学习的自主性、灵活性和多样性等方面的需求不断增加，各级各类学校都积极地应用信息技术和人工智能设备，把数字化、信息化和智能化贯穿到教学内容的呈现、教学方法的选择、教学过程的组织等各个方面，从而使青少年从一开始就接受正规和系统的数字化教育。从另外一个角度讲，信息化和智能化只是学校教书育人的一种硬件条件和手段，更重要的是学校应该立足青少年成长规律，教育引导他们掌握获得信息、理解信息、利用信息的方法和技术，在培养学生独立思考、批判思维、创作力等方面进行更多关注和尝试，进而为树立科学良好的数字观、技术观和价值观打下坚实基础，因为归根结底，“教育现代化的终极价值判断是人的发展，是人的解放和主体性的跃升”①。在此基础上，家庭和学校要围绕青少年的实际发展需要，科学合理地进行分工，避免对彼此的越界行为和过度干扰，从家校协同的视角开展密切接触和合作，这可以是以生活活动为主的形式，也可以是在学生的正规学习行为的基础上展开。这样，才能保证青少年在接受系统教育的同时，也能获得良好的生活教育。

三、发挥青少年的主体作用，不断提高数字化运用的整体素养

从人类的教育实践活动来看，教育实践活动的实施对象就是学生。如果从整体上来看，教育活动并不是单向活动，反而是由教育者的教育活动和受教育者的学习行为构成的双向活动。教育的这种特性就决定了受教育者在教育中的地位的复杂性、双重性和难以把握性，对教的活动而言受教育者是对象，从学的角度来讲受教育者则是主体，因此说，受教育者在教育教学活动中具有学与教相统一的主体性。在历史上，每当一种新的传媒和数字产品出现的时候，成年人出于保护青少年的本能，就会提出新事物对儿童的影响问题，并投出不信任票，如广播、电影、电视、电子游戏、互联网、手机在出现和发展之初，都没有逃过大众的谴责。20 世纪 30 年代和 40 年代，很多人担心电影会使青少年道德败坏，80 年代害怕电视中的暴力画面影响青少年身心健康，90 年代顾虑电子游戏、互联网上的暴力和色情信息教坏我们的下一代，如今，手机使用中的问题又同样引起教育者和家长的担忧。总之，大众对青少年负面影响的社会顾虑由来已久，而且各国在新技术普及之初都有类似的发展经历，也都有一个共同的不足，就是忽视了青少年在数字产品使用过程中的“主体性”。

---

① 裴娣娜：《我国基础教育现代化发展的根本转化》，《北京大学教育评论》2004 年第 2 期。

主体性是人作为主体所特有的属性，是在同客体的相互作用中所表现出来的自主性、能动性和创造性。马克思主义认为，任何事物都是“自我构成”，“自我运动”，“自我发展的”，人的主体性是在交往行动以及交往结构中建构起来的。青少年因其社会阅历浅、思想不成熟，始终被列为被保护的对象。就单纯地从数字产品与青少年的关系来看，后者也并非一个绝对意义上的被动接受者，不仅是技术会随着时间而变化，青少年与技术的交互也在不断变化，他们使用在线应用程序的方式可能随着时间而呈现不同。目前，我国有关网络、手机等对青少年的不良影响方面的研究，就存在“青少年是受害者”话语的遗毒，研究主题以负面影响、手机依赖、成瘾居多。学者关注青少年接触数字化事物所出现的社会问题，然后再努力解决问题，其本身无可厚非，但不能将出现的问题都归咎于互联网、电子游戏和手机。正如有的学者所讲，“在面对新媒体时，人们缺乏了解，容易把其他社会条件综合导致的后果简单归结于媒体这个单一因素。新媒体这样一个‘外来户’容易成为原住民面临的‘新’问题的‘替罪羊’”①。青少年作为数字化技术所“建构世界”中的弱势群体，研究者在试图努力帮助青少年的同时，也需要更多地关注青少年群体在运用数字产品的过程中，尤其是在新媒介使用及与其互动过程中，所发挥出来的主观能动性。因此，对于青少年与数字化两者之间的关系，我们首先要转变观念，摒弃青少年在接触与使用数字化的世界中一定“受害”的误解，赋予青少年机会与自由，发挥其在数字媒介使用与互动中的主体性。

一方面，要充分尊重和有效保障青少年使用数字化产品的权利。教育的基本功能就是把人类所创造的文化科学知识和经验“内化”为个体的精神财富，发展、提高个体的主体性，培养有创造力的人，造就未来的社会行动主体，而不是单纯地传播知识。从这个意义上讲，教育在本质上是对个体主体性培育的过程，是一种主体性教育。根据联合国《儿童权利公约》，儿童的媒介接近权、有益信息知晓权和媒介参与权是儿童使用媒介的基本权利。青少年作为受教育的主体，其情感、态度、价值观尚在形成过程之中，人格也在完善过程之中，具有独立性和依赖性并存的特点。关注青少年主体性发展，培育青少年主体性，是教育研究的主要内容，也是研

① 刘海龙：《大众传播理论：范式与流派》，北京：中国人民大学出版社，2008年，第270页。

究者的责任所在，对青少年主体性的深入研究，无论是对于我国教育体制改革，还是数字化教育的发展，都具有重要的现实意义。另一方面，要紧紧抓住并利用好数字化带来的机遇。当下，随着信息传播技术的发展，以互联网、手机、移动信息终端等为代表的各种数字媒介在青少年的学习生活中发挥着越来越重要的作用，以迅猛的发展态势影响着青少年的信息获取方式、知识接受方式、学习方式、思维方式以及人际交往方式，教育者要格外重视各种信息技术在学习中的应用，充分利用和挖掘慕课、翻转课堂、线上线下相结合等各种新型数字化学习模式，不断激发受教者通过预习、自学等方式加强学习的自觉性和主动性，只要青少年的主体地位得到重视和发挥，他们就能积极主动地面对学习、面对环境，能学会自主地完成一切学习任务，并从学习和环境中能够充分吸收必要的知识营养和精神营养。

总之，数字化浪潮的结果就是大家通过数字平台可以共享全社会的信息，而能否充分利用层出不穷的信息技术设备，成为现代人能否占有竞争优势的一个重要方面，自然也成为我们在数字化时代培养堪当民族大任的时代新人的重要内容。通过以上分析，我们对于在数字化浪潮下如何培育时代新人做了探讨分析，但这仅仅是一种初步的尝试，展望未来，围绕这一主题的研究面临着很多紧迫的问题，例如，青少年的在线活动是否集中在核心发展任务上，在线活动是否从根本上改变了原来现实发展的过程？青少年在社交网站上的大量“朋友”以及与他们的公开交流是否改变了友谊和亲密感的性质？具备什么特点的青少年最有可能遭遇在线风险？以及网络活动对不同类型青少年会产生什么样的不同影响等。因为这些问题都是随着现实发展而产生的，并且对于时代新人培育又有着直接的重要影响，探寻这些问题的答案必须结合纵向研究和横向研究、理论分析和实证分析，为我们能够科学认识和深刻把握数字化浪潮中如何培育时代新人奠定坚实基础。

| 第十章 |

时代新人的国际视野塑造

时代新人是指在新的历史方位下培养的具有时代特征和时代使命的人才。随着时代的发展和变迁，人们的需求和社会问题也在不断变化，因此培养能够适应和引领时代发展的时代新人显得尤为重要。国际视野是指“用世界性、全球化、开放性、包容性、本土化和民族化的眼光和见识看待事物的现象和本质，把握发展规律，促进事物发展”①。随着全球化的不断深入和各国之间相互联系的增加，国际视野对于时代新人培育变得愈发重要。

在新时代的征程中，中国正逐渐走近世界舞台的中心，在全球事务中扮演着越来越重要的角色。中国积极履行作为一个负责任大国的责任，更加深度参与全球治理，并提出了许多具有深远意义的中国智慧和中国方案。时代新人应当不断拓宽自己的国际视野，以应对不断变化的形势发展。

第一节　时代新人国际视野塑造提出的必要性

每个时代都有特定的时代主题和任务。当前，中国的特定时代主题和任务是实现中华民族的伟大复兴。培养担当民族复兴大任的时代新人成为实现这一任务

① 张耀灿：《大学生思想政治教育国际化视野研究的开拓性力作——〈国际化视野下大学生思想政治教育创新发展研究〉评介》，《学校党建与思想教育》2015 年第 5 期。

的关键。中国正处于实现全面建设社会主义现代化国家的关键时期，要实现民族复兴，需要有一代又一代拥有高尚品德、创新能力和责任意识的时代新人。同时，应对世界百年未有之大变局，新时代伟大斗争的长期性、复杂性和艰巨性，使得时代新人的培养面临着新的严峻挑战。

一、从历史层面来看，时代新人肩负着中华民族伟大复兴的历史使命与责任

每个时代都有教育必须回应的主题，每个时代都有各自关于“新人”的标准。习近平总书记指出：“无论过去、现在还是未来，中国青年始终是实现中华民族伟大复兴的先锋力量！”①历史是一个持续发展的过程，每一代人都承担着前人的遗志和未来的希望。在中华民族的历史上，年轻一代始终是推动社会进步和国家发展的重要力量。

近代以来，中国积贫积弱，在中华民族经历前所未有劫难的时刻，中国青年挺身而出，不断寻求各种救国救民的方案。他们在五四运动中成为先锋，通过传播新思想、新文化和新知识来推动马克思主义与中国工人运动的结合。他们的奋斗激励了中国人民和中华民族实现民族复兴的志向和信心，带来了巨大的影响。

习近平总书记在纪念五四运动 100 周年大会上指出，“一代人有一代人的长征，一代人有一代人的担当。建成社会主义现代化强国，实现中华民族伟大复兴，是一场接力跑”。② 中国共产党成立后，中国青年在党的领导下，紧跟时代的步伐，以自己的青春力量为中华民族伟大复兴不懈奋斗。在新民主主义革命时期，中国青年积极参与反帝反封建的工人、农民和学生运动，为打倒军阀、抗日救国、推翻国民党反动统治而英勇斗争，展现出不怕牺牲、勇于奋斗的精神风貌。在社会主义革命和建设时期，中国青年积极参与国家的社会变革，高呼“把青春献给祖国”的口号，敢于面对科技进步带来的挑战，勇于面对困难和荒原，展现出勇往直前、勤劳拼搏的精神风貌。在改革开放和社会主义现代化建设新时期，中国青年解放思想，积极进取，成为改革的先锋，在各行各业中展示出敢于创新、引领潮流的精神风貌。

---

① 习近平：《在纪念五四运动 100 周年大会上的讲话》，北京：人民出版社，2019 年，第 5 页。
② 同上书，第 18 页。

无论是过去、现在还是未来，中国青年都牢记使命，勇敢追梦，为实现中华民族伟大复兴作出自己的贡献。

中国特色社会主义进入新时代后，中华民族伟大复兴的目标更加清晰。党和国家提出要“培养担当民族复兴大任的时代新人”①，新一代年轻人应继承前辈的遗志，不断探索和奋斗，为实现中华民族伟大复兴而努力。新时代为年轻人实现自己的梦想提供了广阔的舞台，同时也赋予他们独特的历史使命。新的使命要求时代新人“具备实现民族复兴的担当精神和担当历史重任的能力素质，要具备扎根人民、立足国家的爱国情怀，还要具备人类命运共同体理念的国际视野和人类情怀”②。在这个新的历史阶段，年轻人要以服务中华民族伟大复兴和人类社会进步为己任，为实现中国梦、实现人民美好生活和实现全球繁荣和进步作出贡献。应秉持爱国主义和国际主义精神，立足中国传统文化，吸纳世界文明成果，勇于创新，团结一心，勇立时代潮头，为推动社会发展、实现个人价值，谱写自己的辉煌篇章。

与此同时，我们必须清醒认识到，实现中华民族伟大复兴的中国梦并非易事，特别是在当前世界正经历百年未有之大变局时，全球社会发展面临着日益不确定和不稳定的因素。在实现中华民族伟大复兴的过程中，我们面临着许多困难和挑战，因此迫切需要一大批有担当精神的时代新人。这些时代新人需要挑起时代的重担，承担起历史赋予的使命，成为建设祖国、创造未来的中流砥柱。

二、从国内发展来看，时代新人的国际视野代表着国家未来的国际观走向

《国家中长期教育改革和发展规划纲要（2010—2020年）》指出，要“适应国家经济社会对外开放的要求，培养大批具有国际视野、通晓国际规则、能够参与国际事务和国际竞争的国际化人才。”③在全国高校思想政治工作会议上，习近平总书

① 习近平：《高举中国特色社会主义伟大旗帜 为全面建设社会主义现代化国家而团结奋斗——在中国共产党第二十次全国代表大会上的报告》，《人民日报》2022年10月26日，第2版。

② 唐艳群：《中国共产党培育时代新人的理念与实践：历史演进与启示》，《重庆社会科学》2020年第9期。

③ 《国家中长期教育改革和发展规划纲要（2010—2020年）》，北京：人民出版社，2010年，第49页。

记强调,“要教育引导学生正确认识世界和中国发展大势……正确认识中国特色和国际比较,全面客观认识当代中国,看待外部世界”①。

新时代年轻人在成长过程中,受到教育、媒体和社交网络的影响,形成了开放、包容和多元化的国际视野。这种国际视野不仅反映了年轻人对世界的认知和思考,也对国家的发展产生了重要的影响。

首先,时代新人是国家和社会进步的主要力量。青年时期是一个人世界观和价值观形成的关键时期,他们会逐渐发展出对世界各地政治、经济、文化等事务的认知和理解。因此,年轻一代的国际观将在未来若干年对国家、对国际社会的判断将产生直接影响。

其次,时代新人的国际观会直接影响国家对国际社会的判断。这是因为他们将来可能会是一个国家未来的决策者、领导者和观察家。国际观念和认知会在他们成为国家决策者时直接影响他们的政策制定和国际事务处理。如果时代新人对国际社会的认知和理解偏向平等、合作、共赢的方向,那么国家在国际事务中可能更多采取合作和对话的方式来处理问题。而如果时代新人的国际观更加强调竞争和利益至上,那么国家在国际事务中可能更加强硬和自利一些。

最后,时代新人的国际观还会直接影响国家的具体国际行为。时代新人的国际观是通过他们的思想、言行和行为来表达和展现的。如果时代新人对世界的认知和理解更加开放、宽容和尊重多元文化,那么国家的国际行为可能更加注重推动和谐、稳定的国际关系。而如果时代新人的国际观偏向保守、排他和偏见,国家的国际行为可能更容易滋生冲突和对抗。

总之,时代新人的世界眼光和国际观念在很大程度上代表了国家未来的走向。他们对世界的认知和理解会直接影响国家对国际社会的判断,并反映在具体的国际行为中。因此,培养和引导时代新人具有积极的国际观,对于国家的长远发展和与国际社会的和谐共处至关重要。

---

① 《习近平在全国高校思想政治工作会议上强调 把思想政治工作贯穿教育教学全过程 开创我国高等教育事业发展新局面》,《人民日报》2016 年 12 月 9 日,第 1 版。

三、从国际博弈来看，时代新人的国际社会的交往能力与国家的外部环境息息相关

国际博弈是指各个国家在政治、经济、军事等领域进行的相互影响、竞争和合作的过程。国际博弈的本质是各个国家在追求自身利益的同时，相互之间通过合作、竞争、对抗等方式来追求权力、资源、地位和影响力的分配。随着全球化的加强和信息技术的发展，国际社会的交往日益频繁，各国之间的联系和相互影响也日益密切。在这种情境下，具备国际视野的时代新人能够更好地理解和应对国际博弈中的挑战和机遇。

首先，时代新人具备国际视野能够增强对全球议题的认知。全球议题包括环境保护、可持续发展、人权、贸易、安全等与全球利益和发展密切相关的议题。这些议题不仅影响各个国家和地区的发展，也关系到全人类的福祉和未来。具备国际视野的时代新人能够更广泛地接触和了解全球议题，从而提升他们对这些议题的认知和理解，促使他们成为全球事务的积极参与者和解决方案的贡献者。同时，他们的国际视野也为国家和世界的发展提供了一种有益的资源和力量。

其次，时代新人具备国际视野能够加强跨文化交流能力。在国际博弈中，不同国家和文化之间的差异是不可避免的。具备国际视野的时代新人能够更加开放、包容和灵活地与其他国家和文化进行交流和对话，促进相互理解和合作。新时代年轻人是在全球化的潮流中成长起来的，他们更容易接受新的观念和文化，更富有创新精神和开放思维，更愿意与不同背景的人开展交流与合作。他们具备的跨国界交流合作的能力，可以为国家在科技创新、贸易投资和文化交流等方面带来新动力。随着互联网的发展，信息传播更为快速和广泛，年轻人对国际事务和全球问题更加关注，如气候变化、能源安全、贫困、人权等，倡导国际合作解决全球性挑战。他们的国际视野和行动将推动国家间加强合作，共同应对全球性挑战，实现共同发展。

此外，时代新人具备国际视野能够为国家提供新的解决方案和创新思维。国际博弈往往涉及复杂的问题和挑战，需要有创新的思维和解决方案来应对。时代新人通常具有活跃的思维和创新的精神，通过拓宽国际视野，能够从不同文化和国家的经验中吸取启发，提供新的想法和方法。中国的经济飞速发展，与世界各国的

联系日益紧密，为年轻人提供了更多的机会和平台，使他们能够更加自由地参与国际交流和合作。年轻人更容易接触到来自不同国家的产品和服务，接触到不同文化和思想的碰撞，对国际合作和多边主义有更直观的感受。他们更加看重国际交流和合作，认为通过与其他国家的互动可以实现共赢和共同发展。他们通过商业合作、文化交流等方式与国际社会互动，不仅促进了国内经济的发展，也加深了对国际合作的认识和重视。

第二节　时代新人在国际视野上的独特表现

一、开放包容的心态与狭隘偏见的心理并存

当下，绝大多数青年学生已经深刻意识到经济全球化大背景下，开放是历史的必然趋势。这主要表现在新时代青年对世界的兴趣和求知欲上。他们对国际事务持开放的态度，对不同国家和地区的发展、政治、经济、环境等事务表现出兴趣和关心。他们愿意听取并尊重其他国家和地区的声音和观点，通过接触和交流，以共识和合作为基础，推动解决全球挑战，他们通过学习、工作、交换和在线社交媒体等途径与不同国家的人们进行沟通和交流，展示了对多元文化的兴趣和尊重。他们更愿意了解世界其他地方的生活方式、价值观和风俗习惯，主动接纳和尊重不同文化的差异。这种开放心态使他们能够积极参与国际交流和合作，促进跨文化的理解和合作。

然而，由于个体的成长经历、教育背景和社会环境的影响，青年对世界的认知仍存在一定的狭隘偏见。部分青年可能对不熟悉的文化、国家或地区持有刻板印象和偏见，缺乏真正的了解。如，对发达国家存在盲目崇拜，对广大非西方发达国家不予重视。一些青年可能对不同的观点和意见持有排斥或否定的态度。他们可能过于固执己见，难以接受与自己想法不符的观点，导致缺乏对多元性和对立观点的尊重和包容。此外，部分青年在国际交往中可能表现出民族主义倾向，对外国人或外来文化表现出歧视或偏见。

由此可见，部分青年学生的国际知识并不充分，国际视野也较为狭窄。要培养正确的国际观念，青年学生应从全面储备国际知识开始，在国际视野的拓展上下功夫。

二、胸怀天下的进取精神与极端民族主义的喧嚣并行

胸怀天下的进取精神是中国文化中一种传承久远的价值观。当前，青年群体普遍认识到外交领域不仅涉及国家与政府层面，亦与个人生活紧密相连。他们意识到国际事务并非遥不可及、与己无关，因而关注国际新闻、理解外交政策成为其普遍习惯。青年学生们追求深度掌握国际事务，并广泛运用互联网社交平台、新媒体等多种渠道积极发声，主动投身于相关知识与活动的学习与实践，旨在拓宽个人视野、把握个人发展机遇。这样一种积极参与的态度映射出新时代的青年群体对国际事务重要性的深刻认识及在全球化时代的高度责任感。

随着移动互联网的普及和发展，青年学生们获得了参与国际事务和表达自我诉求的崭新途径。通过手机和网络，他们能够随时随地获取国际新闻和政策信息，了解世界各地的动态，并与其他人进行交流和讨论。移动互联网的便利性和即时性为青年学生提供了更多参与和表达的机会，使他们能够更加活跃地参与国际事务，并通过各种平台表达自己的观点和意见。同时，移动互联网为青年学生提供了更大的曝光度和传播力度，使他们的声音得以更广泛地传播和影响他人。移动互联网的发展为青年学生提供了独特的平台和工具，让他们成为国际事务中不可忽视的力量。然而，缺乏自我约束的网络也会推动一些极端民族主义的声浪。极少数"愤青"对中国的国际事务处理方式持悲观的态度，希望秉持激进情绪处置国际分歧，对政府的外交政策批评有余而建设不足，甚至认为不采取强硬态度就是软弱无能，理智变通的态度必招来戏谑辱骂，克制灵活的方式躲不过口诛笔伐。

就情感的角度来看，青年人对于爱国和保护国家的热情是可贵的，值得鼓励。然而，不能放任这种情感盲目地推动他们走向暴力化和民粹化。因此，必须在情感上进行升华，对激进的行为进行调整。

三、自尊自信的精神与崇洋媚外的现象共存

改革开放以来，中国以令人瞩目的速度不断刷新一个个纪录，创造一个个令人惊叹的奇迹。中国人民的辛勤努力、持续推进的改革开放政策以及创新精神的发挥都为这些成就提供了坚实的基础。当代中国青年亲眼见证了中国在经济、科技、文化等方面取得的伟大成就，这些成就让他们对国家的发展感到自豪和自信。同

时，他们有更广泛的信息渠道和更开放的思维方式去接触世界，也目睹了一些国外势力对中国的否定、排斥甚至敌视的行为。面对外部的质疑和挑战，他们更加珍视中国的成就和发展，从而激发了他们更强烈的民族自豪感，更加坚定地捍卫国家的利益和尊严。青年代表了国家的未来，青年群体的民族自豪感是中国民族精神的重要组成部分，它为国家的发展注入了持续的动力和信心。

但是，个别青年还存在一些“崇美”“哈韩”“精日”等现象，这些现象可能会对国家尊严和民族感情造成伤害。这一现象产生的原因可能是受到外国影视、音乐、时尚等文化的吸引，以及一些媒体和网络推崇外国文化的宣传影响。同时，社交媒体的普及也使得这些现象更加容易传播和扩散。然而，应该认识到这种个别现象只代表一小部分人的观点和态度，并不能代表整个青年群体的认知和情感。大多数青年仍然坚守着自己的国家和民族认同，并为中国的发展和利益努力奋斗。为了防止这种现象的扩散，我们应该加强教育引导，加强青年的爱国主义教育和民族自豪感培养。同时，我们也需要提供更多符合青年审美和兴趣的优秀国内文化产品和内容，让他们更加深入了解和体验中国文化的魅力。

第三节　时代新人国际视野塑造的基本原则

时代新人国际视野塑造的基本原则是根据新的时代社会需求而确定的。总的来说，时代新人国际视野塑造的基本原则为坚持立足中国又面向世界、文明互鉴又坚守自信、讲清道理又贴近实际。

一、坚持立足中国又面向世界

立足中国是一切教育活动的出发点，也是新时代大学生国际视野培养的“定盘星”。面向世界是新时代大学生国际视野培养的本质体现，也是实现教育现代化的重要途径。

“立足中国”意味着要以中国为立足点，关注中国的历史、文化和社会发展。一是要立足中国国情。这就意味着我们需要回顾和总结中国的历史背景和发展经验，需要回应和担负新的时代特征和历史使命，需要关注和展望当前社会变革和发展趋势，根据当今社会的需求，了解国内外政治经济的互动关系，以及全球化对教育的影响，在国际视野培养中融入新的元素和观念。总之，只有深入了解中国的历史、文化和经济现状，新时代青年才能真正具备拓宽国际视野的能力，更好地适应和面对国际挑战和机遇。二是要立足中国未来。时代新人国际视野的塑造应该为中国未来的发展提供支持和服务，要与中华民族的伟大复兴目标相统一，体现出前瞻性和战略性。这就意味着新时代青年需要提高自身政治站位，深刻认识到自身身负的民族责任。

“面向世界”意味着要具有开放的眼界和广阔的国际视野。开放的眼界意味着要敢于接触和了解不同的文化、思想和观念。开放的眼界也意味着要敢于接受不同意见，包容不同观点。通过与不同国家和地区的人交流和互动，青年可以扩大自己的知识面，提高思维能力和分析能力。广阔的国际视野则需要青年关注全球事务，了解国际社会的发展动态和国际关系的复杂性。这包括关注国际政治、经济、文化等各个领域的变化，以及学习了解全球性问题，如气候变化、人口流动、科技发展等。只有通过了解和研究这些国际议题，新时代青年才能真正拥有广阔的国际视野，更好地适应和应对世界的变化。

“立足中国又面向世界”的辩证统一，为新时代大学生国际视野培养注入了活力。我们既要保持本土特色和独特性，又要与国际接轨和融入世界。这样的培养方式不仅有利于学生全面发展，也有助于培养具有国际竞争力的优秀人才。

二、坚持文明互鉴又坚守自信

这意味着时代新人既要在与国际社会的交流中学习借鉴优秀的外来文化，又要在与他国交流中保持自身文化的独特性和自信心。

文明互鉴是指各个文明之间相互交流、学习和借鉴的过程。它强调不同文明之间相互尊重和平等对话的态度。坚持文明互鉴意味着青年要敞开心扉，欣赏和尊重其他文化的特点和价值观。通过与其他国家、民族的交流，拓宽自己的视野，吸取他们在思想、科技、艺术等方面的精华，从而丰富自身的文化内涵。在这个过程中，青年要保持开放心态，消除偏见和偏执，以促进不同文化之间的交流、合作和共存。

然而，在借鉴外来文化时，也要坚守自信。作为独立的民族和个体，青年要保持对本国传统文化和价值观的自信，秉承自己的文化认同和自我价值观。应该意识到自己的文化的特殊性和独特性，并以此为基础发展自己的国际视野。在与外界的交流中，青年应该坚持自己的原则和立场，不被他人影响或改变，保持自身的独立思考能力和独特风格。

总之，借鉴外来文化可以带来新的思想、观念和方式，促进文化的多样性和交流。保持自信意味着我们要有信心和自豪感地传承和发展自己的文化。保持自信不意味着与外来文化封闭和隔绝，而是要在开放包容的基础上进行文化交流和融合。在借鉴外来文化时，我们要保持审慎和主动选择的态度，对外来文化进行理性地分析和评估，选择符合自身发展和核心价值观的元素进行吸收和融合。这样可以避免盲目地模仿和跟风，保持文化的独立性和原创性。

三、坚持讲清道理又贴近实际

“讲清道理”意味着要基于事实和逻辑来表达自己的观点。第一，讲清道理要求青年遵循逻辑和事实。在国际事务中，面临着复杂的问题和众多各方观点，因此青年需要以客观、准确的事实作为基础，运用逻辑推理和辩证思维，清晰地阐述自己的理论和观点。这不仅有助于更好地与他人交流、理解和互动，也能够提高说服力和影响力。第二，讲清道理要求青年在交流中注重建立共识和共同理解。在与来自不同文化和背景的人进行国际交往时，因不同文化之间存在着差异和误解，为了建立更好的沟通和合作关系，青年需要尊重他人的观点，并通过理性、平等的对话来解决分歧。在交流中，青年应该表达自己的观点，同时也要愿意倾听他人的声音，寻找共同点和解决方案，以达成更好的共识。第三，讲清道理还要求青年展示出审慎和负责任的态度。国际事务中涉及诸多敏感问题和复杂情境，需要在表达观点时考虑到不同利益相关者的想法和感受，避免过于主观或武断。通过审慎和负责任的态度，青年能够更好地处理复杂的国际问题，促进合作与发展。

“贴近实际”是指要将理论与实践相结合，真实地了解和面对国际事务的现实情况和挑战，以及不同国家和地区的实际情况。第一，贴近实际要求青年具备实事求是的态度。在国际事务中，要以客观的眼光看待事实，不带有偏见或主观臆断。

应该积极获取并分析可靠的信息和数据，了解国际形势的真相。通过真实地了解和把握实际情况，才能够对国际事务作出准确的判断和决策。第二，贴近实际要求青年具备灵活适应的能力。国际事务常常变化快速，充满不确定性，应该关注国际局势的动态变化，及时调整自己的思维和行动，以灵活的方式应对挑战和变化。第三，贴近实际还要求青年关注可行性和实际效果。在国际合作和跨文化交流中，需要考虑到不同国家和地区的实际情况和需求，以及合作方案的可行性。应该注重实际效果，确保我们的努力和决策能够真正解决问题，带来实际的改变和发展。

第四节　时代新人国际视野塑造的主要内容

习近平总书记在 2016 年全国高校思想政治工作会议中提出了四个“正确认识”，为新时代中国青年国际视野的培育提供了基本遵循。即“正确认识世界和中国发展大势”“正确认识中国特色和国际比较”“正确认识时代责任和历史使命”和“正确认识远大抱负和脚踏实地”。培育具有国际视野的时代新人，就是以此为基本遵循，培养具有远大理想抱负、具备国际思维能力以及勇于担当历史使命的新时代青年。

一、培育时代新人“胸怀天下”的远大抱负

党的二十大报告进一步将“坚持胸怀天下”升华为习近平新时代中国特色社会主义思想的世界观和方法论，强调了中国共产党的历史责任和自觉追求。这一立场观点不仅包含着马克思主义理论和中华优秀传统文化的价值意蕴，也指明了新时代青年应具备的时代品格。

首先，涵养时代新人胸怀天下的家国情怀。

家国情怀是人们在成长和生活中对家庭、社会和国家产生的特殊情感的凝聚。这种情感源于血缘和地缘因素，使个人对家庭和祖国有一种归属感和依附感。家国情怀包含着对家庭、故乡和祖国的认同和依赖，对自己民族和国家的责任感和使命感。它体现了一个人在实现个人发展的同时，对于家庭和国家的依恋与热爱，以及为社会作出贡献的责任和担当。家国情怀是时代新人在心灵层面表达出来的一

种情感体验，是他们对自己身份认同感和归属感的重要组成部分。

家国情怀的核心是爱国主义。爱国主义是指对自己的国家有深厚的感情和忠诚，愿意为国家的利益、繁荣和进步作出贡献的情感和态度。家国情怀是爱国主义在个人生活中的具体体现和表达。爱国主义是一个综合性的情感和价值观念，包括对祖国土地、历史文化、民族精神的珍视和尊重，对国家的发展、安全和统一的关注，以及对国家利益的维护和捍卫。家国情怀通过培养人们对家乡和祖国的热爱和认同，提升他们的家国观念和责任感。它使个人以国家兴旺和民族复兴为己任，追求个人价值和国家利益的有机结合。家国情怀激发个人为国家的荣誉和声望努力奋斗，为国家的发展和繁荣作出积极贡献。爱国主义和家国情怀有助于团结和凝聚民族力量，推动国家的和谐发展。它教育人们忠诚于国家、尊重国家法律和制度，注重维护社会公共利益，增强国家凝聚力和向心力。通过教育和培养家国情怀，可以培养出具有爱国精神和责任意识的时代新人。这些新人将成为国家的中坚力量，为国家的繁荣和民族的进步奉献自己的智慧和力量。他们将在个人成长和社会发展中坚守爱国主义信念，为实现国家的伟大目标而努力奋斗。

其次，培养时代新人胸怀天下的世界情怀。

习近平总书记指出："当今世界是一个变革的世界，是一个新机遇新挑战层出不穷的世界，是一个国际体系和国际秩序深度调整的世界，是一个国际力量对比深刻变化并朝着有利于和平与发展方向变化的世界。"①一方面，世界和平发展的大势日益强劲，变革创新的步伐持续向前，另一方面，金融危机阴云不散，发展鸿沟日益突出，地区冲突时有发生，冷战思维和强权政治依然存在，恐怖主义等非传统安全威胁持续蔓延。"和平赤字、发展赤字、治理赤字"，仍是摆在全人类面前的严峻挑战。

理念引领行动，方向决定出路。如何化解当今人类面临的挑战？习近平总书记提出"中国方案是：构建人类命运共同体，实现共赢共享"。世界情怀可以看作是人类命运共同体意识的表现。它使个人认识到人类共同存在于同一个地球家园

---

① 中共中央党史和文献研究院编：《习近平关于总体国家安全观论述摘编》，北京：中央文献出版社，2018 年，第 266 页。

中，而不论国家、种族、宗教等差异。世界情怀促使个人超越狭隘的个体和国家利益，关注全球的社会问题、人权、环境保护等，以及追求和平与公正。这种情怀无论是个人层面还是社会层面，都是基于对人类共同利益和命运的关注和担忧。

最后，培育时代新人胸怀天下的人类关怀。

习近平总书记在纪念五四运动100周年大会上指出："青年是国家的未来，也是世界的未来。……新时代中国青年，要有家国情怀，也要有人类关怀，发扬中华文化崇尚的四海一家、天下为公精神，为实现中华民族伟大复兴而奋斗，为推动共建'一带一路'、推动构建人类命运共同体而努力。"①人类关怀是将小我融入大我的博大情怀和历史担当。重在引导时代新人将个人命运与全人类命运紧密联系在一起，用平等、尊重、爱心来看待这个世界，关注世界民生与生态问题，为全人类的幸福生活与发展进步作出自己应有的贡献。它强调了个人与全人类命运的紧密联系，呼唤人们用平等、尊重和爱心来看待世界。它强调用平等、尊重和爱心来看待世界，则体现了对人类价值的坚守和提倡。平等意味着不论个体的身份、地位或背景，每个人都应当被平等对待和尊重。尊重意味着理解并接纳他人的差异和多样性，不论是文化、宗教、性别等方面的差异。爱心则体现了对他人的关爱和关怀，以同理心去感受并帮助那些需要帮助的人。这样的心态可以促进社会的和谐与友善，构建更加包容和融洽的社会关系。

二、培育时代新人"国际意识"的思维能力

国际意识指导时代新人科学参与国际事务，是对外维护本国负责任大国形象的思想保证。国际意识并非只是一种看待外部世界的单向意识，而是辩证看待自己与世界联系的双向意识。

随着全球化和信息化的发展，世界各地的联系变得更加紧密和频繁。开放和互联互通的局面对社会进步至关重要，而与之相反的封闭和孤立必然导致落后。推动国家持续发展的唯一路径就是坚持和平开放。中国的未来在于青年，青年是国家的宝贵资源，他们承载着国家的希望和未来。通过培育青年的"国际意识"，能

① 习近平：《在纪念五四运动100周年大会上的讲话》，北京：人民出版社，2019年，第18页。

够培养出具有广阔视野、开放心态和国际竞争力的时代新人，可以为国家的持续发展注入新的动力，让中国的未来更加光明和有希望。

首先，培育“国际意识”需要培养和平开放意识。和平开放意识的含义是秉承和平相处的思想基础，坚持对外开放，积极与他国交流，取长补短。它调通以和平为基础，尊重和理解他国的文化、价值观和制度，积极与其他国家开展交流与合作，相互借鉴取长补短，推动共同发展。现代社会正处于日益紧密的全球化交往中，国际合作和交流日益频繁，各国彼此相互依存，面临的问题也越来越多元化和复杂化。在这样的背景下，培养时代新人的和平开放意识显得尤为重要。

其次，培育“国际意识”需要培养良性竞争意识。良性竞争意识就是在竞争过程中在保证自己利益的基础上，最大限度给竞争对方以帮助，争取在竞争过程中双方共同进步。它强调各国以公平、合作、对话和互利共赢为原则，在竞争中追求和平、稳定和可持续发展。时代新人国际视野塑造中良性竞争意识的培养，能有效激发个人的动力和潜能，帮助新时代青年摒弃成见，以友好的姿态参与国际竞争，谋求与竞争对手的共同成长进步，促进社会的和谐与繁荣。

最后，培育“国际意识”需要培养合作共赢意识。合作共赢是指共事双方或多方在完成一项交易活动或共担一项任务的过程中互惠互利、相得益彰，能够实现双方或多方的共同收益。它强调能够帮助各国实现利益最大化、促进和平与稳定、应对全球性挑战、增强国际影响力，并塑造和谐的国际社会。时代新人国际视野塑造中合作共赢意识的培养，是让青年在国际交流活动中，抓准对方与自己的利益共同点，并且通过积极合作的方式，达到共同利益的实现。培养合作共赢意识需要提供多样化的国际交流机会，强调团队合作，引导竞争与合作的结合，提供跨文化交流的培训和资源，以及增强全球问题意识。

三、培育时代新人“责任担当”的使命意识

责任担当是一种积极进取的人生态度和价值取向，是一种崇高的精神追求和思想境界。作为一种民族情怀，是检验时代新人的思想政治素质、道德品质和人格修养的重要标尺。时代新人理应抓住这个大有可为的历史机遇期，强化责任意识和担当精神，主动承担起实现中华民族伟大复兴中国梦的时代重任。

首先，时代新人要增强责任担当和历史使命自觉性。党的十九大报告作出了“中国特色社会主义进入新时代”的重大判断。在这个新时代，时代新人必须明确自己的历史使命和任务，自己在社会中的定位和角色，加强对国家和民族的认同感，培养对家国的深厚情感，自觉树立正确的历史观、民族观、国家观和文化观，自觉增强历史责任感、使命感和紧迫感，始终不忘初心、牢记使命，并持续激发自己勇于承担历史重任的动力。

其次，时代新人要自觉用新思想武装头脑，自觉践行社会主义核心价值观，自觉传承中国特色社会主义文化。时代新人应该自觉运用马克思主义中国化最新成果来武装自己的思想，提升自己的理论素养。深入理解习近平新时代中国特色社会主义思想的内涵和实质，理解“十个明确”和“十四个坚持”。持续不断地将新思想融入自己的头脑和内心，坚定对马克思主义的信仰，对社会主义、共产主义的信念，树立中国特色社会主义道路自信、理论自信、制度自信、文化自信，与新时代保持一致的方向和行动，将马克思主义中国化最新成果内化于心、外化于行，自觉成为新思想的传播者和实践者，为实现中华民族伟大复兴中国梦奠定坚实的思想基础。时代新人应坚定对社会主义核心价值观的信仰，并将其转化为自身情感认同和自觉行为。要加强榜样引领和示范作用，发挥时代新人的积极性、主动性和创造性，使其成为践行社会主义核心价值观的先锋和模范。时代新人应当成为中华优秀传统文化、革命文化和社会主义先进文化的传承者和传播者。时代新人应当自觉承担起对中国特色社会主义文化的阐释任务，要善于汲取中华优秀传统文化的道德精髓，挖掘和传承蕴含着信仰力量、理想光辉和英雄主义豪情的革命文化思想资源，将传承红色文化与弘扬优良传统文化相统一，发掘并发展其中蕴含的现代性力量，使其具备创新性和转化力，推动中国特色社会主义文化的繁荣。

最后，时代新人要自觉抓住大有可为的历史机遇，投身社会实践。抓住历史机遇，意味着时代新人要以奋进者的姿态不断开拓进取，要勤奋学习、勇于面对困难，善于创新和创造，积极投身实践。时代新人应该把学习视为一种责任、一种精神追求和生活方式，善于提高学习能力，拓展学习领域，在理论和实践上都取得进步。同时，也需要掌握科学的思想方法和工作方法，提高战略思维、历史思维、辩证思维、创新思维和底线思维，积极投身社会主义现代化建设的实践，主动为社会和基层服务。

通过培养青年的责任意识和担当精神，可以帮助新时代的青年正确认识到他们所承担的时代使命和历史责任，鼓励广大青年将个人理想与民族国家、人类社会的发展大势相结合，在脚踏实地的奋斗中实现自己宏大的理想抱负，创造属于新时代的伟大成就。

第五节　时代新人国际视野塑造的路径选择

《教育部等八部门关于加快和扩大新时代教育对外开放的意见》明确提出“把培养具有全球竞争力的人才摆在重要位置”，并着重强调“提高基础教育对外开放水平，培养德智体美劳全面发展且有国际视野的新时代青少年”。新时代赋予时代新人新要求，赋予时代新人国际视野塑造新的内容。

一、明晰目标：培养国际视野与价值引领能力

为了应对百年未有之大变局，实现中华民族伟大复兴的历史使命，提高时代新人的国际视野和价值引领能力，需要引导他们自觉用马克思主义的立场、观点、方法认识国际社会，分析国际问题。

首先，引导时代新人树立四个“正确认识”，掌握“四个方面知识”。习近平总书记强调做好新时代思想政治教育工作，要做到“四个正确认识”，即“正确认识世界和中国发展大势、正确认识中国特色和国际比较、正确认识时代责任和历史使命、正确认识远大抱负和脚踏实地”。树立“四个正确认识”需要掌握扎实的国际知识，这是时代新人国际视野塑造的重要前提。基于“四个正确认识”的要求，时代新人应当掌握以下几个方面的知识。一是历史知识。了解中华民族的历史，包括中国古代历史、近现代历史和当代历史，以及国际社会的历史发展，从历史中学习经验和教训，认识到中国在世界发展中的地位和角色。二是国际事务和国际关系知识。深入研究国际形势、国际体系、国际组织以及各国的政治、经济、文化等方面的情况，掌握国际关系理论和国际法知识，了解不同国家的政策取向和国际合作与竞争的现实情况。三是社会科学知识。学习社会学、经济学、政治学等社会科学的基本

理论和方法，了解社会问题的形成原因和解决途径，掌握社会变革和社会发展的规律，培养科学分析和解决问题的能力。四是跨文化交流和语言能力。了解和尊重不同文化背景的人群，学习外语并具备良好的语言交流与沟通能力，增进跨文化交流与合作的意识和能力，促进国际间的相互理解与友谊。通过掌握以上知识，时代新人能够更好地理解和把握国际事务的复杂性和特点，形成独立而客观的判断和观点，为国家和社会的发展作出积极贡献。

其次，培养时代新人运用马克思主义观点看待中外关系的能力。在新时代新征程上，运用马克思主义观念看待中外关系，可以帮助新时代的青年们准确把握事物的本质和发展规律，摒弃狭隘的民族主义，树立起全球视野和天下胸怀，有助于时代新人正确把握国际形势，拓宽国际视野，形成正确的判断和价值观，为构建一个和谐稳定的国际社会作出积极贡献。若要拥有这一核心能力，则需要有三个着力点。一是要理顺"如何从人民立场来理解国际问题""如何理解在国际问题上坚持国际主义与爱国主义相统一""人类命运共同体中蕴含着何种不同于资本主义发展观的发展理念"这三个问题。二是要培养独立思考的能力。三是要养成批判思维能力。

最后，培养推动构建人类命运共同体的新生力量。时代新人是未来社会的主导力量，他们通常充满活力、充满激情，并且更加敢于尝试新思路和新方法，他们具有更广阔的经验和知识网络，他们不同领域的背景和专业素养可以在人类命运共同体构建中起到积极的推动作用。培养新生力量可以确保人类命运共同体理念的传承和发展。为此，要提供多元文化、跨国界的学习机会，鼓励年轻人走出国门，加强与其他国家和地区的交流与合作，培养他们对全球问题的深入了解和关注。同时，新时代青年也要严于律己，在各个层面的国际交往中彰显尊重与包容，展现出中国人的文明修养和精神面貌。

二、夯实内容：增强时代新人的使命感

首先，以爱国主义教育为核心内容。坚持以爱国主义教育为核心是时代新人国际视野塑造的方向性原则。通过爱国主义教育，年轻人能够深入了解自己的国家、民族和文化，增强对祖国的热爱和责任感。这为他们形成正确的国际视野提供

了坚实的基础。当年轻人对自己的国家和民族有了深刻的认同和理解，他们就能更好地理解和尊重其他国家和民族，实现对多元文化的包容与交流，能够站在更宏观和全球化的视角看待问题，提高对全球问题的关注度。此外，爱国主义教育有助于提高时代新人的社会责任感。他们会意识到自己作为国家和民族的未来希望，要为国家和民族的发展贡献自己的力量。这种社会责任感也将延伸到全球范围，使他们愿意积极参与全球事务，为构建人类命运共同体作出贡献。

正如恩格斯所言："我们这个时代的理论思维，都是一种历史的产物，它在不同的时代具有完全不同的形式，同时具有完全不同的内容。"①因此，处理国际主义和爱国主义关系的问题是时代新人国际视野塑造要直面的问题。在社会主义建设的不同时期，共产党人对国际主义和爱国主义关系的处理方式是灵活和变化的。这是因为不同的时期和条件下，国内外形势、国际关系和发展需求都会发生变化，因此共产党人需要根据具体情况做出相应的调整和处理。在早期革命和建设阶段，共产党人认为无产阶级的革命斗争是全球范围内的，国际范围的革命力量需要相互支持和团结。在这个时期，共产党人重视通过国际援助和国际团结来发展自己的力量，同时也积极参与国际事务，推动国际社会的变革。随着社会主义建设逐渐取得成功，国家实力的增强和国际地位的提升，共产党人逐渐调整了对国际主义和爱国主义的处理方式。他们强调将国家和民族的利益置于首位，把社会主义建设发展作为最重要的任务。在这个时期，共产党人注重保护国家的利益，加强国家的安全和发展，维护国家主权和尊严。然而，即使在强调爱国主义的同时，共产党人也没有完全放弃国际主义的理念和责任。他们仍然坚持国际团结和互助的原则，在有能力的情况下，继续对其他国家和民族给予援助和支持。可见，时代新人国际视野塑造首先是为维护国家利益服务的。

时代新人是中国的青年，肩负着民族复兴的历史使命。因此，时代新人国际视野塑造始终要坚持以爱国主义为先导。新时代青年群体的爱国主义教育应该贯彻落实 2019 年中共中央、国务院《新时代爱国主义教育实施纲要》中的八个方面内容：

---

① 《马克思恩格斯文集》第 9 卷，北京：人民出版社，2009 年，第 436 页。

一是坚持用习近平新时代中国特色社会主义思想武装全党、教育人民。引导时代新人坚持以习近平新时代中国特色社会主义思想为指导，展现新气象、激发新作为，把学习教育成果转化为爱国报国的实际行动。二是深入开展中国特色社会主义和中国梦教育。在历史与现实、国际与国内的对比中，引导时代新人深刻认识中国共产党为什么"能"、马克思主义为什么"行"、中国特色社会主义为什么"好"，倍加珍惜我们党开创的中国特色社会主义，不断增强道路自信、理论自信、制度自信、文化自信。三是深入开展国情教育和形势政策教育。帮助时代新人了解我国发展新的历史方位、社会主要矛盾的变化，引导时代新人在进行伟大斗争中更好地弘扬爱国主义精神。四是大力弘扬以爱国主义为核心的民族精神和以改革创新为核心的时代精神。聚焦培育和践行社会主义核心价值观，提高时代新人的思想觉悟、道德水准和文明素养。五是广泛开展党史、新中国史、改革开放史教育。引导时代新人深刻认识历史和人民选择中国共产党、选择马克思主义、选择社会主义道路、选择改革开放的历史必然性，凝聚起将改革开放进行到底的强大力量。六是传承和弘扬中华优秀传统文化。引导时代新人树立和坚持正确的历史观、民族观、国家观、文化观，不断增强中华民族的归属感、认同感、尊严感、荣誉感。七是强化祖国统一和民族团结进步教育。引导时代新人牢固树立"三个离不开"思想，不断增强"五个认同"，使各民族同呼吸、共命运、心连心的光荣传统代代相传。八是加强国家安全教育和国防教育。引导时代新人自觉维护国家安全，增强全民国防观念。

其次，以全球认同意识教育为主要内容。全球认同意识教育是一种教育理念和实践，旨在培养时代新人对全球化时代现实和挑战的认知、理解和关注，并鼓励他们作为全球公民去思考和行动。全球认同意识教育包括全球化教育、国际交流与合作、全球问题意识和国际事务参与等方面的内容。全球化教育可以提供年轻人全球视野和认知的基础，让他们了解全球化的背景和现实。国际交流与合作则为年轻人提供与不同文化的人交流和互动的机会，帮助他们增强跨文化交流和合作的能力。全球问题意识则鼓励年轻人关注并思考全球性问题，如气候变化、贫困问题、公平正义问题等，引导他们认识到这些问题对全人类的影响，并激发他们为解决这些问题做出努力的意愿和行动。国际事务参与则是鼓励年轻人积极参与国际组织和平台，例如联合国、非政府组织等，参与国际事务的讨论和决策过程，为全球事务作出贡献。

再次，以中国特色和国际比较教育为重要内容。一方面，要通过不同国际观理论差异和实践差异的比较来准确把握自身独特性。具体而言，可以通过开展对不同国家和地区的国际关系理论、跨文化管理理论等的研讨，深入了解不同国际观的基本思想和理论框架。通过研究和分析不同国家和地区的国际实践，比较不同国际观在实践中的差异和应用情况。例如，可以比较中国、美国、欧洲等地的国际合作实践，了解不同国家在国际问题处理、经济合作等方面的独特实践。在各种国际观的比较中检验论点的真伪从而理直气壮地对错误论点进行反驳，掌握现象差异背后的深层次原因，从而更好理解各种社会现象，使时代新人认识到马克思主义国际观之于其他国际观的先进之处，以及时代赋予时代新人的使命。另一方面，应基于各国的实际情况，探索合作共赢的发展道路。需要考虑各国的经济、社会、文化等方面的差异，不以一国之利益为中心，着眼于共同利益的实现。同时，将各国在可持续发展、经济增长、环境保护等方面的共同点作为合作共赢的突破口，为促进双方或多方的共同发展提供方向。建立平等和互利的原则遵循，避免单方主导或利益偏差，确保各方能够平等地分享合作成果。

最后，以跨文化交流能力教育为具体内容。跨文化交流能力是指时代新人在与来自不同文化背景的人进行有效沟通和交流时所具备的能力。具体来讲，应该包括国际竞争力、文化适应能力、外语沟通能力、跨文化交流技巧、解决冲突和问题解决能力等。国际竞争力，包括跨文化领导力、国际商务技巧和国际经验等。文化适应能力，适应和融入不同文化环境，并能够在不同文化中感到自在和舒适。了解不同文化之间的差异，包括价值观、行为习惯、信仰和社会规范等，以避免在交流中出现误解或冲突。外语沟通能力，提高外语水平，在交流中使用简单明了的语言、避免使用隐晦或具有文化特殊意义的表达，以及使用非语言交流等。跨文化交流技巧，善于倾听对方观点，并努力理解对方所处的文化背景和文化心理。了解和尊重不同文化中的社交礼仪和行为准则，确保在交流中表现得得体、尊重和友善。解决冲突和问题解决能力，在跨文化交流中可能会出现误解或冲突，具备解决问题的能力，包括处理文化差异产生的冲突、寻找共同点和妥协的方式。

三、拓宽渠道：国际视野培养多元路径并重

新时代青年具有更加多元化的思维和认知，以及更强的信息检索和表达能力。这对传统的时代新人国际视野塑造模式提出了新的挑战，迫使我们探索更多元化的培育路径。新时代青年国际视野塑造，传统的课程教育仍然是基础，但需要加强与实践相结合的形式。

首先，营造良好文化育人环境。

在时代新人的培育过程中，文化作为一种无形的精神食粮，它不仅规范着人们的行为和思维方式，还为时代新人的发展提供内在的驱动力。从文化的作用来看。一方面，文化作为一种规约性的力量，对时代新人的发展起着长期和稳定的作用。通过文化的传承和熏陶，时代新人能够学习并内化社会传统、道德规范、价值观念等，形成正确的行为准则和价值取向。文化规约了人们的行为方式、态度和行为准则，从而引导时代新人做出积极、负责任和符合社会道德的选择。文化作为社会共同的精神遗产，对时代新人的个人素质和社会责任感的培养起着至关重要的作用。另一方面，文化具有内隐的驱动力，激发时代新人的创造力和追求。文化包含了丰富的历史、艺术、文学、哲学等领域的智慧和创造力，它激发人们的思维和想象力，培养时代新人的审美能力和创新精神。通过接触和学习多元的文化，时代新人可以获取丰富的知识和经验，拓宽视野，激发思考，从而培养创造力和追求卓越的动力。文化驱动着时代新人不断超越自我，追求个人和社会的进步。因此，在时代新人的培育过程中，要坚持立德树人，以文化人、以文育人，营造良好的文化育人氛围，增强时代新人对国家发展的深刻认同感，持续推进国家治理体系和治理能力现代化的进程。

具体来说，一是要引导时代新人自觉培育和践行社会主义核心价值观。通过课程设置、教材编写、社会实践活动等方式，开展系统的社会主义核心价值观教育，使时代新人能够理解和分析社会主义发展的基本原理和目标，并在实践中践行和传播这些价值观。制定和完善相应的法律法规和制度，确保社会主义核心价值观在社会各个层面得到体现和落实。二是要积极开展马克思主义教育、传统文化教育，并积极学习各国优秀文化。要传承和发展中华优秀传统文化，通过创造性转化和创新性发展，使其在新时代焕发出勃勃生机。应该深入领悟和学习革命文化和

社会主义先进文化，让这些文化在中国大地上扎根生长。通过马克思主义教育和传统文化教育，赋予时代新人丰富的思想理论和文化修养，为时代新人筑牢文化根基，增强他们对文化和国家的认同感。同时，通过学习各国优秀文化，拓宽时代新人的视野，增强他们的国际交流能力和跨文化理解能力。

其次，优化完善高校时代新人国际视野课程育人方式。

高校以其专业化的教育成为时代新人国际视野塑造的主阵地。优化完善高校时代新人国际视野塑造要在以下几个方面下功夫：

一是要构建完善的国际视野课程培养体系。具体来说包括：(1) 建立综合性的国际视野课程体系。高校可以制定一个全面的、体系化的国际视野课程体系，覆盖国际政治、经济、文化等多个领域，以满足学生对国际视野的需求。(2) 整合碎片化课程资源。高校可以对现有的碎片化课程进行整合，将相关课程资源进行梳理和整合，打破学科壁垒，形成跨学科、综合性的国际视野课程。(3) 引入国际教材和案例。高校可以引进国外优秀的教材和案例，结合国内实际情况，丰富国际视野课程的内容，增加课程的实践性和应用性。

二是要平衡高校国际化建设水平。需要从以下几个方面进行考虑和努力：(1) 制定明确的国际化战略。高校需要制定明确的国际化发展战略，明确国际化的目标和路径。这一战略应考虑高校的资源、优势、定位以及国际合作伙伴的需求等因素，以确保国际化发展的平衡和可持续性。(2) 统筹资源配置。高校应统筹各项资源的配置，包括资金、人力、设施等方面，以确保各个国际化项目和活动的均衡发展。避免过度侧重某一方面而忽略其他重要的国际化建设领域。(3) 多元化国际交流与合作。高校应积极开展多样化的国际交流与合作，与不同国家和地区的高校、研究机构、企业以及其他社会机构建立合作关系。通过与多方面的合作伙伴合作，使高校的国际化建设更加全面和均衡。(4) 持续评估和调整。高校应建立和实施持续评估机制，对国际化发展战略和各项国际化建设活动进行评估和调整。根据评估结果，及时修正不平衡的地方，确保高校的国际化建设水平保持平衡和稳定。

三是要提升高校教师的全球素养。可以从以下几个方面进行努力：(1) 提供多样化的国际学习机会。为教师提供多样化的国际学习机会，例如交换计划、短期培训、学术研讨会等。这些机会可以帮助教师扩大国际视野，了解不同国家和地区的教育实践和学术发展。(2) 鼓励参与国际合作与交流项目。鼓励教师积极参与国际合作与交流项目,与国外的教育机构、学者进行合作研究、教学互访等。通过与国际合作伙伴的互动,教师可以拓展专业网络,提高自身的教育水平和国际化能力。(3) 建立师资培养机制。高校应建立完善的师资培养机制,为教师提供与国际化相关的培训和学习机会。这包括教师教育和教学方法的培训、国际化课程的设计与开发、跨文化教育的培训等。通过培养机制的支持,教师可以不断更新自己的知识和技能。(4) 引入国际化教学方法和资源。高校可以引入先进的国际化教学方法和教育资源,例如跨文化教学、在线教育、国际教材等。教师可以通过运用这些教学方法和资源,开展全球化课程、培养学生的国际意识和跨文化交流能力。(5) 加强国际化合作交流平台建设。高校可以积极建设和拓展国际化合作交流平台,例如国际学术研讨会、国际教育项目、国际科研合作等。教师可以通过这些平台与国际同行交流学术观点、分享教学经验,进一步提升自身的全球素养。

最后,整合资源以塑造时代新人的网络空间国际视野。

在当今信息时代,网络空间成为人们获取信息和交流的重要平台,也为塑造时代新人的国际视野提供了广阔的空间。网络空间集结了来自全球各地的信息和知识,拥有丰富的国际教育资源。通过整合这些资源,可以为时代新人提供海量的国际化教育内容,包括国际新闻、跨文化交流、多语言学习、国际课程等。网络空间为时代新人提供了跨越时空的学习平台,他们可以在任何时间、任何地点通过网络接触到丰富的国际学习资源。通过整合资源,可以在网络空间中为时代新人提供丰富多样的国际化教育内容和学习机会,从而促进他们的国际视野的形成。具体来说,可以从以下几个方面着手:

一是借助青年群体偏好使用的社交平台,增强国际新闻报道与时评在青年群体中的曝光度。在微信公众号和微博等社交媒体平台上建立专门的国际时事账号,定期发布有关国际新闻和时评的文章或视频。这些内容可以涵盖全球重要事件、国际关系、经济发展等方面,从而引导青年群体关注和讨论国际事务。利用短视频平台的火爆,制作简洁有趣的国际新闻资讯或解读视频,吸引青年群体观看和参与讨论,并鼓励他们在社交媒体上分享。针对青年群体关心的话题和兴趣,与知名的国际新闻媒体进行合作,邀请他们在大学校园中举办讲座、座谈会或线上访谈。通过借助新闻媒体的权威性和影响力，吸引青年群体参与、思考和讨论国际事务。鼓励青年群体参与国际新闻报道和时评的撰写。可以开设校园媒体的国际频道或专栏，提供一个平台让青年群体分享自己对国际新闻的观点和见解。

二是发挥社交平台意见领袖和自媒体的作用。社交平台上的意见领袖和自媒体来自不同的领域，拥有不同的背景和经验，常常拥有庞大的粉丝群体和高度的关注度，他们能够通过影响力传播、提供多样性观点、实时互动和融入日常生活等方式，引导年轻人关注和参与国际事务，拓宽他们的视野和思考范围。但同时，我们也需要教育和引导年轻人对信息进行筛选和评估，以确保他们获取到可靠和全面的国际新闻和时评。

三是加强网络空间的监管，营造风清气正的网络环境。建立健全网络空间的法律体系，明确网络行为的规范和责任。针对网络谣言、网络暴力、侵犯个人隐私等问题，加大立法和执法力度，维护网络空间的秩序和公平。加强对网络平台和内容提供者的监管，严厉打击互联网平台上恶意挑起国家间对立、恶意抹杀中国形象、夸大外国形象的网络主体。利用先进的技术手段，对网络空间进行监测和过滤，阻止传播有害信息和非法内容。同时，加强网络安全防护，防范网络攻击和数据泄露，确保网络环境的安全和稳定。开展网络安全和网络素养教育活动，提高时代新人对网络威胁和风险的认识。教育青年群体正确使用网络、自觉遵守法律法规，培养良好的网络行为习惯，共同维护网络空间的健康发展。

时代新人需要具有国际视野和世界眼光。时代新人并不是孤立的、封闭的人，而是处在世界历史中的人。习近平总书记指出："一体化的世界就在那儿，谁拒绝这个世界，这个世界也会拒绝他。"时代新人不仅是中国梦的托举者，而且是顺应世界历史潮流、追求历史进步的先锋者。时代的革新与发展是由新一代的年轻人推动和引领的。时代新人要具有创新精神和独立思考能力，为时代的变革和进步作出贡献。要弘扬历史主动精神和全人类共同价值，展示中国青年的精神面貌、远见和担当。更要站在历史正确的一边，以世界历史的高度审视世界发展，以世界眼光和人类关怀为共产主义事业奋斗终生。

参考文献

[1] 马克思恩格斯文集,第 1 卷[M].北京:人民出版社,2009.
[2] 马克思恩格斯文集,第 2 卷[M].北京:人民出版社,2009.
[3] 马克思恩格斯文集,第 3 卷[M].北京:人民出版社,2009.
[4] 马克思恩格斯文集,第 4 卷[M].北京:人民出版社,2009.
[5] 马克思恩格斯文集,第 5 卷[M].北京:人民出版社,2009.
[6] 马克思恩格斯文集,第 7 卷[M].北京:人民出版社,2009.
[7] 马克思恩格斯文集,第 8 卷[M].北京:人民出版社,2009.
[8] 马克思恩格斯文集,第 9 卷[M].北京:人民出版社,2009.
[9] 马克思恩格斯全集,第 1 卷[M].北京:人民出版社,2014.
[10] 马克思恩格斯全集,第 12 卷[M].北京:人民出版社,1960.
[11] 马克思恩格斯全集,第 26 卷[M].北京:人民出版社,2014.
[12] 马克思恩格斯全集,第 46 卷(下)[M].北京:人民出版社,1979.
[13] 马克思恩格斯选集,第 2 卷[M].北京:人民出版社,1995.
[14] 列宁全集,第 9 卷[M].北京:人民出版社,2017.
[15] 列宁全集,第 14 卷[M].北京:人民出版社,2017.
[16] 列宁全集,第 26 卷[M].北京:人民出版社,2017.
[17] 列宁全集,第 29 卷[M].北京:人民出版社,2017.
[18] 列宁全集,第 33 卷[M].北京:人民出版社,2017.

[19] 列宁全集,第 37 卷[M].北京：人民出版社,2017.

[20] 列宁全集,第 38 卷[M].北京：人民出版社,2017.

[21] 列宁全集,第 39 卷[M].北京：人民出版社,2017.

[22] 列宁全集,第 42 卷[M].北京：人民出版社,2017.

[23] 列宁全集,第 55 卷[M].北京：人民出版社,2017.

[24] 陈独秀文集,第 1 卷[M].北京：人民出版社,2013.

[25] 陈独秀文集,第 2 卷[M].北京：人民出版社,2013.

[26] 李大钊全集,第 1 卷[M].北京：人民出版社,2013.

[27] 毛泽东选集,第 2 卷[M].北京：人民出版社,1991.

[28] 毛泽东文集,第 2 卷[M].北京：人民出版社,1993.

[29] 毛泽东文集,第 6 卷[M].北京：人民出版社,1999.

[30] 毛泽东文集,第 7 卷[M].北京：人民出版社,1999.

[31] 毛泽东早期文稿：1912—1920[M].长沙：湖南人民出版社,2013.

[32] 毛泽东年谱：1893—1949(中)[M].北京：中央文献出版社,2013.

[33] 蔡和森文集：下[M].北京：人民出版社,2013.

[34] 瞿秋白文集：政治理论编,第 3 卷[M].北京：人民出版社,2013.

[35] 阎长林.在大决战的日子里：毛泽东生活录实[M].北京：中国青年出版社,1986.

[36] 邓小平文选,第 3 卷[M].北京：人民出版社,1993.

[37] 中共中央文献研究室编.邓小平年谱：1975—1997[M].北京：中央文献出版社,2004.

[38] 十五大以来重要文献选编：中[M].北京：人民出版社,2001.

[39] 认真学习胡锦涛总书记在同团中央新一届领导班子成员和团十六大部分代表座谈时的重要讲话[M].北京：人民出版社,2008.

[40] 本书编写组.《新时代爱国主义教育实施纲要》学习读本[M].北京：人民出版社,2020.

[41] 习近平.在纪念孔子诞辰 2565 周年国际学术研讨会暨国际儒学联合会第五届会员大会开幕会上的讲话[M].北京：人民出版社,2014.

[42] 习近平.在文艺工作座谈会上的讲话[M].北京：人民出版社，2015.
[43] 习近平.在庆祝中国共产党成立 95 周年大会上的讲话[M].北京：人民出版社，2016.
[44] 习近平.决胜全面建成小康社会 夺取新时代中国特色社会主义伟大胜利：在中国共产党第十九次全国代表大会上的报告[M].北京：人民出版社，2017.
[45] 习近平.在北京大学师生座谈会上的讲话[M].北京：人民出版社，2018.
[46] 习近平.在知识分子、劳动模范、青年代表座谈会上的讲话[M].北京：人民出版社，2016.
[47] 习近平.在庆祝中国共产党成立 100 周年大会上的讲话[M].北京：人民出版社，2021.
[48] 习近平.高举中国特色社会主义伟大旗帜 为全面建设社会主义现代化国家而团结奋斗：在中国共产党第二十次全国代表大会上的报告[M].北京：人民出版社，2022.
[49] 习近平谈治国理政[M].北京：外文出版社，2014.
[50] 习近平谈治国理政，第 2 卷[M].北京：外文出版社，2017.
[51] 习近平谈治国理政，第 3 卷[M].北京：外文出版社，2020.
[52] 习近平谈治国理政，第 4 卷[M].北京：外文出版社，2022.
[53] 习近平著作选读，第 2 卷[M].北京：人民出版社，2023.
[54] 中共中央文献研究室编.习近平关于社会主义文化建设论述摘编[M].北京：中央文献出版社，2017.
[55] 中共中央党史和文献研究院编.习近平关于总体国家安全观论述摘编[M].北京：中央文献出版社，2018.
[56] 十八大以来重要文献选编：下[M].北京：中央文献出版社，2018.
[57] 习近平外交思想学习纲要[M].北京：人民出版社，学习出版社，2021.
[58] 中国共产党第十九届中央委员会第六次全体会议公报[M].北京：人民出版社，2021.
[59] 中央档案馆编.中共中央文件选集，第 1 册[M].北京：中共中央党校出版

社，1989.

[60] 中共中央文件选集：1949 年 10 月—1966 年 5 月，第 3 册[M].北京：人民出版社，2013.

[61] 中共中央文件选集：1949 年 10 月—1966 年 5 月，第 38 册[M].北京：人民出版社，2013.

[62] 佚名.考工记译注[M].闻人军，译注.上海：上海古籍出版社，2008.

[63] （汉）许慎.说文解字[M].北京：中华书局，1963.

[64] （明）黄宗羲.明夷待访录校释[M].孙卫华，校释.长沙：岳麓书社，2011.

[65] （清）段玉裁.说文解字注[M].上海：上海古籍出版社，1988.

[66] （清）焦循.孟子正义[M].北京：中华书局，2017.

[67] 冯桂芬.校邠庐抗议[M].戴扬本，评注.郑州：中州古籍出版社，1998.

[68] 北京大学《荀子》注释组.荀子新注[M].北京：中华书局，1979.

[69] 汪征鲁，方宝川，马勇主编.严复全集[M].福州：福建教育出版社，2014.

[70] 甄志选注.猛回头：陈天华邹容集[M].沈阳：辽宁人民出版社，1994.

[71] 鲁迅全集，第 1 卷[M].北京：人民文学出版社，1981.

[72] 胡适全集，第 12 卷[M].合肥：安徽教育出版社，2003.

[73] 李泽厚.中国现代思想史论[M].上海：东方出版社，1987.

[74] 汤一介.儒道释与内在超越问题[M].南昌：江西人民出版社，1991.

[75] 金耀基.从传统到现代[M].北京：中国人民大学出版社，1999.

[76] 桑兵.晚清学堂学生与社会变迁[M].桂林：广西师范大学出版社，2007.

[77] 钱穆.中国历史精神[M].北京：九州出版社，2012.

[78] 杨魁，董雅丽.消费文化：从现代到后现代[M].北京：中国社会科学出版社，2003.

[79] 黄少华，陈文江主编.重塑自我的游戏：网络空间的人际交往[M].兰州：兰州大学出版社，2002.

[80] 韩庆祥，亢安毅.马克思开辟的道路：人的全面发展研究[M].北京：人民出版社，2005.

[81] 王宁.消费的欲望：中国城市消费文化的社会学解读[M].广州：南方日报出

版社，2005.
[82] 夏莹.消费社会理论及其方法论导论：基于早期鲍德里亚的一种批判理论建构[M].北京：中国社会科学出版社，2007.
[83] 刘海龙.大众传播理论：范式与流派[M].北京：中国人民大学出版社，2008.
[84] 郑异凡.新经济政策的俄国[M].北京：人民出版社，2013.
[85] 冯刚主编.改革开放以来高校思想政治教育发展史[M].北京：人民出版社，2018.
[86] 陈万柏，张耀灿主编.思想政治教育学原理：第三版[M].高等教育出版社，2015.
[87] 朱丽丽等.数字青年：一种文化研究的新视角[M].南京：江苏人民出版社，2017.
[88] [英] 休谟.人性论[M].关文运，译.北京：商务印书馆，2016.
[89] [英] 安东尼·吉登斯.失控的世界[M].周红云，译.南昌：江西人民出版社，2001.
[90] [英] 齐格蒙特·鲍曼.被围困的社会[M].郇建立，译.南京：江苏人民出版社，2005.
[91] [美] 尼葛洛庞帝.数字化生存[M].胡泳，范海燕，译.海口：海南出版社，1997.
[92] [美] 凯文·安德森.列宁、黑格尔和西方马克思主义：一种批判性研究[M].张传平，译.南京：南京大学出版社，2012.
[93] [美] 约瑟夫·阿·勒文森.梁启超与中国近代思想[M].刘伟，刘丽，姜铁军，译.成都：四川人民出版社，1986.
[94] [美] 林毓生.中国意识的危机："五四"时期激烈的反传统主义[M].穆善培，译.贵阳：贵州人民出版社，1986.
[95] [美] 周策纵.五四运动史[M].陈永明，等译.长沙：岳麓书社，1999.
[96] [美] 约翰·奈斯比特等.高科技·高思维：科技与人性意义的追寻[M].尹萍，译.北京：新华出版社，2000.
[97] [美] 丹尼尔·贝尔.资本主义文化矛盾[M].蒲隆，赵一凡，任晓晋译.北京：

生活·读书·新知三联书店,1989.

[98] [法] 让·鲍德里亚.消费社会[M].刘成富,全志钢,译.南京：南京大学出版社,2000.

[99] 纪秋发.中国社会消费主义现象简析[M].北京：北京理工大学出版社,2015.

[100] 曹杰,李悦.网上人际交往对青年的文化心理影响[J].理论与现代化,2002(1).

[101] 裴娣娜.我国基础教育现代化发展的根本转化[J].北京大学教育评论,2004(2).

[102] 张耀灿.大学生思想政治教育国际化视野研究的开拓性力作——《国际化视野下大学生思想政治教育创新发展研究》评介[J].学校党建与思想教育,2015(5).

[103] 王四正."文化认知"命题释义[J].齐鲁学刊,2016(3).

[104] 刘红芳,徐岩."工匠"源与流的理论阐析[J].北京市工会干部学院学报,2016(3).

[105] 庄西真.多维视角下的工匠精神：内涵剖析与解读[J].中国高教研究,2017(5).

[106] 唐艳群.中国共产党培育时代新人的理念与实践：历史演进与启示[J].重庆社会科学,2020(9).

[107] 欧阳哲生.从五四时期的"主义"建构到中共初创的行动纲领——一条思想史线索的考察[J].中共党史研究,2021(6).

[108] 胡华.系统论视域下新时代爱国主义教育的多维分析[J].思想理论教育,2021(2).

[109] 张超,曹文宏.出场、批判与超越：马克思"现实的人"内涵之逻辑演变[J].华侨大学学报(哲学社会科学版),2022(3).

[110] 廖小琴.新时代厚植青年爱国主义情怀的核心要义和实践路向[J].青年学报,2022(6).

[111] 陈勇,许颖.新时代新征程奋斗精神的多维诠释、育人价值与培育进路[J].思想理论教育导刊,2022(12).

[112] 习近平.在欧美同学会成立 100 周年庆祝大会上的讲话[N].人民日

报,2013-10-22(2).
[113] 习近平.在布鲁日欧洲学院的演讲[N].人民日报,2014-04-02(2).
[114] 彭波,姚大伟,马占成.习近平在北京师范大学考察时号召全国广大教师 做党和人民满意的好老师[N].人民日报,2014-09-10(1).
[115] 董洪亮.习近平就高校党建工作作出重要指示强调 坚持立德树人思想引领加强改进高校党建工作[N].人民日报,2014-12-30(1).
[116] 张烁,鞠鹏.习近平在全国高校思想政治工作会议上强调 把思想政治工作贯穿教育教学全过程 开创我国高等教育事业发展新局面[N].人民日报,2016-12-09(1).
[117] 张烁,王晔.习近平在全国教育大会上强调 坚持中国特色社会主义教育发展道路 培养德智体美劳全面发展的社会主义建设者和接班人[N].人民日报,2018-09-11(1).
[118] 习近平.在庆祝改革开放40周年大会上的讲话[N].人民日报,2018-12-19(2).
[119] 习近平.在纪念五四运动100周年大会上的讲话[N].人民日报,2019-05-01(2).
[120] 习近平.坚持党的领导传承红色基因扎根中国大地 走出一条建设中国特色世界一流大学新路[N].人民日报,2022-04-26(1).
[121] 习近平.在全国劳动模范和先进工作者表彰大会上的讲话[N].人民日报,2020-11-25(2).
[122] 习近平.坚持中国特色世界一流大学建设目标方向 为服务国家富强民族复兴人民幸福贡献力量[N].人民日报,2021-04-20(1).
[123] 习近平.习近平致信祝贺首届大国工匠创新交流大会举办[N].人民日报,2022-04-28(1).
[124] 习近平.在庆祝中国共产主义青年团成立100周年大会上的讲话[N].人民日报,2022-05-11(2).
[125] 习近平.正确理解和大力推进中国式现代化[N].人民日报,2023-02-08(1).
[126] 王晔,鞠鹏:习近平在文化传承发展座谈会上强调 担负起新的文化使命努力建设中华民族现代文明[N].人民日报,2023-06-03(1).

图书在版编目(CIP)数据

时代新人培育若干问题研究 / 董一兵等著. —上海：上海辞书出版社，2024

ISBN 978-7-5326-6200-5

Ⅰ.①时… Ⅱ.①董… Ⅲ.①大学生-人才培养-研究 Ⅳ.①G645.5

中国国家版本馆 CIP 数据核字(2024)第 064784 号

SHIDAIXINREN PEIYU RUOGAN WENTI YANJIU

时代新人培育若干问题研究

董一兵　付静伟　陈　琳　王政浩　著

责任编辑　陆琦杨　陈宇奇
装帧设计　黄　骏
责任印制　王亭亭

出版发行　上海世纪出版集团
上海辞书出版社®(www.cishu.com.cn)
地　　址　上海市闵行区号景路 159 弄 B 座(邮政编码：201101)
印　　刷　浙江临安曙光印务有限公司
开　　本　720 毫米×1000 毫米　1/16
印　　张　18.5
字　　数　280 000
版　　次　2024 年 9 月第 1 版　2024 年 9 月第 1 次印刷
书　　号　ISBN 978-7-5326-6200-5/G·1142
定　　价　88.00元